QUIZ COMMENTATI
SU COMPETENZE PEDAGOGICHE, PSICOPEDAGOGICHE E DIDATTICO METODOLOGICHE
PER LA PROVA SCRITTA DEL CONCORSO SCUOLA

EDIZIONI SIMONE
CONCORSI

Simone S.p.A.
Riviera di Chiaia, n. 256
80121 Napoli
www.simone.it

526/AG1 | Quiz commentati su Competenze pedagogiche, psicopedagogiche e didattico metodologiche – La prova scritta del concorso scuola

Impaginazione e grafica | curvilinee

Hanno collaborato alla presente edizione le dott.sse
Emma Cosentino e **Chiara Palladino**

La parte IV è a cura del dott. **Giovanni Ciotola**

Hanno collaborato alla presente edizione le dott.sse
Raffaella del Vecchio e **Rossella Micillo**

Questo volume è stato stampato nel mese di luglio 2023 presso:
PrintSprint
Via Galileo Ferraris, n. 138 - Napoli

PREMESSA

Il testo **Quiz Commentati su Competenze pedagogiche, psicopedagogiche e didattico metodologiche** costituisce un'ampia raccolta di test commentati per coloro che devono prepararsi a sostenere la prova scritta del concorso scuola.

Il libro, in aderenza dal programma d'esame, è suddiviso in **quattro parti**:

- **Competenze pedagogiche e psicopedagogiche compresi gli aspetti relativi all'inclusione**
- **Competenze didattico- metodologie compresi gli aspetti relativi alla valutazione**
- **Informatica**
- **Inglese**

I quesiti e i relativi commenti sono stati selezionati in modo da costituire un valido ripasso degli argomenti che più frequentemente rappresentano oggetto delle prove ma anche uno spunto per l'approfondimento di tematiche particolari e attuali.

Online è possibile trovare la parte teorica di *informatica* e *inglese* e un **software con migliaia di quiz** che consente di esercitarsi e simulare la prova d'esame.

Per completare la preparazione si consiglia il **Manuale per la prova scritta Discipline pedagogiche e psicopedagogiche didattico -metodologiche cod. 526/CF -2023.**

QUESTIONARIO

1 Chi parlò di «assimilazione e accomodamento»?

A) Jean Piaget.
B) Jerome Bruner.
C) Lëv Vygotskij.
D) Anna Freud.

2 Il pensiero ipotetico-deduttivo si sviluppa, secondo Jean Piaget:

A) Nella primissima infanzia.
B) Indipendentemente dall'età, solo dopo opportuni percorsi di studio.
C) Solo in età adulta.
D) Durante la pre-adolescenza, dopo gli undici anni.

3 Secondo Lev Semënoviè Vygotskij, il linguaggio ha la funzione di regolare:

A) La parte emozionale della mente umana.
B) Solo il comportamento.
C) Solo il pensiero.
D) Il comportamento e il pensiero.

4 Cosa intende Freud per «Super-io»?

A) L'interiorizzazione delle norme genitoriali.
B) L'istinto di conservazione.
C) La pulsione sessuale.
D) L'apprendimento latente.

5 Che cosa sono gli «oggetti transizionali» secondo la teoria di Winnicott?

A) Sono oggetti che si inseriscono nello spazio potenziale tra madre e bambino e accompagnano il bambino nel distacco dalla madre, offrendo un'alternativa intermedia tra la madre e la totale assenza di lei.
B) Sono oggetti che il bambino utilizza per sviluppare le proprie capacità sensoriali.
C) Sono oggetti che servono a rafforzare l'unione madre-figlio durante il gioco.
D) Sono oggetti tramite i quali i bambini imparano a esprimere le proprie emozioni di stress, felicità, rabbia, gioia, ecc.

6 **Indicare, tra i seguenti, qual è il modello gerarchico di Abraham Maslow, secondo il quale i bisogni umani possono essere organizzati in diversi gruppi per cui i bisogni appartenenti a un gruppo superiore richiedono sempre il soddisfacimento di quelli inferiori:**

A) Bisogni di nutrimento; bisogni di vicinanza e contatto; bisogni sessuali; bisogni simbolici.
B) Bisogni fisiologici; bisogni di sicurezza; bisogni di appartenenza e di amore; bisogni di riconoscimento e di rendimento; bisogni del Sé.
C) Bisogni dell'infanzia; bisogni dell'adolescenza; bisogni della giovinezza; bisogni dell'età adulta.
D) Bisogni orientati dal principio del piacere; bisogni orientati dal principio di realtà.

7 **Secondo Raymond Bernard Cattell, si definisce intelligenza cristallizzata:**

A) L'insieme di abilità, strategie e conoscenze che rappresentano il livello di sviluppo cognitivo raggiunto attraverso la storia dell'apprendimento del soggetto.
B) Il corpo di idee non modificabili sulla vita del soggetto.
C) L'insieme delle conoscenze e abilità di un soggetto.
D) Il corpo delle capacità di pensiero logico-deduttivo.

8 **Per Bandura, una fonte di auto-efficacia sono le «esperienze di padronanza». Di cosa si tratta?**

A) Esperienze non troppo facili, in cui l'individuo deve perseverare anche di fronte agli insuccessi, visti come occasione di costruzione e sfida.
B) Esperienze semplici, in cui l'individuo non incontra insuccessi, visti come occasione di svalutazione del sé.
C) Esperienze non troppo facili, in cui l'individuo deve perseverare anche di fronte agli insuccessi, visti come occasione di svalutazione del sé da evitare.
D) Esperienze molto difficili, in cui l'individuo deve dimostrare le sue capacità senza incappare in alcun insuccesso.

9 **Secondo David Kolb, che cos'è essenziale per l'apprendimento?**

A) La possibilità d'espressione delle «componenti innate» di ciascuna persona, indipendente dal contesto sociale ed esperienziale.
B) La «trasmissione cognitiva», in cui nozioni teoriche vengono comunicate da chi ha più conoscenza.
C) La dimensione esperienziale, unicamente attraverso la conduzione direttiva e statica dell'insegnante.
D) La dimensione esperienziale concreta e l'osservazione riflessiva.

10 **La formazione permanente, nota in Europa con l'espressione «*life-long learning*», è il processo di apprendimento che dura:**

A) Dall'inserimento lavorativo fino alla pensione.
B) Fino ai 50 anni.
C) Tutto l'arco della vita.
D) Dalla fine degli studi fino al termine della vita.

11 **Aohann Heinrich Pestalozzi introdusse il concetto di «educazione del cuore», sostenendo che l'evoluzione dell'uomo attraversa tre stadi evolutivi. Quali?**

A) Infanzia, adolescenza, età adulta.
B) Individuale, collettivo, psicologico.
C) Naturale, sociale, morale.
D) Familiare, amicale, sociale.

12 **Con «pedagogia scientifica» Johann Friedrich Herbart definisce:**

A) Un sistema di concetti intorno al metodo dell'educazione.
B) Un qualunque sistema fondato su regole empiriche.
C) La valutazione dei risultati dell'apprendimento.
D) La formazione della moralità nell'uomo.

13 **Ferrante Aporti sosteneva che i bambini devono essere educati nello sviluppo:**

A) Intellettivo, religioso, morale, fisico.
B) Politico, religioso, sociale.
C) Religioso, sociale, fisico.
D) Intellettivo, religioso, sociale.

14 **Secondo John Dewey la scuola deve assomigliare a:**

A) Una fabbrica.
B) Un campo.
C) Un castello.
D) Un laboratorio.

15 **Paulo Freire affronta nella sua opera il tema dell'orientamento liberatorio. Tale orientamento:**

A) Mira a superare la contrapposizione tra alunno e insegnante.
B) Elimina la capacità critico-riflessiva.
C) Non chiede soluzioni, ma presenta spiegazioni.
D) Rafforza l'individualismo eliminando ogni collaborazione.

16 Anton Semenovyè Makarenko riteneva che il soggetto dell'educazione fosse:

A) L'uomo singolo.
B) L'uomo totalitario.
C) L'uomo collettivo.
D) L'uomo leader.

17 L'area dei Bisogni Educativi Speciali (BES):

A) Comprende due grandi sotto-categorie: tra cui quella della disabilità.
B) Non comprende la categoria della disabilità.
C) Comprende tre grandi sotto-categorie tra cui quella dello svantaggio socioeconomico, linguistico, culturale.
D) È afferente esclusivamente alla categoria dei disturbi evolutivi specifici.

18 Che cosa si intende con la sigla ADHD?

A) Deficit da disturbo dell'attenzione e dell'iperattività.
B) Deficit da disturbo dell'attenzione e ipermotricità.
C) Disturbo dell'attenzione e dello sviluppo cognitivo.
D) Disturbi evolutivi dell'apprendimento.

19 Il termine «bullismo» identifica:

A) Comportamenti aggressivi ripetitivi perpetrati da una o più persone nei confronti di una vittima incapace di difendersi.
B) Un problema fra genitori e figli.
C) Divergenze di opinioni fra ragazzi.
D) Un comportamento ritenuto accettabile dall'opinione comune.

20 Sergej Hessen pone alla base della sua pedagogia la «filosofia dei valori» criticando:

A) Lo strutturalismo.
B) Lo spontaneismo pedagogico.
C) Il costruttivismo.
D) Il comportamentismo.

21 Quando si parla di «dropout» a che cosa ci si riferisce?

A) Al senso di malessere degli adolescenti provato all'interno della scuola.
B) Al disagio scolastico degli adolescenti, provocato dagli insegnanti.
C) All'abbandono della scuola da parte dell'adolescente, prima di aver concluso il ciclo prescelto.
D) Al disagio degli insegnanti a scuola.

22 **James E. Marcia individua due criteri attraverso cui l'individuo durante l'adolescenza forma la propria identità. Quali sono?**

A) Responsabilità e serietà.
B) Esplorazione e impegno.
C) Impegno e disimpegno.
D) Creatività e razionalità.

23 **Secondo Donald Winnicott, negli adolescenti il senso di colpa:**

A) È completamente sviluppato, e aiuta nelle scelte della vita.
B) È completamente sviluppato, e questo è un fattore rilevante nel rapporto con gli altri.
C) È completamente assente, e questo permette di sperimentare una molteplicità di esperienze.
D) Non è completamente sviluppato, e questo è un fattore di protezione da reazioni estreme.

24 **Secondo Bruno Bettelheim, i bambini traggono benefici:**

A) Dalle fiabe, perché attivano processi di identificazione e aiutano a trovare un senso al tumulto dei loro sentimenti.
B) Dalle favole, perché insegnano solo la scissione tra il bene e il male.
C) Dai miti greci, in quanto portatori di valori immutabili nel tempo.
D) Solo dagli scambi verbali con il proprio gruppo di pari.

25 **Nell'ambito della Psicologia della Gestalt, K. Duncker ha messo in evidenza il concetto di fissità funzionale, ovvero:**

A) Il restare aderenti ai propri valori ed ideali.
B) L'incapacità di aderire a ruoli sociali diversi.
C) L'atteggiamento di considerare unicamente le funzioni abituali di un oggetto.
D) La capacità di eseguire dei ragionamenti logici e sequenziali.

26 **Martin Hoffman nei suoi lavori parla dei valori morali degli adolescenti e del ruolo dei genitori. Secondo lui:**

A) Uno stile educativo genitoriale autoritario, in cui vengono adottate principalmente punizioni, favorisce l'interiorizzazione morale e l'empatia verso gli altri.
B) Uno stile educativo genitoriale attento alle conseguenze delle azioni, associato alla tendenza a fornire spiegazioni e a usare il ragionamento e la persuasione, favorisce l'interiorizzazione morale e l'empatia verso gli altri.
C) Non sussiste una vera e propria influenza tra il ruolo genitoriale e l'interiorizzazione morale dell'adolescente, che tragga le risorse esclusivamente dal gruppo di pari.
D) L'interiorizzazione morale e l'empatia verso gli altri sono dimensioni innate di ciascun individuo. Lo stile educativo genitoriale non svolge alcun ruolo in questo.

27 Per Gregory Bateson, «imparare ad apprendere» fa parte:

A) Del deuteroapprendimento.
B) Del protoapprendimento.
C) Dell'istintualità.
D) Dell'apprendimento per condizionamento.

28 Secondo Pietropolli, qual è l'età che segna la nascita sociale dell'individuo?

A) Non esiste un'età che segna la nascita dell'individuo sociale perché la socializzazione è un processo naturale che si avvia dal primo anno di vita e si sviluppa con l'individuo.
B) Durante i primi tre anni di vita, i membri della famiglia conducono il bambino verso la comunità sociale nella quale vive e cresce.
C) La nascita dell'individuo sociale avviene al termine della scuola del primo ciclo dopo il superamento degli esami di Stato.
D) L'adolescenza che segna il passaggio di ruolo affettivo e sociale; da figli della famiglia naturale si diventa figli della comunità sociale nella quale si vive e si cresce.

29 Una motivazione intrinseca ci porta:

A) A fare solo cose che non ci piace fare.
B) A intraprendere azioni che non richiedono il supporto altrui.
C) A intraprendere azioni mirate ad ottenere una gratificazione.
D) A intraprendere azioni di per sé gratificanti.

30 Per Anna Freud l'»intellettualizzazione» è la tendenza a:

A) Teorizzare su un piano intellettuale solo le esperienze emotive positive.
B) Teorizzare su un piano intellettuale solo le esperienze emotive negative.
C) Teorizzare su un piano intellettuale ogni esperienza emotiva, per controllarla.
D) Vivere ogni esperienza emotiva, evitando la teorizzazione su un piano intellettuale.

31 Cosa si intende con il termine neuroscienze?

A) Studio dei vari aspetti morfofunzionali del sistema nervoso.
B) Studio psicologico del sistema nervoso.
C) Studio delle scienze sociali.
D) Studio dei fenomeni nervosi di natura patologica.

32 Quale, tra i seguenti fattori, non concorre a contribuire allo sviluppo mentale dell'individuo?

A) Biologici.
B) Ambientali.

C) Socioculturali.
D) Climatici.

33 A cosa fa riferimento, in ambito psico-sociologico, con l'espressione gruppo dei pari?

A) Un gruppo eterogeneo per età.
B) Un gruppo omogeneo per età.
C) Un gruppo omogeneo per genere.
D) Un gruppo eterogeneo per estrazione sociale.

34 Le fasi dello sviluppo teorizzate dallo psicanalista Erik Erikson riguardano, nello specifico:

A) La costruzione del senso di identità.
B) La costruzione di una personalità stabile.
C) La conquista dell'equilibrio psichico.
D) Lo sviluppo delle competenze sociali.

35 Lo psicologo canadese Albert Bandura ha studiato l'apprendimento dal punto di vista:

A) Sociale.
B) Relazionale.
C) Imitativo.
D) Costruttivo.

36 Secondo la teoria della Gestalt, l'apprendimento:

A) È il risultato della somma delle singole informazioni recepite.
B) È un insieme di esperienze che va oltre la somma delle informazioni apprese.
C) Si determina in base ai risultati ottenuti.
D) È un processo soggettivo e, perciò, difficilmente quantificabile.

37 «Non si può non comunicare» è il primo degli assiomi della comunicazione teorizzati da:

A) Sigmund Freud.
B) Erik Erikson.
C) Jean Piaget.
D) Paul Watzlawick.

38 E. Morin, nella sua teoria, introduce:

A) Il pensiero della complessità.
B) Il pensiero divergente.
C) L'intelligenza emotiva.
D) La creatività.

39 **La disposizione cognitivo-affettiva che consente al soggetto di vivere lo stato emotivo di un'altra persona «come se» fosse il proprio è detta:**

A) Simpatia.
B) Proiezione.
C) Contagio emotivo.
D) Empatia.

40 **Il comportamentismo, in psicologia, si è diffuso:**

A) Nei primi anni del Novecento.
B) Nel periodo tra le due Guerre.
C) Sul finire del secolo scorso.
D) Agli inizi del nuovo Millennio.

41 **Che cosa è il pensiero divergente?**

A) La capacità di risolvere a mente calcoli complicati.
B) La capacità di risolvere problemi che presentano una unica soluzione.
C) La capacità di risolvere problemi che presentano molteplici soluzioni.
D) La capacità di apprendere per prove ed errori.

42 **Quali sono, secondo Guilford, gli indici del pensiero divergente?**

A) Fluidità, flessibilità, originalità.
B) Fluidità, sequenzialità, deduttività.
C) Audacia, originalità, sequenzialità.
D) Flessibilità, razionalità, deduttività.

43 **Cosa sono e quali funzioni svolgono i neuroni specchio?**

A) Si tratta di cellule che si attivano nella stessa area cerebrale durante l'interazione tra individui che vivono lo stesso stato emozionale.
B) Si tratta di cellule che si attivano in aree cerebrali diverse durante l'interazione tra individui che vivono lo stesso stato emozionale.
C) Si tratta di emozioni diverse tra individui simili che li legano mediante l'attivazione di sostanze chimiche prodotte nelle stesse aree del cervello.
D) Si tratta di emozioni simili tra individui simili che li legano mediante l'attivazione di sostanze chimiche prodotte in diverse aree del cervello.

44 **Che cosa si intende per intelligenza emotiva?**

A) Un aspetto dell'intelligenza legato alla capacità di riconoscere le proprie emozioni.
B) Un aspetto dell'intelligenza legato alla capacità di riconoscere, utilizzare, comprendere e gestire in modo consapevole le proprie ed altrui emozioni.

C) Un modo altamente strutturato dal punto di vista razionale di gestire le emozioni nelle relazioni intersoggettive.
D) Una strategia di comprensione degli altrui stati d'animo utile per la realizzazione dei propri obiettivi nel processo comunicativo.

45 A quale noto pedagogista inglese si deve la fondazione della prima scuola attiva sul finire dell'Ottocento?

A) Cecil Reddie.
B) Ovide Decroly.
C) John Bowlby.
D) Donald Winnicott.

46 Secondo il socio-costruttivismo:

A) La didattica si fonda sul ruolo centrale dell'insegnante.
B) L'apprendimento è il risultato della cooperazione con gli altri.
C) L'apprendimento è indotto dal docente.
D) La didattica è funzionale solo alle interazioni con il mondo esterno.

47 Quanti stadi prevede la teoria dello sviluppo psico-sociale di Erik Erikson?

A) Tre.
B) Sei.
C) Otto.
D) Dieci.

48 Chi ha attribuito valore didattico alle «cianfrusaglie», ovvero agli oggetti semplici che i bambini piccoli usano raccogliere per giocare?

A) Pietro Pasquali.
B) Don Milani.
C) Maria Montessori.
D) sorelle Agazzi.

49 Ha scritto Lettera a una professoressa:

A) Maria Montessori.
B) Pietro Pasquali.
C) don Milani.
D) Giacomo Rizzolatti.

50 Quale tipologia di gioco corrisponde, secondo Piaget, alla fase di sviluppo nota come stadio operatorio-concreto?

A) Di esercizio.
B) Di ruolo.
C) Simbolico.
D) Con regole.

51 **Oltre alla scuola e alla famiglia esistono altre agenzie che possono influenzare l'educazione dell'alunno?**

A) No.
B) Sì.
C) Sì, ma solo agenzie formali.
D) Sì, ma solo agenzie informali.

52 **Come si deve configurare l'azione della scuola nei confronti dei disadattamenti prodotti da cause affettive o socio-ambientali?**

A) Con azioni repressive.
B) Con interventi coercitivi.
C) Con strategie individualizzate.
D) Con azioni preventive e compensative.

53 **Tra le cause delle situazioni di svantaggio vi possono essere:**

A) Cause esterne allo studente.
B) Il gruppo dei pari.
C) Le prassi scolastiche.
D) Nessuna delle opzioni precedenti.

54 **Quali fattori influiscono sullo sviluppo dell'intelligenza?**

A) Le componenti genetiche.
B) Le stimolazioni ambientali.
C) Componenti genetiche e stimolazioni ambientali.
D) Fattori casuali legati alle esperienze di vita.

55 **Come si può definire la personalità?**

A) Un'organizzazione dinamica.
B) Una struttura statica.
C) Un tratto caratteriale.
D) Un modo di essere.

56 **Chi ha scoperto l'esistenza dei neuroni specchio?**

A) Jean Piaget.
B) Jerome Bruner.
C) Maria Montessori.
D) Giacomo Rizzolatti.

57 **Quale, tra i seguenti fattori, influenza lo sviluppo della personalità?**

A) La classe sociale di appartenenza.
B) I modelli comportamentali della famiglia.
C) Le aspettative e aspirazioni familiari.
D) Tutti i fattori indicati nelle opzioni precedenti.

58 Le «scuole nuove» si ispirano:

A) All'umanesimo.
B) All'illuminismo.
C) Al naturalismo.
D) All'attivismo.

59 Secondo i costruttivisti:

A) Esiste una realtà unica e oggettiva.
B) Non vi è possibilità di una conoscenza univoca e oggettiva della realtà.
C) Il bambino deve assimilare passivamente i contenuti trasmessi dall'insegnante.
D) Nessuna delle opzioni precedenti.

60 Il luogo preposto per *abilitare la mano e la mente* dell'alunno è, secondo Loris Malaguzzi:

A) La classe.
B) L'atelier.
C) Il laboratorio.
D) La ludoteca.

61 Lo *spirito creativo* è un'opera di:

A) Loris Malaguzzi.
B) Jean Piaget.
C) Mary Ainsworth.
D) Daniel Goleman.

62 Lo psicologo dello sviluppo Jerome Kagan si è occupato, in particolare, della relazione tra:

A) Biologia e ambiente.
B) Cultura e status economico.
C) Biologia e status sociale.
D) Disagio ambientale e status economico.

63 La cosiddetta *strange situation* è stata studiata da:

A) Mary Ainsworth.
B) John Bowlby.
C) Mary Main.
D) Erik Erikson.

64 Secondo quale meccanismo avviene lo sviluppo del linguaggio secondo Skinner?

A) Apprendimento.
B) Condizionamento.
C) Motivazione.
D) Lallazione.

65 **Quale noto linguista teorizza l'esistenza di una grammatica universale comune a tutti gli individui sin dalla nascita?**

A) Jerome Bruner.
B) Jean Piaget.
C) Ludwig Wittgenstein.
D) Noam Chomsky.

66 ***«È opinione popolare, a proposito della pulsione sessuale, che essa manchi nell'infanzia e che si risvegli soltanto nel periodo di vita che va sotto il nome di pubertà. Ma questo non soltanto è un puro e semplice errore, bensì anche un errore gravido di conseguenze, perché è il principale responsabile della nostra attuale ignoranza a proposito delle condizioni fondamentali nella vita sessuale».* Questo brano è tratto da:**

A) *Il primo anno di vita del bambino* di René Spitz.
B) *Sviluppo affettivo e ambiente* di Donald Winnicott.
C) *Tre saggi sulla teoria sessuale* di Sigmund Freud.
D) *La psicoanalisi dei bambini* di Melanie Klein.

67 ***«Credo che i giocattoli forniti dall'analista dovrebbero essere, nel complesso, del tipo da me descritto, cioè semplici, piccoli e non meccanici».* Quale nota psicoanalista ha introdotto i giocattoli durante l'analisi condotta sui bambini?**

A) Anna Freud.
B) Melanie Klein.
C) Margaret Mead.
D) Ruth Benedict.

68 **Ha elaborato la teoria della *differenziazione emotiva*:**

A) John Bowlby.
B) Alan Sroufe.
C) Urie Bronfenbrenner.
D) Erik Erikson.

69 **Come viene definita da Maria Montessori la mente del bambino?**

A) Comprendente.
B) Afferrante.
C) Assorbente.
D) Plasmabile.

70 **Indicare la definizione fornita da Lev Semënoviè Vygotskij del concetto di zona di sviluppo prossimale (ZSP).**

A) È l'apprendimento del bambino, formato da una serie di stadi: il raggiungimento dello stadio successivo avviene per maturazione cognitiva e superamento di quello precedente.

B) È il principio secondo cui il bambino apprende più velocemente dagli individui che gli sono vicini nel processo di crescita.
C) È la distanza tra il livello di sviluppo attuale e il livello di sviluppo potenziale che può essere raggiunto con l'aiuto degli altri. È la zona in cui bambino e adulto si scambiano competenze.
D) È la distanza tra il livello di sviluppo del linguaggio e il livello di sviluppo dell'ambiente sociale.

71 Edouard Claparede è uno dei maggiori esponenti:

A) Dell'evoluzionismo darwiniano.
B) Della scuola pedagogica tradizionale.
C) Del comportamentismo.
D) Del funzionalismo psicologico europeo.

72 Quale noto psicologo statunitense ha coniato l'espressione *analfabetismo emozionale*?

A) Albert Bandura.
B) Daniel Goleman.
C) Gordon Allport.
D) Howard Gardner.

73 *«La madre sufficientemente buona (non necessariamente la madre vera del bambino) è una madre che attivamente si adatta ai bisogni del bambino, un adattamento attivo che a poco a poco diminuisce a seconda della capacità del bambino che cresce di rendersi conto del venir meno dell'adattamento e di tollerare i risultati della frustrazione»*. Questo brano è tratto da:

A) *Lo sviluppo mentale del bambino* di J. Piaget.
B) *Pensiero e linguaggio* di L. Vygotskij.
C) *I cicli della vita* di E. Erikson.
D) *Gioco e realtà* di D. Winnicott.

74 A chi si deve la diffusione del termine «scuola attiva»?

A) Claparède.
B) Ferrière.
C) Decroly.
D) Dewey.

75 Il costruttivismo attribuisce un'importanza fondamentale:

A) All'apprendimento basato sul processo intuitivo.
B) Alle preconoscenze possedute dal soggetto prima dell'apprendimento.
C) Alle strategie di controllo.
D) Alla separazione tra il momento teorico e quello pratico della formazione.

76 **Chi è l'autore della *Scuola del lavoro*?**

A) Pestalozzi.
B) Washburne.
C) Kerschensteiner.
D) Kilpatrick.

77 **È uno dei pilastri del metodo Montessori e rappresenta un ambiente di vita dove il bambino è libero di lavorare e manifestare la sua spontaneità, è «la casa...**

A) Dell'arte».
B) Del gioco».
C) Dei bambini».
D) Dell'inclusione».

78 **Quale noto pedagogista italiano fondò la «Scuola-città Pestalozzi»?**

A) Codignola.
B) Pestalozzi.
C) Ardigò.
D) Lombardo-Radice.

79 **A quale psicologo si deve l'opera dal titolo *Psicologia del bambino o pedagogia sperimentale*?**

A) Demolins.
B) Decroly.
C) Ferrière.
D) Claparède.

80 **Chi creò il «metodo dei progetti»?**

A) Kilpatrick.
B) Lietz.
C) Washburne.
D) Blondel.

81 **Chi è l'autore della *Scuola serena di Agno*?**

A) Montessori.
B) Franchetti.
C) Agazzi.
D) Boschetti-Alberti.

82 ***Processo di apprendimento nelle due culture* è un'opera di:**

A) Bruner.
B) Herder.
C) Skinner.
D) Dilthey.

83 **Chi ha scritto *Democrazia ed educazione*?**

A) Demolins.
B) Piaget.
C) Dewey.
D) Tolman.

84 **Chi è l'autore de *Lo sviluppo mentale del bambino*?**

A) Dewey.
B) Freinet.
C) Cousinet.
D) Piaget.

85 ***La scienza dell'educazione* è un'opera di:**

A) Lombardo-Radice.
B) Rosmini.
C) Ardigò.
D) Aporti.

86 **Secondo Piaget lo *stadio pre-operatorio* appare e matura a quale età?**

A) Da 0 a 18 mesi.
B) Da 0 a 2 anni.
C) Da 18 mesi a 6 anni.
D) Da 6 a 11 anni.

87 **Friedrich Fröbel è noto per aver creato e messo in pratica il concetto di:**

A) Sviluppo stadiale del bambino.
B) Giardino d'infanzia.
C) Gioco di ruolo.
D) Scuola empirica.

88 **Quale fra questi studiosi delle scienze dell'educazione ha parlato di «*globalizzazione dell'insegnamento*»?**

A) Demolins.
B) Piaget.
C) Decroly.
D) Freinet.

89 **Cosa sono le *attitudini*?**

A) Predisposizioni per una particolare attività fisica o mentale.
B) Apprendimenti acquisiti in particolari attività.
C) Interessi che orientano l'individuo verso un'attività.
D) Preferenze per una determinata attività.

90 **L'*effetto Pigmalione* è:**

A) L'estensione della valutazione di uno o più tratti della personalità ad altri tratti o aspetti.
B) Dovuto ad un errore di assuefazione, per cui lo stesso errore incontrato più volte sembra meno grave.
C) Un errore di aspettativa in base al quale il successo o l'insuccesso dello studente è determinato dalle aspettative che l'insegnante ha nei suoi confronti.
D) L'estensione di uno o più tratti della personalità del docente a quella dell'allievo.

91 **A quale argomento in particolare si interessò Vygotskij nell'analisi dei processi cognitivi?**

A) Caratteristiche psicologiche dei fanciulli.
B) Ambiente socio-culturale e ruolo dell'istruzione.
C) Livello socio-economico delle famiglie degli educandi.
D) Componente intellettiva degli educandi.

92 **Chi suggerì di prendere in considerazione il rapporto fra età mentale ed età cronologica per determinare il *quoziente d'intelligenza*?**

A) Dilthey.
B) Fenelon.
C) Gadamer.
D) Stern.

93 **Nell'Emilio, Jean-Jacques Rousseau promuove il concetto di educazione:**

A) Ciclica e radicale.
B) Natura e negativa.
C) Radicale e positiva.
D) Stigmatizzante e autoritaria.

94 **Nella teoria del ciclo di vita di Erik Erikson, durante l'adolescenza l'individuo si trova in una fase dello sviluppo psicosociale caratterizzata dall'antinomia tra:**

A) Fiducia e sfiducia.
B) Generatività e stagnazione.
C) Integrità e disperazione.
D) Identità e confusione dell'identità.

95 **L'attenzione selettiva è la capacità di:**

A) Prestare attenzione ad uno stimolo tra molti stimoli.
B) Mantenere l'attenzione particolarmente concentrata.

C) Mantenere l'attenzione per periodi prolungati.
D) Identificare stimoli a bassa frequenza temporale.

96 **Informazioni specifiche, universali e non influenzate culturalmente, per riconoscere le emozioni possono essere ricavate dallo studio:**

A) Della postura.
B) Dei gesti.
C) Delle espressioni facciali.
D) Dei movimenti corporei.

97 **A che anno risale la *Dichiarazione dei diritti del fanciullo*?**

A) 1930.
B) 1900.
C) 1950.
D) 1959.

98 **Cosa indica il termine *affettività*?**

A) La capacità di un individuo di provare benevolenza per gli altri.
B) L'aspetto della vita psichica riguardante le emozioni e i sentimenti.
C) L'aspetto della vita psichica concernente i rapporti sociali.
D) L'approccio educativo di tipo materno che il docente ha nei confronti degli studenti più emotivi più piccoli.

99 **La psicologia è la scienza che studia il comportamento inteso come:**

A) Espressione dei sentimenti.
B) Espressione della maturità.
C) Espressione dei condizionamenti ambientali.
D) Espressione della personalità.

100 **Cosa s'intende in psicologia per desiderabilità sociale?**

A) La capacità di descrivere le caratteristiche differenziali delle persone in base ai loro comportamenti.
B) Il lavoro di ricerca che è alla base di un test psicologico.
C) Una variabile indicante lo stato emotivo di una persona.
D) Il bisogno di offrire un'immagine positiva e socialmente accettabile di sé.

101 **Quale dei seguenti costituisce un metodo d'indagine della psicologia?**

A) Metodo sperimentale.
B) Metodo razionale.
C) Metodo ipotetico-deduttivo.
D) Metodo intuitivo.

102 Chi ha elaborato la cosiddetta *teoria dell'attaccamento*?

A) Freud.
B) Bowlby.
C) Jung.
D) Adler.

103 Cosa studiano i teorici S-R?

A) Il comportamento inteso come rapporto tra stimolo e risposta.
B) Le forme di pensiero umano, in particolare sillogismi e ragionamenti.
C) La ripetizione di un atto non finalizzato alla soddisfazione di un bisogno.
D) I comportamenti sociali e religiosi.

104 Cos'è il rinforzo positivo?

A) L'approfondimento di un concetto appreso.
B) Un esercizio ripetuto per migliorare la memoria e l'apprendimento.
C) Una ricompensa che aumenta la frequenza di emissione di una risposta.
D) Un esercizio mentale che necessita di particolare concentrazione.

105 Secondo i *behavioristi*, i disturbi del comportamento sono:

A) Causati dall'ambiente esterno.
B) Appresi, cioè determinati dal rapporto tra individuo e ambiente.
C) A volte innati, a volte appresi.
D) Sempre innati.

106 Che cosa s'intende, in psicologia, per «*seconda nascita*»?

A) La crisi della maternità.
B) L'entrata del bambino nell'età dell'adolescenza.
C) Il riprendersi da un periodo di depressione.
D) La sindrome del nido vuoto.

107 Cos'è la *collera*?

A) Un'emozione repressa.
B) Un'emozione inutile.
C) L'espressione di una personalità fobico-ossessiva.
D) Un'emozione sana e necessaria, a patto di mantenerla sotto controllo.

108 Secondo la teoria organismica di Goldstein, l'*organismo*:

A) Corrisponde alla somma delle parti che lo costituiscono.
B) È ben più della somma delle parti che lo costituiscono.
C) È costituito in parti uguali da psiche e soma.
D) Corrisponde alla moltiplicazione delle sue singole parti.

109 Cos'è la *personalità di base*?

A) Una struttura dinamica che comprende le caratteristiche biologiche e psichiche dell'individuo.
B) La personalità tipica del bambino che si modifica durante lo sviluppo.
C) La struttura ereditaria sulla quale si innestano le influenze ambientali.
D) L'insieme degli elementi costitutivi della personalità comune ai membri di una data cultura.

110 Come può essere definita la *coscienza*?

A) Controllo morale delle azioni.
B) Consapevolezza delle proprie azioni e delle motivazioni sottostanti.
C) Senso del dovere e responsabilità sociale.
D) Consapevolezza dei propri sentimenti.

111 Nella teoria psicanalitica l'*inconscio* è un complesso dinamico di:

A) Esperienze rimosse e comportamenti istintuali.
B) Pensieri e aspettative sul futuro.
C) Tendenze e desideri attuali.
D) Esperienze piacevoli del passato.

112 Quale, tra i seguenti metodi, *non rientra* nell'attivismo?

A) Metodo Decroly.
B) Metodo Montessori.
C) Metodo Pestalozzi.
D) Metodo Kerschensteiner.

113 Cos'è l'*attenzione*?

A) Uno sforzo di volontà.
B) Un processo di selezione delle percezioni.
C) La capacità di mettere a fuoco l'intero campo percettivo, evitando che una parte di esso sfugga alla propria osservazione.
D) La capacità di captare, contemporaneamente agli stimoli ricercati, altri oggetti del campo percettivo che costituiscono elementi di disturbo.

114 Cos'è l'*immaginazione*?

A) Un'elaborazione puramente fantastica e immaginaria.
B) Una funzione psichica che permette di produrre immagini senza alcun collegamento con il reale.
C) L'elaborazione mentale delle caratteristiche degli oggetti così come le abbiamo percepite.
D) La rappresentazione fedele degli oggetti del nostro ambiente, così come appaiono ai nostri organi di senso.

115 **Cos'è l'*intuizione*?**

A) La conoscenza casuale di un evento.
B) L'introspezione, ossia l'analisi dell'interiorità.
C) La prima fase della conoscenza.
D) La comprensione improvvisa della soluzione di un problema.

116 **Il ragionamento si dice *deduttivo* quando:**

A) Richiede di ricavare una legge partendo da un numero minimo di dati.
B) Partendo da determinate premesse, mediante l'analisi e l'astrazione, giunge a una conclusione logica.
C) Giudica la validità di un pensiero o di un'azione utilizzando modelli o parametri di riferimento.
D) Analizza le cause prima degli effetti.

117 **Quale dei seguenti fattori ostacola il *pensiero produttivo*?**

A) Creatività.
B) Immaginazione.
C) Rigidità percettiva e cognitiva.
D) Distrazione.

118 **Quale dei seguenti fattori contribuisce al costituirsi della *sicurezza di sé*?**

A) Sviluppo emotivo-affettivo.
B) Sviluppo percettivo.
C) Temperamento.
D) Apprendimento scolastico.

119 **Quale dei seguenti termini si riferisce a un meccanismo di difesa?**

A) Repressione.
B) Rimozione.
C) Riflessione.
D) Frustrazione.

120 **Quale termine viene utilizzato nel linguaggio scientifico per indicare la *psicologia della forma*?**

A) Behaviorismo.
B) Condizionamento.
C) Formalismo.
D) *Gestalt*.

121 **Quale delle seguenti affermazioni non rientra fra i presupposti dell'*attivismo*?**

A) La scuola del lavoro, per quanto valida, non potrà mai sostituire la scuola dello studio.

B) La teoria deve seguire la prassi.
C) L'alunno deve ricoprire un ruolo centrale nel processo educativo.
D) La scuola tradizionale va sostituita con una scuola centrata sul «fare».

122 **Cosa indica il termine *insight*?**

A) Un insuccesso.
B) Un'emozione repressa.
C) Un riflesso.
D) Una comprensione immediata.

123 **A quale approccio e autore è direttamente riconducibile il concetto di condizionamento operante?**

A) Comportamentista - Pavlov.
B) Cognitivista - Neisser.
C) Storico-culturale - Vygotskij.
D) Comportamentista - Skinner.

124 **Chi ha gettato le basi della *psicologia cognitiva*?**

A) Frederik Skinner.
B) Jean Piaget.
C) Lev Vygotskij.
D) Édouard Claparède.

125 **Cosa s'intende, nell'ambito della teoria freudiana, per *periodo di latenza*?**

A) La fase edipica.
B) La fase della piena maturazione sessuale.
C) La fase precedente alla pubertà.
D) La fase della pubertà.

126 **Qual è il tema centrale delle teorie di René Spitz e dei quattro stadi da lui individuati?**

A) L'aggressività.
B) Lo sviluppo sessuale.
C) La motricità.
D) La relazione oggettuale.

127 **Quale pediatra e terapeuta per l'infanzia di nazionalità inglese parla di «*spazio transizionale*»?**

A) Donald Winnicott.
B) René Spitz.
C) Frederik Skinner.
D) Melanie Klein.

128 **Come viene definita in psicologia una reazione affettiva prodotta da uno stimolo ambientale?**

A) Motivazione.
B) Emozione.
C) Apprendimento.
D) Elicitazione.

129 **Uno *stimolo* è sempre:**

A) Un'informazione.
B) Un'emozione.
C) Un ricordo.
D) Una sollecitazione esterna.

130 **In quante parti si divide il sistema nervoso centrale?**

A) 6.
B) 4.
C) 3.
D) 2.

131 **Quale studioso si è occupato, in particolare, della *pluralità delle intelligenze*?**

A) Howard Gardner.
B) Jean Piaget.
C) Jerome Bruner.
D) Jean Le Boulch.

132 **Come si definisce il processo che si attua quando il comportamento di un soggetto che osserva si modifica in relazione al comportamento di un altro soggetto che funge da modello?**

A) Condizionamento classico.
B) Condizionamento operante.
C) Modellamento.
D) Imitazione.

133 **Di quale funzione è responsabile l'*area di Broca*?**

A) Motricità.
B) Memoria.
C) Attenzione.
D) Linguaggio.

134 Su quale attività mentale compì i suoi studi Hermann Ebbinghaus?

A) Memoria.
B) Apprendimento.
C) Linguaggio.
D) Sonno.

135 Quale di questi autori parla di «*inconscio collettivo*»?

A) Klein.
B) Jung.
C) Sartre.
D) Lacan.

136 Come è definita, nella teoria di Freud, la struttura della psiche che rappresenta la parte più razionale?

A) Sé.
B) Es.
C) Super-Io.
D) Io.

137 Cosa s'intende per *condizionamento classico*?

A) Apprendimento per cui uno stimolo neutro produce la risposta causata originariamente dallo stimolo incondizionato.
B) Apprendimento per cui uno stimolo condizionato produce la risposta causata originariamente dallo stimolo incondizionato.
C) Apprendimento per cui uno stimolo incondizionato produce la risposta causata originariamente dallo stimolo condizionato.
D) Apprendimento per cui uno stimolo neutro produce la risposta causata originariamente dallo stimolo condizionato.

138 Come si definiscono le unità di base del linguaggio?

A) Morfemi.
B) Sillabe.
C) Fonemi.
D) Parole.

139 Secondo gli psicologi della *Gestalt*, la *strutturazione percettiva* dipende:

A) Dal pensiero e dal ragionamento.
B) Dalle informazioni sensoriali.
C) Dal cervello che riproduce gli oggetti.
D) Da processi mentali innati.

140 La motivazione all'apprendimento è un particolare tipo di motivazione che:

A) Descrive lo studente nel tentativo di primeggiare rispetto ai propri compagni.
B) Descrive l'impegno in attività finalizzate ad acquisire e a padroneggiare conoscenze e abilità.
C) Descrive lo studente nel suo impegno a difendere la stima di sé di fronte agli altri.
D) Descrive l'orgoglio dello studente ad avere successo nella vita.

141 Cosa sono le *motivazioni primarie*?

A) Stimoli ad apprendere nella prima infanzia.
B) Impulsi di carattere acquisito.
C) Caratteri psicologici congeniti.
D) Impulsi di carattere fisiologico.

142 Quale psicologo contemporaneo ha parlato di «*intelligenza emotiva*»?

A) Jerome Bruner.
B) Carl Rogers.
C) Abraham Maslow.
D) Daniel Goleman.

143 Cosa s'intende per *morale eteronoma*?

A) I sentimenti morali innati.
B) Le regole morali imposte dalla religione.
C) Le regole morali che l'individuo accetta dall'esterno.
D) La moralità propria di ciascun individuo, elaborata in piena autonomia.

144 Come può essere definita la *memoria*?

A) Capacità di conservare e richiamare alla coscienza dati ed esperienze passate.
B) Abilità di ricordare esattamente e a lungo una serie di informazioni.
C) Funzione intellettiva che influenza la sfera sociale.
D) Tutte le precedenti.

145 Si parla di *frustrazione* quando:

A) Ci si preoccupa per la propria condotta.
B) Il cammino verso il raggiungimento di un determinato scopo risulta agevolato.
C) Il cammino verso il raggiungimento di un determinato scopo risulta impedito.
D) Si è afflitti da un senso di colpa.

146 La prospettiva interculturale è:

A) Una prospettiva dialogica che promuove un processo di scambio aperto e rispettoso fra persone e gruppi di origini e tradizioni diverse.
B) Una prospettiva universalistica, che si focalizza su ciò che è comune alle diverse culture, tralasciando le loro differenze.
C) Una prospettiva relativistica che enfatizza le differenze fra le culture, privilegiando le identità specifiche, che devono essere preservate nella loro integrità.
D) Una prospettiva irrealizzabile nella moderna società occidentale.

147 Contribuisce all'*affermazione della propria identità*:

A) Ampliare il punto di vista su di sé e sulla propria collocazione nel mondo.
B) Affidarsi completamente alle scelte dei genitori.
C) Non avere limiti nel mostrare le proprie reazioni emotive.
D) Riconoscere la responsabilità delle proprie azioni solo in determinate situazioni.

148 La *convivenza civile* comporta:

A) L'imposizione, a prescindere dal contesto e dalle situazioni, delle proprie convinzioni.
B) La capacità di interloquire con pertinenza e costruttività nelle diverse situazioni comunitarie.
C) Il confronto con i valori della Costituzione e il rispetto solo di quelli che si condividono.
D) La disponibilità all'ascolto delle ragioni altrui solo in determinate circostanze.

149 Chi ha dimostrato, con una serie di esperimenti sulle scimmie, che l'attaccamento dei piccoli alla madre dipende dal *bisogno di sicurezza*?

A) Bruner.
B) Ferraris.
C) Harlow.
D) Myers.

150 Quale tra le seguenti *opere* non è stata scritta dal pedagogista svizzero *J. H. Pestalozzi*?

A) *Il metodo.*
B) *Leonardo e Geltrude.*
C) *Le veglie di un solitario.*
D) *L'educazione progressiva.*

151 **Cosa si intende quando si parla di «late adolescence»?**

A) Un fenomeno nuovo delle società occidentali, attribuibile a variabili personali, rappresentato dal prolungamento dell'adolescenza, che si esprime nella permanenza del giovane adulto nella famiglia di origine.
B) Un fenomeno nuovo delle società occidentali, attribuibile a variabili sociologiche, rappresentato dal prolungamento dell'adolescenza, che si esprime nella permanenza del giovane adulto nella famiglia di origine.
C) Un fenomeno nuovo delle società occidentali, attribuibile a variabili personali, rappresentato dal prolungamento dell'infanzia, che si esprime nella permanenza del giovane adolescente nella famiglia di origine.
D) Un fenomeno presente da sempre nelle società occidentali, attribuibile a variabili sociologiche, rappresentato dal prolungamento dell'adolescenza, che si esprime nella permanenza del giovane adulto nella famiglia di origine.

152 **Quale studioso tra i seguenti ha sostenuto che l'*educazione* ha il solo compito di insegnare agli uomini il *giusto uso della ragione*?**

A) Pascal.
B) Cartesio.
C) Bossuet.
D) Fénelon.

153 **Quale studioso del Positivismo ha affermato che *«conosciamo attraverso due tipi di intuizioni, diretta e naturale, diretta e artificiale»*?**

A) Saint-Simon.
B) Ardigò.
C) Owen.
D) Comte.

154 ***«Abbiamo solo scuole di compitazione, di scrittura e di catechismo, mentre abbiamo bisogno di scuole di uomini»* è una frase detta da:**

A) Piaget.
B) Bruner.
C) Decroly.
D) Pestalozzi.

155 **La psicologia cognitiva ha come oggetto di studio:**

A) Le abitudini apprese socialmente dagli individui.
B) Lo sviluppo delle capacità relazionali.
C) I comportamenti osservabili.
D) I processi mentali.

156 **Che cosa s'intende per *ricerca pedagogica*?**

A) Un'attività rivolta essenzialmente al campo scolastico.
B) Un'attività diretta a migliorare il rapporto insegnanti-allievi.
C) La ricerca di strumenti d'indagine per migliorare l'itinerario didattico.
D) Le metodologie d'indagine applicate al settore pedagogico-educativo.

157 **Nella sua opera *Le fonti di una scienza dell'educazione* (1951), Dewey introduce il concetto di *pedagogia* come:**

A) Scienza in quanto ricerca.
B) Scienza interna alla filosofia.
C) Scienza dell'educazione intellettuale.
D) Scienza dell'educazione morale.

158 **Chi tra i seguenti personaggi celebri non è un *pedagogista*?**

A) Rousseau.
B) Pestalozzi.
C) Prigogine.
D) Dewey.

159 **Da cosa è caratterizzata fondamentalmente la *popolazione scolastica*?**

A) Da una preparazione di base qualitativamente elevata.
B) Da una preparazione di base qualitativamente scarsa.
C) Da una preoccupante uniformità.
D) Da un'elevata differenziazione di capacità e abilità.

160 **Che differenza c'è tra *apprendimento* e *maturazione*?**

A) Molteplici differenze.
B) L'apprendimento è un dato oggettivo, la maturazione è un dato soggettivo.
C) L'apprendimento dipende da fattori naturali, la maturazione da fattori ambientali.
D) L'apprendimento dipende da fattori ambientali, la maturazione è un fattore naturale.

161 **Il *processo di apprendimento* e il *processo d'insegnamento* sono:**

A) Interdipendenti e confluenti.
B) Interdipendenti.
C) Confluenti.
D) Indipendenti tra loro.

162 **Qual è l'oggetto d'indagine della *sociologia dell'educazione*?**

A) I rapporti osservabili tra le diverse componenti di un sistema educativo.
B) La formazione degli insegnanti.
C) I rapporti osservabili tra alunni e insegnanti.
D) I contenuti culturali che la scuola trasmette agli allievi.

163 **Chi è ritenuto l'esponente di maggior rilievo della *scuola cognitivista*?**

A) Skinner.
B) Piaget.
C) Bloom.
D) Rousseau.

164 **Secondo *Bernstein*, lo *sviluppo del linguaggio* è influenzato in maniera determinante:**

A) Dalla scuola e dagli insegnanti.
B) Dai compagni nel tempo libero.
C) Dai mass-media.
D) Dalla famiglia.

165 **La memoria a breve termine:**

A) Immagazzina le informazioni per qualche secondo se non vengono messe in atto strategie specifiche per trattenerle ulteriormente.
B) Esercitarla ne aumenta la capienza.
C) Ha una capienza illimitata.
D) Non sono possibili strategie che ne migliorino le prestazioni.

166 **Da che cosa sono determinati, secondo *Vygotskij*, i *processi psichici superiori*?**

A) Da fattori biologici.
B) Da fattori culturali.
C) Da fattori biologici e culturali.
D) Da fattori nervosi.

167 **Secondo Willem Doise lo studio di come la posizione sociale degli individui che partecipano a un gruppo influenza l'acquisizione degli apprendimenti individuali è definita:**

A) Analisi posizionale.
B) Analisi intraindividuale.
C) Analisi societaria.
D) Analisi interindividuale.

168 **Il soggetto «svantaggiato» propriamente detto è quello che:**

A) È carente nella propria funzionalità fisica.
B) Si trova in una condizione sfavorevole di origine socio-culturale.
C) Ha un sistema nervoso non perfettamente integro.
D) Non è in possesso di tutte le capacità sensorie.

169 **Cosa s'intende, in ambito sociologico, per *famiglia a doppia carriera*?**

A) Quella in cui sia l'uomo che la donna svolgono due professioni.
B) Quella in cui l'uomo e la donna svolgono lo stesso lavoro.

C) Quella in cui l'uomo e la donna esercitano entrambi un ruolo professionale e partecipano nella stessa misura ai lavori domestici.
D) Quella in cui la donna lavora ancora e l'uomo è pensionato, o viceversa.

170 Cosa intende sottolineare la «prospettiva ecologica» della pedagogia?

A) La necessità di educare al massimo rispetto per l'ambiente.
B) L'opportunità di inculcare il concetto di «sviluppo sostenibile».
C) L'esigenza di garantire la massima igiene e pulizia in ogni ambiente nel quale possa svolgersi l'azione formativa.
D) L'esistenza di una fitta connessione tra le varie componenti che determinano l'azione educativa nella sua globalità.

171 L'apprendimento è:

A) Acquisizione di conoscenze.
B) Acquisizione di principi.
C) Un processo continuo di raccolta.
D) Un meccanismo di assimilazione.

172 Quanti e quali sono i modi di rappresentazione del sapere secondo Bruner?

A) Tre: attivo, iconico, simbolico.
B) Quattro: senso-motorio, operatorio concreto, operatorio astratto, simbolico.
C) Tre: concreto, astratto, formale.
D) Due: operatorio-concreto e simbolico.

173 In riferimento alla ricerca educativa, quale delle seguenti affermazioni NON è corretta?

A) La ricerca educativa aiuta a scegliere, tra le diverse soluzioni possibili di un problema, quella corretta.
B) La ricerca non risponde a domande ma verifica ipotesi.
C) Le situazioni problematiche inducono a supporre che esistono soluzioni predefinite.
D) La ricerca richiede la scelta accurata di metodi di indagine.

174 La valorizzazione del profilo intellettivo personale di ogni alunno a quale teoria si ispira?

A) All'epistemologia genetica di Piaget.
B) Al comportamentismo di Skinner.
C) Al cognitivismo di Gardner.
D) All'attivitsmo di Dewey.

175 Quale paradigma della psicologia ritiene che la mente operi come un elaboratore delle informazioni provenienti dal mondo esterno?

A) Cognitivismo.
B) Costruttivismo.
C) Comportamentismo.
D) Associazionismo.

176 Il processo creativo secondo L. Vygotskij:

A) È una competenza che deve essere stimolata per la corretta crescita dell'individuo.
B) È del tutto indipendente dall'ambiente di vita.
C) È una competenza da acquisire nei primi anni di vita.
D) Si realizza grazie ad un meccanismo di stimolo-risposta.

177 Nel 1926 Graham Wallas elaborò:

A) La teoria delle intelligenze diversificate.
B) Il concetto di pensiero convergente.
C) La teoria multiassiale della creatività.
D) La teoria per fasi successive del processo creativo.

178 Secondo H. Gardner la creatività è:

A) Uno stile di vita, volto alla ricerca della soluzione dei problemi.
B) Un altro modo di intendere le capacità relazionali.
C) Impossibile da sviluppare nell'ambito scolastico.
D) Un altro modo di intendere il ragionamento logico-matematico.

179 Quali sono le tre componenti che compongono il modello di empatia di M. Hoffman?

A) Deduttiva, cognitiva e motivazionale.
B) Affettiva, cognitiva e motivazionale.
C) Motoria, empatica, razionale.
D) Affettiva, motoria, motivazionale.

180 L'intelligenza emotiva secondo Goleman si basa su competenze:

A) Interculturali e disciplinari.
B) Comunicative e linguistiche.
C) Razionali e disciplinari.
D) Personali e sociali.

181 Lo psicologo statunitense Robert Sternberg ha formulato:

A) Il modello tripartito dell'intelligenza.
B) La teoria delle intelligenze variabili.
C) Il modello cibernetico dell'intelligenza.
D) Il modello delle intelligenze multiple.

182 **Secondo lo studioso Daniel Goleman le tre caratteristiche dell'intelligenza emotiva sono:**

A) Autoefficacia, autoconsapevolezza e autonomia.
B) Empatia, efficacia ed efficienza.
C) Perseveranza, autocontrollo ed efficacia.
D) Autoconsapevolezza, autocontrollo ed empatia.

183 **La studiosa Magda Arnold, relativamente alle emozioni, ha elaborato:**

A) La teoria fattoriale.
B) Il metodo differenziale.
C) Il sistema centrale delle emozioni.
D) La teoria della valutazione cognitiva.

184 **Secondo Jean Piaget l'apprendimento è un atto creativo poiché la persona che apprende:**

A) Rifiuta la materia trasmessa, per poterla in seguito rielaborare.
B) Destruttura la materia trasmessa, l'assimila e la ricostruisce secondo le proprie strutture mentali.
C) Distrugge ciò che ha appreso, per inventarlo ex novo.
D) Assimila la materia trasmessa, così come gli è stata spiegata.

185 **Secondo Tomkins (1984) la vergogna è:**

A) Un'emozione sociale.
B) Un'emozione complessa.
C) Uno stato d'animo.
D) Un'emozione primaria.

186 **Per Charles Spearman l'intelligenza è composta da:**

A) Una griglia di fattori.
B) Un fattore manifesto e un fattore latente.
C) Un fattore generale (g) e un fattore specifico (s).
D) Un fattore principale e un fattore secondario.

187 **L'intelligenza spaziale di Gardner:**

A) È propria, in particolare, di ballerini, coreografi e sportivi.
B) È la capacità di riconoscere e classificare diversi oggetti nella natura.
C) È l'abilità implicata nel confronto e nella valutazione di oggetti concreti o astratti, nell'individuazione di relazioni e principi.
D) È propria, in particolare, di scultori, esploratori e architetti.

188 Secondo Winnicott la creatività è:

A) Una funzione dell'attività umana particolarmente utile nell'infanzia.
B) Una funzione dell'attività umana non particolarmente sana in età adulta.
C) Una funzione dell'attività umana non particolarmente sana in età adolescenziale.
D) Una funzione dell'attività sana degli individui.

189 Quale studioso, tra i seguenti, ha creato il primo test convalidato di misurazione dell'Intelligenza Emotiva, l'EQ-i?

A) Joy P. Guilford.
B) Reuven Bar-On.
C) Daniel Goleman.
D) Jack Mayer.

190 Susanne A. Denham riconduce il concetto di «competenza emotiva» a:

A) Due categorie di abilità: comprensione e regolazione delle emozioni.
B) Due categorie di abilità: espressione e comprensione delle emozioni.
C) Tre categorie di abilità: percezione, espressione e comprensione delle emozioni.
D) Tre categorie di abilità: espressione, comprensione e regolazione delle emozioni.

191 Quale delle seguenti non è un'emozione complessa o sociale o secondaria?

A) Gelosia.
B) Invidia.
C) Nostalgia.
D) Rabbia.

192 L'intelligenza naturalistica di Gardner:

A) È la capacità di riconoscere e classificare diversi oggetti nella natura.
B) È l'abilità implicata nel percepire e rappresentare gli oggetti visivi.
C) È propria, in particolare, di scultori, ingegneri, esploratori e architetti.
D) È l'abilità implicata nel confronto e nella valutazione di oggetti concreti o astratti, nell'individuazione di relazioni e principi.

193 Al centro della teoria freudiana sulla creatività è il concetto di:

A) Istinto.
B) Rimodellamento.
C) Disgregazione.
D) Sublimazione.

194 Secondo E. De Bono, il pensiero laterale è un tipo di ragionamento che:

A) Affronta i problemi partendo da vari punti di vista, per cercare soluzioni originali, aumentando le variabili nelle scelte risolutive.
B) Procede per passaggi causa-effetto.
C) Approda a una singola soluzione, ritenendola l'unica possibile.
D) Procede in maniera lineare attraverso passaggi logici.

195 Relativamente alle Life Skills, quali competenze rientrano nell'area emotiva?

A) Empatia, consapevolezza, fiducia.
B) Assertività, consapevolezza di sé, gestione delle relazioni.
C) Gestione delle emozioni, consapevolezza di sé, pensiero critico.
D) Consapevolezza di sé, gestione delle emozioni, gestione dello stress.

196 Le mappe mentali, teorizzate da Tony Buzan, si differenziano da quelle concettuali perché:

A) Hanno un rigido schema di strutturazione.
B) Hanno una struttura lineare, che va da un concetto generale a uno specifico.
C) Non hanno una struttura tecnico-mentale e non favoriscono lo sviluppo creativo di associazioni e idee.
D) Non hanno una struttura lineare e favoriscono lo sviluppo creativo di associazioni e idee.

197 Secondo Antonio Damasio:

A) Le emozioni svolgono una funzione di guida cognitiva.
B) Le emozioni sono degli elementi di calcolo.
C) Le emozioni sono state sopravvalutate nei processi di apprendimento.
D) Le emozioni riguardano solo l'aspetto irrazionale.

198 «Se vuoi comprendere quel che un altro sta dicendo, devi assumere che ha ragione e chiedergli di aiutarti a vedere le cose e gli eventi dalla sua prospettiva». Con queste parole, a quale termine si avvicina il modello di Marianella Sclavi?

A) Egoismo.
B) Assertività.
C) Esclusione.
D) Autorità.

199 La logica della mente emozionale è:

A) Associativa.
B) Dissociativa.
C) Proattiva.
D) Modale.

200 **Per Silvano Arieti, la «creatività ordinaria» è:**

A) La capacità di qualunque soggetto di risolvere problemi.
B) La capacità di migliorare la vita di una persona rendendola più piena e soddisfacente.
C) La capacità di creare a partire dai sogni.
D) Collegata all'uso dei soli oggetti.

201 **Gli strumenti compensativi sono:**

A) Strumenti didattici e tecnologici che sostituiscono o facilitano la prestazione richiesta dall'abilità deficitaria.
B) Strumenti didattici che consentono all'alunno di non svolgere alcune prestazioni.
C) Strumenti tecnologici che «si sostituiscono» all'alunno nello svolgimento dell'attività che da solo non riesce a svolgere.
D) Strumenti didattici o tecnologici che sostituiscono la abilità deficitaria.

202 **Cosa si intende per bisogni educativi speciali (BES)?**

A) I bisogni educativi di alunni con disabilità o con disturbi specifici dell'apprendimento.
B) I bisogni educativi di alunni con svantaggio socio-economico, linguistico o culturale.
C) I bisogni educativi di alunni disabili, con DSA, con svantaggio socio-economico, linguistico o culturale, con alunni con ADHD.
D) I bisogni di alunni con disabilità certificata.

203 **La progettazione per alunni con BES certificati:**

A) Si attiene al piano didattico personalizzato redatto dal docente di sostegno.
B) Si attiene al piano didattico personalizzato redatto unitariamente dai docenti della classe.
C) Valorizza la diversa partecipazione sociale del bambino diversamente abile.
D) Si fonda su strategie didattiche prefissate dall'inizio dell'anno scolastico.

204 **La didattica inclusiva:**

A) Trova esplicazione attraverso gli interventi individualizzati del docente di sostegno.
B) Si sostanzia nell'adozione di misure dispensative e compensative.
C) Accoglie i valori della normale specialità.
D) Attua il modello dell'integrazione scolastica previsto per gli alunni disabili certificati ex L. 104/1992.

205 Il PEI-progetto di vita:

A) È contenuto nella diagnosi funzionale elaborata dalla commissione medica.
B) Riguarda la crescita personale e sociale di tutti gli studenti.
C) Fa riferimento all'innalzamento della qualità della vita di tutti gli studenti.
D) Fa riferimento all'innalzamento della qualità della vita degli studenti con disabilità certificata.

206 Quali disturbi specifici di apprendimento vengono indicati nella L. 170/2010 con l'espressione DSA?

A) Disgrafia, disortografia e discinesia.
B) Dislessia, disgrafia, disortografia e discalculia.
C) Discalculia, distonia, discinesia.
D) Dislessia, distonia, acinesia e discinesia.

207 La didattica speciale si occupa di:

A) Metodi specifici che trovano riscontro sulle precise problematiche che una disabilità comporta.
B) Non valorizzare le differenze di ciascun ragazzo in difficoltà.
C) Ricercare un metodo didattico valido per tutte le disabilità.
D) Considerare la persona in difficoltà per la sua disabilità.

208 In che modo le TIC permettono la fruizione di strumenti compensativi ad alunni con BES?

A) Allenano la mente rendendo più semplice lo svolgimento dei compiti.
B) Consentono di attivare meccanismi di risparmio cognitivo.
C) Offrono materiali didattici in diversi formati.
D) Nessuna opzione è corretta.

209 In una classe in cui sono presenti alunni stranieri di recente immigrazione e con difficoltà linguistiche, il docente potrà utilizzare, di preferenza e in fase iniziale, un linguaggio di tipo:

A) Logico-matematico.
B) Verbale.
C) Iconico-rappresentativo.
D) Nessuna delle opzioni è corretta.

210 La difficoltà nell'identificare i rapporti fra le cifre all'interno di un numero può essere indicativa di:

A) Disgrafia.
B) Disortografia.
C) Disprassia.
D) Discalculia.

211 Rispetto agli studenti con DSA, quale delle seguenti opzioni può essere oggetto di misura dispensativa?

A) L'audiolibro.
B) Il pc con sintesi vocale.
C) L'uso del vocabolario.
D) L'impiego della calcolatrice.

212 Quali sono i caratteri principali della didattica individualizzata?

A) L'adozione di obiettivi comuni per tutti i componenti del gruppo – classe.
B) L'adozione di obiettivi differenziati per ogni alunno.
C) L'individuazione di strumenti compensativi.
D) La progettazione per competenze.

Risposte commentate

1 Risposta esatta: A

Jean Piaget considera l'intelligenza come un adattamento all'ambiente esterno che avviene sulla base di due diversi meccanismi:

- l'assimilazione, intesa come processo (passivo) consistente nell'integrare i dati dell'esperienza all'interno delle conoscenze che già si possiedono, ovvero di mappe e schemi mentali già presenti;
- l'accomodamento, inteso come processo (attivo) nel quale, invece, vengono modificati gli schemi preesistenti in funzione delle nuove esperienze vissute.

Secondo Piaget l'interrelazione tra assimilazione e accomodamento porta ad un terzo fenomeno, il principio di equilibrazione, al termine del quale ha luogo una crescita cognitiva e un conseguente passaggio di stato. Le fasi di tale equilibrio sono identificabili in vari stadi, ciascuno dei quali presenta una struttura che permette un'interazione diversa fra l'individuo e l'ambiente.

2 Risposta esatta: D

Piaget indica questo stadio dello sviluppo come operatorio formale.
In questo stadio, che va dagli undici anni all'adolescenza e, in definitiva, chiude lo sviluppo cognitivo, l'animismo infantile è totalmente superato; il ragazzo diviene consapevole che gli esseri viventi sono solo gli uomini, gli animali e le piante e diventa in grado di attuare il gioco di linguaggio che, come suggerisce la definizione, è la capacità di giocare con le parole.
Oltre a questo traguardo, si verificano una quantità di trasformazioni sia a livello cognitivo che portano ad uno sviluppo esponenziale del pensiero, poiché il bambino, divenuto preadolescente, è in grado di pensare astrattamente secondo il sillogismo logico, laddove il pensiero da induttivo diventa deduttivo, andando quindi dal generale al particolare (**pensiero ipotetico-deduttivo**).
Il preadolescente può riferirsi mentalmente ad oggetti non presenti nella sua esperienza ma soltanto ipotetici e ricavare da essi tutte le possibili conseguenze logiche, poiché egli è in grado di comprendere che alcuni fenomeni sono costituiti da parti separate e, di conseguenza, scomponibili.

3 Risposta esatta: D

Vygotskij sostiene che il linguaggio del bambino sia in origine di tipo sociale perché viene assorbito in modo inconscio in famiglia e nell'ambiente circostante e, se viene proposto in maniera corretta e significativa, il bambino lo assorbe spontaneamente nelle sue strutture, anche elaborate e complesse imparando ad utilizzarlo in forme grammaticali, sintattiche, semantiche e lessicali corrette.
Il linguaggio da funzione interpsichica (che consente di rapportarsi con le altre persone), diviene una funzione intrapsichica che permette di regolare dall'interno i propri **processi cognitivi e il proprio comportamento**, organizzando l'insieme di regole, strategie, strutture e contenuti che stanno alla base di qualsiasi attività psichica.

4 Risposta esatta: A

Freud descrive la struttura e l'organizzazione interna della psiche. **Nella prima topica**, Freud evidenzia tre sistemi: **inconscio, preconscio e conscio**, caratterizzati da specifiche funzioni, processi energetici e contenuti rappresentativi. Tra questi sistemi vi sono meccanismi di censura che inibiscono e controllano il passaggio dall'uno all'altro. Il passaggio dell'energia da un sistema all'altro può avvenire in senso progressivo (dall'inconscio al conscio), oppure in senso regressivo (una tipica regressione topica è rappresentata dal sogno). Alla base di questa teoria ci sono ii seguenti postulati: le azioni, i pensieri, i sentimenti non sono sempre determinati da atti volontari o da meccanismi di pensiero cosciente; il nostro funzionamento psichico è, in maggiore o minor misura, sovradeterminato da situazioni estranee allo stato cosciente.
A partire dal 1920, Freud elaborò un'ulteriore concezione, definita **seconda topica**, dell'apparato psichico nella quale Freud ipotizza la psiche umana come caratterizzata da tre istanze: l'**Es**, la più antica di queste province o istanze della psiche, che può essere sinteticamente caratterizzata come il polo pulsionale della personalità. È la struttura funzionale che contiene le fantasie inconsce, in particolare i desideri e le pulsioni rimosse;) l'**Io**, istanza che si differenzia dall'Es a contatto con la realtà esterna ponendosi come il rappresentante degli interessi della persona nel suo insieme. È la struttura funzionale deputata a recepire gli stimoli provenienti dall'esterno e quelli intrapsichici, a elaborarli e a rispondere con atti motori (parola compresa); il **Super-Io**, assume le funzioni di guida morale e di regolatore etico. Deriva dall'introiezione delle immagini e dei dettami parentali e, successivamente, dall'introiezione degli elementi normativi dell'ambiente e sociali (non necessariamente positivi eticamente o funzionanti).

5 Risposta esatta: A

Sono oggetti come animali di peluche, pezzi di stoffa che il bimbo tiene con sé nei momenti d'angoscia, nelle situazioni di distacco. Se in una prima fase il bambino riteneva gli oggetti esterni una sua creazione nell'impatto con l'ambiente il bimbo è costretto a riconoscere l'esistenza del mondo esterno. L'oggetto transizionale è un oggetto che non fa più parte del corpo del bambino ma non è pienamente riconosciuto come realtà esterna. La comparsa dell'oggetto transizionale è la manifestazione osservabile di questo processo di sviluppo e testimonia perciò la comparsa di uno stato intermedio tra l'incapacità del bambino di riconoscere ed accettare la realtà e la sua crescente capacità di farlo. L'oggetto transizionale costituisce per Winnicott la base della futura attività creativa e spirituale dell'adulto.

6 Risposta esatta: B

La scala dei bisogni di Maslow è articolata in **cinque tipologie di bisogni** che l'essere umano sente la necessità di appagare: **bisogni fisiologici** (aventi a oggetto beni essenziali quali cibo, vestiario, alloggio, salario minimo per garantire la sussistenza); **bisogni di sicurezza** (libertà dalla paura di subire danni fisici, per es. nel lavoro, nel movimento; sicurezza economica; fiducia nella stabilità del sistema di riferimento ecc); **bisogni di socialità e di appartenenza** (gratificazione de-

rivante dall'andamento positivo dei rapporti sociali, nel rapporto duale, all'interno del piccolo gruppo, nel quadro dell'organizzazione di riferimento); **bisogni di autonomia e di stima** (bisogni dell'io, sia rispetto a se stesso sia rispetto al riconoscimento sociale delle proprie capacità, per es. nel caso del raggiungimento di un certo status, grado di carriera, riconoscimento da parte degli altri ecc.); **bisogni di autorealizzazione** (bisogno di realizzare pienamente le proprie potenzialità e capacità creative, soddisfazione nello svolgimento della propria attività in quanto in essa l'individuo mette in atto ciò che possiede in potenza).
L'ordine gerarchico nella classificazione elaborata da Maslow significa, da un lato, che non si può passare a un gradino superiore della scala se non si è prima soddisfatto l'ordine di bisogni della categoria inferiore; dall'altro, che la difficoltà di appagare i bisogni di rango inferiore produce l'effetto che la maggior parte delle persone è costretta a investire tempo ed energie per far fronte a questa tipologia di bisogni di basso livello, ma, di fatto, non riesce a raggiungere l'autorealizzazione.

7 Risposta esatta: A

L'intelligenza **fluida** si riferisce alla capacità di adattarsi e affrontare nuove situazioni in modo flessibile, senza che l'apprendimento precedente rappresenti un aiuto determinante, fa riferimento ad abilità che non sono trasmesse dalla cultura e non sono legate all'esperienza, aumenta fino all'adolescenza per poi declinare lentamente. L'intelligenza **cristallizzata** è quell'insieme di abilità, strategie e conoscenze, che rappresenta il livello di sviluppo cognitivo raggiunto attraverso la storia di apprendimento del soggetto; l'intelligenza cristallizzata consiste nelle abitudini discriminatorie che si acquisiscono in un particolare ambito tramite l'originaria applicazione dell'intelligenza fluida, fa riferimento alla capacità di comprendere i messaggi che vengono comunicati, alla capacità di giudizio e di ragionamento in situazioni quotidiane, non declina fino ad età molto avanzate. Secondo Cattell questa ipotesi indicava la necessità di una misura duplice nei test di intelligenza per adulti al fine di prevedere in modo affidabile le prestazioni individuali in situazioni e periodi differenti.

8 Risposta esatta: A

Bandura ha utilizzato il concetto di **autoefficacia** percepita nel contesto delle teorie di modificazione del comportamento. Secondo la teoria socio cognitiva di Bandura, il cambiamento del comportamento è facilitato dalla sensazione di controllo su di sé. Quando le persone credono di poter riuscire a risolvere un problema sono maggiormente motivate ad agire. La sensazione di autoefficacia (self efficacy) esce rafforzata in conseguenza di **esperienze di padronanza** cioè alle esperienze in cui abbiamo affrontato e superato un compito con la consapevolezza di essere in grado di gestire le emozioni e dominare le situazioni. L'esecuzione di un compito, che rappresenta una sfida, infatti, rafforza con successo il nostro senso di auto-efficacia.

9 Risposta esatta: D

Il pedagogista statunitense David Kolb (1939) ha indirizzato i suoi studi in direzione del collegamento esistente tra apprendimento e pratica esperienziale.

Secondo l'educatore americano si impara a partire dalla pratica, e l'apprendimento si realizza a seguito della teorizzazione dell'esperienza fatta, in un processo circolare (learning cycle) sintetizzato in quattro fasi:

1. esperienza concreta;
2. osservazione riflessiva;
3. concettualizzazione astratta;
4. sperimentazione attiva.

10 Risposta esatta: C

L'idea che occorra sostenere ogni allievo sulla via del raggiungimento del successo formativo garantendogli la possibilità di **apprendere per tutto l'arco della vita** è largamente condivisa tra i diversi protagonisti del panorama scolastico. Tutti i documenti che hanno accompagnato le riforme della scuola negli ultimi anni hanno posto al centro il ***lifelong learning*** ossia la capacità di apprendere *senza un limite di tempo ben preciso*, ma andando oltre un determinato orizzonte temporale.
Viene ribadita dunque l'importanza di utilizzare metodologie didattiche attive, che mettano l'alunno in condizione di costruirsi un proprio percorso di conoscenze, stigmatizzando un'impostazione trasmissiva dei contenuti «invarianti e pensati per individui medi», ed è auspicata la realizzazione di «percorsi formativi sempre più rispondenti alle inclinazioni personali degli studenti, nella prospettiva di valorizzare gli aspetti peculiari della personalità di ciascuno».

11 Risposta esatta: C

Il concetto di «**educazione del cuore**» è per **Johann Heinrich Pestalozzi** (1746-1827) uno dei pilastri portanti del pensiero pedagogico. Con tale forma di educazione all'affettività e al sentimento si sostiene che l'uomo, durante la sua esistenza, attraversa **tre diversi stadi evolutivi**:

- **naturale**, nel quale segue le proprie *forze istintuali*;
- **sociale**, quale stadio in cui la vita in comune lo obbliga a un *riadattamento*, non sempre positivo per l'individuo;
- **morale** in cui l'individuo si predispone al *bene*, alla *solidarietà* verso gli altri e all'accoglienza di Dio nel proprio spirito.

Il raggiungimento dello stadio morale costituisce il *fine ultimo* dell'uomo e dell'educazione. Il concetto di educazione del cuore è spesso affiancato al concetto di *educazione familiare* come spiegato in «*Leonardo e Gertrude*» in cui si rappresenta la centralità nel processo educativo. Questi e altri istituti di Pestalozzi sono diventati nel tempo un importante **punto di incontro per tutti i pedagogisti e gli educatori europei.**

12 Risposta esatta: A

Con «**pedagogia scientifica**» **J.F. Herbart** (1776-1841) intende un sistema di concetti incentrati sul metodo dell'educazione. Si è alla **ricerca del collegamento tra natura e società** e si arriva a **far coincidere pedagogia e istruzione** sulla base del presupposto che i veri valori etici sono quelli rintracciabili nella storia culturale dell'umanità. La pedagogia, intesa come scienza dell'educazione, dipende,

sia dall'*estetica*, che indica il fine del processo educativo (il bello e il bene), che dalla *psicologia*, la quale fornisce i mezzi per il perseguimento dello stesso.
L'idea di pedagogia scientifica sostenuta da Herbart si basa su una critica mossa nei confronti di Locke e Rousseau: del primo rifiuta il concetto di un'educazione volta al conformismo e alla convenzionalità; del secondo sottolinea una mancanza di rapporto tra l'educazione naturale e la necessità dell'uomo di integrarsi socialmente.

13 Risposta esatta: A

Il religioso **Ferrante Aporti** (1791-1858) concentra il suo studio sull'educazione dell'infanzia, concependo l'**asilo** non solo come una forma di assistenza, ma anche come un'opera di difesa sociale e di prima educazione dei bambini. Nell'asilo, il piccolo avrebbe dovuto raggiungere lo sviluppo armonico e graduale della sua personalità con un percorso articolato in distinti aspetti: **fisico**, **intellettuale** e **etico-religioso**. La metodologia e un programma formativo articolato permettono ad Aporti di trasformare gli asili da semplici luoghi di custodia in **autentiche scuole** in cui le **lezioni** dovrebbero essere svolte in modo chiaro e vario, che non si prolunghino oltre i tempi dell'attenzione infantile, e che si accompagnino sempre al concetto di **amore**, visto come un insieme di comprensione, simpatia ed indulgenza.

14 Risposta esatta: D

John Dewey (1859-1952), fautore dell'attivismo, pensa alla scuola sia come una **scuola-comunità** che come una **scuola-laboratorio** in cui si possano sviluppare democraticamente i rapporti intersoggettivi: essa deve essere una «*società embrionale*». Il progetto della scuola-laboratorio fu intrapreso dal pedagogista a Chicago nel 1896 quando venne messo in piedi uno dei primi esperimenti di «**scuola attiva**». Questa si basava sull'esigenza di **aiutare l'alunno a formare la sua personalità** attraverso la sua occupazione in lavori manuali, con l'aiuto dell'insegnante e interagendo coi compagni.
L'apertura della scuola al mondo al di fuori di essa determina la necessità di una sua diversa strutturazione; su questa base, egli la disegna come il luogo della sperimentazione, dei *laboratori*, dell'apprendere facendo: una scuola fatta di attività che siano ad un tempo intellettuali e pratiche, lontana dal metodo trasmissivo che vede l'alunno come un «vaso» da riempire, come un ricettore passivo di nozioni, ma che è, invece, un soggetto attivamente partecipe al suo processo di crescita e di apprendimento.

15 Risposta esatta: A

Paulo Freire (1921-1997), fondatore del «*Movimento brasiliano di educazione popolare*» è autore di un testo divenuto celebre: *Pedagogia degli oppressi*. La teoria di Freire parte dal presupposto che occorre oltrepassare l'esperienza storica dell'educazione, generatrice di *passività* e di *mera trasmissione del sapere* che vede gli studenti come contenitori e perciò definita **banking model of education**, per procedere verso un'educazione autenticamente libertaria:

- **centrata sul dialogo**, secondo modelli di ascendenza socratica;
- **finalizzata ad un contestuale superamento del dualismo educatore/educato** per procedere verso una dimensione in cui entrambi appaiano soggetti interattivi di un medesimo iter di crescita e liberazione;

- rivolta alla messa in pratica di un concetto estremo della **libertà** ed alla visione della **realtà** come continuo mutamento e sviluppo costante di potenzialità inespresse.

Dunque il **superamento della contrapposizione tra alunno e insegnante** è uno dei principi cardine alla base del pedagogista che, al contrario, teorizza un contesto di simbiosi e interscambio culturale tra soggetti alla pari.

16 Risposta esatta: C

Anton Semenovic Makarenko (1888-1939) ha introdotto il concetto di «**uomo collettivo**». Secondo l'idea di Makarenko, infatti, non è importante educare la singola persona, bensì l'intero collettivo, lavorando anche per scongiurare il rischio di annullamento dell'individuo: l'assunzione dei compiti e delle responsabilità che derivano dalla partecipazione della vita comune guida l'allievo ad un processo di formazione personale e alla conquista dell'autonomia di giudizio.
I temi ricorrenti delle idee di Makarenko, trattati nella sua opera più celebre il «*Poema pedagogico*», sono il **lavoro** e il **collettivo**. Il lavoro non è visto come attività in sé, bensì come dimensione di produttività, elemento necessario alla sopravvivenza di tutti i membri della società.

17 Risposta esatta: C

Il testo della Direttiva ministeriale del 27 dicembre 2012 individua tre macro aree di BES: l'area della disabilità, certificata ai sensi della L. 104/1992; l'area dei disturbi certificati, ma non rientranti nelle misure previste dalla L. 104/1992; l'area degli svantaggi (socio-economico, linguistico e culturale) che possono essere molto eterogenei e cangianti.
Nel testo della Direttiva ministeriale si legge che, per disturbi evolutivi specifici si intendono, oltre ai Disturbi Specifici dell'Apprendimento (DSA), anche i deficit del linguaggio, delle abilità non verbali, della coordinazione motoria, dell'attenzione e dell'iperattività.

18 Risposta esatta: A

Gli alunni con deficit dell'attenzione/iperattività (ADHD) hanno maggiore difficoltà a restare concentrati e a mantenere l'attenzione durante l'esecuzione di un compito. Anche in assenza di comorbilità con disgrafia o altri DSA, lo studente con ADHD può manifestare problemi nella composizione grafica del compito, compiendo errori nelle doppie, negli accenti, nel fare cancellature frequenti ed altri refusi dettati dalla frettolosità e dall'impulsività con cui viene eseguito il lavoro.

19 Risposta esatta: A

Nella definizione di bullismo contenuta nelle Linee Guida del Consiglio d'Europa per la definizione delle strategie nazionali di protezione dei bambini dalla violenza del 18 novembre 2009 per bullismo si intende «un comportamento aggressivo ripetuto nel tempo contro un individuo con l'intenzione di ferirlo fisicamente o moralmente. È caratterizzato da certe forme di abuso con le quali una persona tenta di esercitare un potere su un'altra persona.

Può manifestarsi con l'uso di soprannomi offensivi, di insulti verbali o scritti, escludendo la vittima da certe attività, da certe forme di vita sociale, con aggressioni fisiche o angherie.
I cosiddetti bulli possono talvolta agire in questo modo per rendersi popolari o per essere considerati dei «duri» o per attirare l'attenzione. Possono anche essere spinti dalla gelosia o agire in questo modo perché sono a loro volta vittime di bullismo».
Esistono due forme di bullismo:

- bullismo diretto in cui sono evidenti le prepotenze fisiche (scherzi di cattivo gusto, spintoni, calci, schiaffi ecc.) e/o verbali (offese, attribuzioni di soprannomi ridicoli o volgari, turpiloquio) e che è più facilmente individuabile;
- bullismo indiretto, in cui il bullo (e il suo gruppo di seguaci) non affronta direttamente la vittima ma agisce diffondendo dicerie, calunnie e pettegolezzi sul conto della stessa, escludendola dal gruppo dei pari (dalle feste, dai luoghi di ritrovo e aggregazione), isolandola quindi socialmente (si parla a questo proposito anche di bullismo relazionale.

20 Risposta esatta: B

Il filosofo russo Sergej Hessen (1887-1950) pone alla base della sua pedagogia la «filosofia dei valori»; egli sostiene che compito del filosofo è quello di indagare il sistema di valori che è alla base della storia. Secondo questa prospettiva, il pedagogo **non può agire sulla base dello spontaneismo**, ma deve invece contestualizzare la sua azione nell'ambito del contesto storico-culturale di riferimento.

21 Risposta esatta: C

Il termine dropout (dall'inglese *cadere fuori*), in psicologia, indica l'interruzione della terapia da parte del paziente prima che siano stati raggiunti gli obiettivi fissati. In ambito scolastico, si parla di dropout quando l'**adolescente abbandona la scuola prima di aver concluso il ciclo di studi prescelto**.

22 Risposta esatta: B

Lo psicologo statunitense J.E. Marcia ha seguito gli studi di Erikson sulla personalità, approfondendo le fasi legate all'adolescenza. Per Marcia lo sviluppo identitario adolescenziale può condurre a quattro esiti, che si profilano sulla base di due criteri: il primo è relativo all'**esplorazione** delle diverse alternative possibili e il secondo è legato all'**impegno** profuso nell'ambito della direzione presa.
I quattro possibili stadi dell'identità sono:

1. **acquisizione dell'identità**: il giovane, dopo aver esplorato le alternative possibili, si impegna in maniera stabile nel ruolo scelto;
2. **blocco dell'identità**: l'adolescente non riesce a individuare una sua dimensione identitaria definita e resta in una dimensione infantile;
3. **moratoria**: il ragazzo permane nella fase esplorativa;
4. **diffusione dell'identità**: il giovane passa da una dimensione all'altra senza riuscire ad individuare un'identità stabile.

23 Risposta esatta: D

Lo psicanalista britannico Donald Winnicott (1896-1971) colloca il senso di colpa fra gli elementi alla base dello sviluppo emotivo dell'individuo. Nell'ambito di uno sviluppo affettivo normale, il senso di colpa contribuisce a strutturare un rapporto sano tra l'individuo e l'ambiente. Nel processo di crescita il senso di colpa si struttura in maniera graduale a partire dall'infanzia, quando il bambino riversa la sua aggressività sulla madre per poi autopunirsi. Col passare del tempo tale sentimento si specializza e, nell'adolescenza, esso **non è completamente sviluppato, e ciò rappresenta un fattore di protezione da reazioni estreme**.

24 Risposta esatta: A

Lo psicoanalista di origini austriache Bruno Bettelheim (1903-1990) ha approfondito l'utilità della fiaba nei processi di sviluppo emotivo e sociale in fase evolutiva. Secondo Bettelheim, la fiaba **attiva processi di identificazione nel bambino e lo aiuta a trovare un senso al tumulto dei suoi sentimenti**. Avvalendosi di un linguaggio semplice e con i richiami al mondo magico e fantastico, la fiaba è in grado di catturare l'attenzione dei bambini e di favorire i processi di identificazione con i diversi personaggi. Questi elementi consentono al piccolo ascoltatore di esorcizzare le sue paure, di meglio identificare le proprie sensazioni e di dare un nome alle emozioni tipiche dell'età infantile.

25 Risposta esatta: C

La **fissità funzionale** è la tendenza a considerare le funzioni degli oggetti come stabili e immutabili. Tale concetto è stato oggetto di studi da parte dello psicologo della Gestalt Karl Duncker, che ha condotto esperimenti sulla fissità funzionale nell'ambito della capacità di problem solving.
Psicologo della Gestalt, Karl Duncker ha messo in evidenza il concetto di fissità funzionale attraverso un noto esperimento condotto nel 1935. Durante il test, il ricercatore fornì a ciascun partecipante una scatola di puntine da disegno, una candela e dei cerini, con la consegna di apporre la candela al muro al di sopra di un tavolo, in modo da evitare che la cera sciolta colasse sulla superficie di legno. Durante lo svolgimento della prova, Duncker notò che i più procedevano tentando di far aderire la candela direttamente al muro attraverso la cera calda; qualcuno tentava di attaccarla alla parete con i chiodini da disegno, e solo in pochi utilizzarono il cartone per riporvi la candela per poi attaccare la scatola al muro con le puntine. Ne dedusse che la difficoltà procedurale derivava dal concetto di fissità funzionale, ovvero dall'**atteggiamento di considerare unicamente le funzioni abituali di un oggetto**.

26 Risposta esatta: B

Lo psicologo americano Martin Hoffman ha dedicato numerosi studi all'empatia e allo sviluppo morale, riportati nel testo *Empatia e sviluppo morale* (2008). L'empatia viene definita come «la scintilla che fa scaturire l'interesse umano per gli altri, il collante che rende possibile la vita sociale». Lo psicologo statunitense attribuisce all'empatia tre componenti: affettiva, cognitiva e motivazionale. Per Hoffman, inoltre, l'empatia è una caratteristica che appartiene all'uomo sin dalla nascita e che matura nel corso della vita. In fase adolescenziale, i genitori hanno un ruolo fondamentale per favorire l'interiorizzazione morale e l'empatia attraverso **uno stile educativo attento alle conseguenze delle azioni, associato alla tendenza a fornire spiegazioni e a usare il ragionamento e la persuasione**.

27 Risposta esatta: A

Il sociologo e psicologo inglese Gregory Bateson (1904-1980) ha teorizzato tre tipi di apprendimento:

1. protoapprendimento, che corrisponde all'apprendimento comunemente inteso, ovvero quello legato all'assimilazione delle conoscenze e delle abilità;
2. deuteroapprendimento, che si pone ad un livello superiore e corrisponde all'**imparare ad imparare**;
3. apprendimento di terzo livello o terziario, che consiste nel «disimparare» le abitudini poco funzionali e nel disapprendere schemi rigidi, in modo da poter individuare soluzioni nuove e creative ai problemi.

28 Risposta esatta: D

Lo psichiatra e psicoterapeuta Gustavo Pietropolli Charmet, esperto di adolescenza, sostiene che tale fase di crescita, sia sul piano affettivo sia sociale, determina il passaggio di status **da figli della famiglia naturale a figli della comunità sociale** di riferimento. L'adolescenza è dunque, nell'opinione di Charmet, una sorta di «seconda nascita», durante la quale il giovane si separa dalla sua nicchia affettiva originaria per avventurarsi in nuove relazioni affettive e sociali.

29 Risposta esatta: D

La motivazione intrinseca si riferisce ad un atteggiamento individuale guidato da ricompense interne piuttosto che esterne. La motivazione ad impegnarsi in certe attività nasce dall'interno dell'individuo, perché si tratta di azioni di per sé soddisfacenti e gratificanti e non miranti al raggiungimento di una gratificazione esterna. La motivazione estrinseca, invece, è la spinta ad agire per avere un tornaconto o un beneficio non strettamente connesso a ciò che si fa. La motivazione estrinseca ci porta a intraprendere azioni miranti al raggiungimento di un premio.

30 Risposta esatta: C

I meccanismi di difesa possono essere definiti come i processi psichici che hanno la funzione di proteggere l'Io dal conflitto e in particolare dalle domande istintuali. Uno dei meccanismi di difesa, tipico del periodo adolescenziale è l'intellettualizzazione che consiste nella tendenza a teorizzare su un piano intellettuale ogni esperienza emotiva per controllarla e quindi nel rifiuto di lasciarsi coinvolgere emotivamente dalle situazioni: ciò si traduce a livello comportamentale con atteggiamenti freddi, distaccati, non coinvolti.

31 Risposta esatta: A

Con il termine neuroscienze si intende un insieme di ambiti di ricerca concernenti lo **studio del sistema nervoso** in prospettive diverse e articolate: in connessione al comportamento, al problema, squisitamente filosofico del rapporto mente/corpo, alle patologie neuropsicologiche, alla neurobiologia, agli ambiti genetici ed embriologici e via dicendo. Le neuroscienze costituiscono dunque uno spazio interdisciplinare di studio inerente anche i processi cognitivi nella loro localizzazione, nelle loro funzioni, nella modellizzazione.

32 Risposta esatta: D

Lo sviluppo mentale e l'apprendimento di ciascun individuo sono influenzati da **elementi biologici, sociali, culturali e ambientali**; lo sviluppo cognitivo individuale, in particolare, e fortemente condizionato dal contesto culturale e dalle interazioni sociali; i processi di apprendimento e di costruzione della conoscenza sono sempre situati in luoghi e contesti specifici di apprendimento come la famiglia, la scuola, i luoghi di lavoro.

33 Risposta esatta: B

In ambito psico-sociologico, un «gruppo di pari» è definito da una collettività i cui membri hanno la caratteristica comune di avere la **stessa età**. Per gli adolescenti, in particolare, il gruppo dei pari assume un'importanza fondamentale nella fase di distacco dal nucleo familiare e di transizione verso l'età adulta.

34 Risposta esatta: A

Secondo Erik Erikson (1902-1980), le tappe della vita sono momenti di **costruzione del senso d'identità**: scopo dell'uomo è definire se stesso. Ogni tappa rappresenta una svolta, in cui eventi biologici e richieste sociali pongono l'individuo di fronte a dei dilemmi su se stessi, la cui soluzione non è di ordine teorico ma trova risposta negli sviluppi concreti della propria esistenza.

35 Risposta esatta: C

L'imitazione ha una funzione importante nell'apprendimento. Non necessariamente, infatti, l'apprendimento richiede il rapporto diretto con gli stimoli esterni. Lo psicologo canadese Albert Bandura ha svolto degli studi molto approfonditi sul **processo imitativo**, utilizzando il termine di modellamento per definire la sua teoria. Il modellamento è un tipo di apprendimento che si attua quando le azioni di un soggetto che osserva si modificano in relazione al comportamento di un altro soggetto che funge, in quel momento, da modello.

36 Risposta esatta: B

La teoria della Gestalt (o teoria della forma) si è sviluppata intorno alle ricerche dello psicologo di origine ceca Max Wertheimer; egli sostenne che la percezione non dipende dai singoli elementi, ma dalla strutturazione di questi elementi in un insieme organizzato (*Gestalt* = «forma», «struttura», *pattern*). L'organizzazione finale *prevale sempre sugli elementi singoli*, li struttura in un insieme per cui essi diventano una figura che si differenzia dal resto (lo sfondo) del campo di stimolazione. Alla luce di questa teoria, anche l'apprendimento figura come un **insieme strutturato di esperienze che va oltre la somma delle singole informazioni**; si tratta, infatti, di un processo complesso e articolato fatto di elementi razionali, emotivi e relazionali che coesistono nell'individuo e rendono il suo vissuto unico e irripetibile.

37 Risposta esatta: D

Lo psicologo di origini austriache **Paul Watzlawick**, studioso dell'approccio sistemico e della pragmatica della comunicazione umana, nel primo assioma della teoria della comunicazione ha identificato un principio fondamentale: «Non si può non comunicare». La comunicazione è intesa come comportamento, perché ogni comportamento umano comunica qualcosa: le parole, la mimica, i gesti, le posizioni, le azioni e persino il silenzio.

38 Risposta esatta: A

Il filosofo **Edgar Morin** nel suo testo *I sette saperi necessari all'educazione del futuro*, specifica quali sono gli elementi che caratterizzano un approccio educativo di tipo complesso e cioè che tiene conto di tutti gli aspetti e delle relazioni che formano il tessuto sociale: il *contesto* che è l'insieme di elementi, idee e fatti che danno senso a un evento; il *globale* (le relazioni tra tutto e parti) che rappresenta l'insieme contenente parti diverse che a esso sono legate. Una società, ad esempio, è l'insieme di molteplici contesti. Ne deriva che risulta impossibile conoscere le parti senza conoscere il tutto (e viceversa); il *multidimensionale* che è rappresentato dalle unità complesse, come l'essere umano o la società. Così l'essere umano è nel contempo biologico, psichico, sociale, affettivo, razionale ecc. La società comprende dimensioni storiche, economiche, sociologiche, religiose ecc. Ciascuna realtà, quindi, ha più sfaccettature ed è definita multidimensionale. Il termine *complesso* deriva dal latino *complexus* che significa «tessuto insieme». Secondo Morin «si ha complessità quando sono inseparabili i differenti elementi che costituiscono un tutto (come l'economico, il politico, il sociologico, lo psicologico, l'affettivo ecc.). La complessità è perciò il legame tra l'unità e la molteplicità».
Il pensiero complesso, dunque, intende la *realtà come composta di relazioni*. Esso deve affrontare la difficoltà di misurarsi con quell'*unità molteplice* che è la relazione stessa. L'educazione deve promuovere una conoscenza basata sulla capacità di riferirsi al complesso, al contesto, al globale, in modo multidimensionale. Occorre superare la parcellizzazione delle discipline, riconnettendo il sapere umanistico e scientifico, promuovendo un sapere globale e complesso; la multidisciplinarietà è quindi uno sguardo per descrivere la realtà.

39 Risposta esatta: D

Per **empatia** si intende la capacità di comprendere lo stato d'animo altrui e di entrare immediatamente in sintonia con un'altra persona. L'atteggiamento empatico si fonda sulla facoltà di comunicare e capire l'altro, e dunque esclude l'intervento di pregiudizi e di giudizi d'impronta morale; l'empatia, infatti, designa un atteggiamento non di esclusione, ma di comprensione dell'altro libero da preconcetti.

40 Risposta esatta: A

La teoria del comportamentismo, sviluppatasi a **partire dai primi anni del Novecento**, si fonda sullo studio scientifico del comportamento e attribuisce un ruolo fondamentale all'ambiente e all'esperienza per lo sviluppo mentale dell'individuo. Le trasformazioni che si verificano nelle abitudini e nei modi di pensare, sin dai primi anni di vita, vengono considerate come dovute all'imitazione di modelli forniti dall'ambiente e alla variazione negli schemi delle ricompense e punizioni.

41 Risposta esatta: C

A partire dalle teorie dello psicologo statunitense J.P. Guilford (1897-1987), l'espressione «pensiero divergente» è quella più strettamente connessa all'*atto creativo*. Lo studioso, infatti, asseriva che il *pensiero divergente* è la capacita di produrre una **gamma di possibili** soluzioni alternative **per una data questione**, in particolare per un problema che non preveda un'unica risposta corretta.

42 Risposta esatta: A

Secondo Guilford, il *pensiero divergente* è misurato da *tre indici*:

- la **fluidità**, parametro quantitativo, basato sull'abbondanza delle idee prodotte;
- la **flessibilità**, ovvero la capacità di cambiare strategia e l'elasticità nel passare da un compito ad un altro, richiedente un diverso approccio;
- l'**originalità**, come detto, ossia l'attitudine a formulare soluzioni uniche e personali, che si discostano da quelle della maggioranza.

43 Risposta esatta: A

I neuroni specchio si **attivano durante l'osservazione di azioni compiute da altri**, e permettono di comprendere le intenzioni altrui attraverso la simulazione interiore delle loro azioni. Anche se non riproduciamo l'azione osservata, il nostro sistema motorio diviene attivo come se noi stessimo eseguendo esattamente quella stessa azione che stiamo osservando. Possiamo così apprezzare, sperimentare e comprendere le azioni che osserviamo, e le sensazioni ed emozioni che riteniamo esperite da altri.

44 Risposta esatta: B

Nel corso del Novecento, da un'idea iniziale di intelligenza come competenza riconducibile a un unico fattore razionale si è passati gradualmente a una concezione più ampia, che riconosce la presenza di diverse componenti, e negli ultimi anni ha acquisito progressivamente grande importanza l'*intelligenza emotiva*, che corrisponde alla **capacità di comprendere e, di conseguenza, utilizzare al meglio le proprie emozioni** e intuire ciò che provano gli altri.

45 Risposta esatta: A

Il pedagogista inglese **Cecil Reddie** (1858-1932) si concentrò sulla possibilità di fornire modelli di educazione alternativa alle classi sociali elevate. La sua New School, inaugurata nel 1889, era una scuola-convitto in cui veniva impartita una **formazione integrale e attiva**, che prevedeva:

- una preparazione culturale integrata: cioè interazione tra cultura umanistico-linguistica e competenza tecnico-scientifica;
- una forte attenzione agli aspetti etici, morali, comportamentali;
- una decisa incentivazione alle attività extra-curricolari;
- una didattica totalmente anti-nozionistica e basata su esperienze concrete;
- una ripresa della nozione herbartiana di «interesse polivalente».

46 Risposta esatta: B

Il sociocostruttivismo pone l'accento sul ruolo che le relazioni sociali rivestono nell'apprendimento. L'interazione consente, infatti, di arricchire la propria pro-

spettiva attraverso il punto di vista altrui, e da ciò scaturisce, secondo i socioco-struttivisti, un miglioramento delle proprie performance e abilità.
In base a questa teoria, l'attività cognitiva dell'essere umano si esprime quasi interamente nel rapporto col mondo esterno, e solo dallo scambio tra l'individuo e il suo ambiente si può crescere e imparare.
L'apprendimento dell'individuo è il risultato di due fattori: la **cooperazione con gli altri** (fattore sociale) e le **caratteristiche del compito** (fattore ambientale) da svolgere. La conoscenza è quindi una costruzione che scaturisce dal confronto e dallo scambio sociale, cioè dalla condivisione di informazioni con coloro che si trovano a fronteggiare lo stesso problema.
In quest'ottica, il lavoro di gruppo diventa fondamentale: esso infatti favorisce lo scambio di idee, di strategie e soluzioni, incentiva l'approccio critico ai problemi e rende più aperti e flessibili verso le opinioni altrui.

47 Risposta esatta: C

Erik Erikson divide il ciclo di vita dell'uomo in **otto età**, che dispone in una sequenza ordinata. Questo ciclo si ripete in tutti gli individui anche se appartenenti a culture diverse. Tra un ciclo e l'altro l'individuo deve industriarsi per superare una crisi. Ognuno degli otto problemi **è cruciale nel periodo critico, ma ricompare lungo tutto l'arco della vita.**
La grande novità rispetto a Freud consiste nel ritenere che lo sviluppo psico-sociale continui ben oltre l'adolescenza e prosegua per tutta la vita dell'individuo.

STADI DELLO SVILUPPO PSICO-SOCIALE SECONDO ERIKSON			
Stadio	**Crisi psico-sociali**	**Relazioni sociali**	**Relazioni psico-sociali**
Da 0 a 1 anno Stadio orale	dare/avere	figura materna	fiducia/sfiducia
Da 2 a 3 anni Stadio anale	autonomia/vergogna e dubbio	genitori	trattenere/lasciar andare
Da 4 a 5 anni Stadio infantile	iniziativa/senso di colpa	famiglia	fare, tentare e giocare/non agire
Da 6 a 12 anni Stadio di latenza	industriosità/inferiorità	parenti/amici/scuola	agire, fare insieme agli altri/isolarsi
Da 13 a 20 anni Adolescenza	identità/confusione dei ruoli	gruppo dei pari/associazioni/comitiva	essere sé stesso/non essere sé stesso
Da 20 a 35 anni Genitalità	intimità/isolamento	amici/partner	trovarsi in un altro/perdersi in un altro Cooperazione/competizione
Da 35 a 60 anni	generatività/stagnazione	gruppo del lavoro	prendersi cura di qualcuno/trascurare gli altri
Oltre i 60 anni	integrità dell'Io/disperazione	totalità del genere umano, progenie	essere attraverso l'essere stato

48 Risposta esatta: D

L'opera e la pratica educativa delle sorelle Rosa (1866-1951) e Carolina (1870-1945) Agazzi sono improntate al concetto di semplicità. Le **sorelle Agazzi** spingono i bambini a raccogliere qualsiasi oggetto risulti per loro emotivamente importante: si tratta il più delle volte di oggetti di estrema semplicità (cosiddette **«cianfrusaglie»**); stimolano poi i bambini a deporre spontaneamente tali oggetti in un luogo di ideale raccolta: il cosiddetto «museo didattico», che ha la funzione duplice di arricchire le conoscenze dei bambini facendo perno sulla loro iniziativa spontanea e di stimolarli all'osservazione, alla discussione, alla ricerca. L'attenzione delle sorelle Agazzi è incentrata pertanto sul bambino come essere attivo, come «germe vitale che aspira al suo completo sviluppo». Il ritrovo educativo per l'infanzia – espressione con cui amavano definire il loro spazio di lavoro – rispecchia il contesto di una grande famiglia, che si apre alla dimensione della socievolezza, della tolleranza e della solidarietà.

49 Risposta esatta: C

Per comprendere la filosofia educativa di **don Milani** (1923-1967) è necessario tener presente il contesto nel quale egli iniziò la sua esperienza pedagogica, caratterizzato dalla complessità socio-politica del secondo dopoguerra e dal *boom* economico degli anni Sessanta. Il suo intento è quello di trasmettere ai ragazzi l'importanza della scuola ed educarli alla socialità e alla comunicazione con gli altri. Non a caso il motto di riferimento della più celebre istituzione educativa avviata da Don Milani negli anni Cinquanta, la Scuola di Barbiana (da lui fondata in una frazione di un piccolo borgo nei pressi di Firenze) era l'espressione inglese *I Care*, letteralmente: «Mi sta a cuore». Documento essenziale di questa notevole operazione pedagogica rimane ancor oggi la *Lettera a una professoressa*, testo di denuncia elaborato dagli allievi della scuola assieme a don Milani stesso e pubblicato nel 1967. Si tratta di un durissimo atto di accusa nei confronti della scuola italiana dell'epoca, che ha influenzato a fondo il dibattito socio-politico sulle funzioni e sui limiti dell'educazione pubblica e statale nel nostro Paese. È significativo, in questo senso, che *Lettera a una professoressa* nasca nel momento in cui alcuni ragazzi preparatisi privatamente (e gratuitamente) presso la scuola di Barbiana vengono ingiustamente respinti agli esami di Stato. Don Milani prende spunto da questo insuccesso per rimettere in discussione integralmente l'impianto classista della scuola italiana.
Si tratta, infatti, di una scuola che: riproduce e consolida le diseguaglianze socioeconomiche e culturali presenti nella società; impedisce la mobilità sociale, ovvero la possibilità di migliorare la propria condizione; non fornisce mezzi adeguati affinché studenti diversi abbiano comunque successo a scuola.

50 Risposta esatta: D

Lo stadio delle *operazioni concrete* (da 7 a 12 anni) è segnato, secondo Piaget, dalla comparsa delle operazioni, cioè dalla capacità di immaginare trasformazioni della realtà e, perciò, di compiere manipolazioni mentali delle cose in base a determinate regole. Rientra, in questa fase, anche la **capacità di giocare seguendo regole**.

Tale stadio comprende, infatti, l'acquisizione dei meccanismi dell'addizione, della sottrazione, della moltiplicazione, della divisione, dell'ordinamento in serie, della reversibilità.
In questo stadio il bambino acquisisce il *concetto di conservazione*, del numero (disponendo diversamente un insieme di oggetti la loro quantità non cambia), della quantità di liquido (che resta uguale anche travasandola in un recipiente stretto), della massa (la quantità di una pallina di plastilina schiacciata resta uguale), del volume.
In questa fase il bambino matura anche la *logica delle classificazione* e in particolare l'acquisizione del principio d'inclusione, secondo cui esistono categorie più piccole comprese in altre più ampie.
Il pensiero in questo stadio non è coerentemente strutturato: un bambino può avere acquisito la conoscenza in certi ambiti e non in altri (ad esempio, può essere in grado di pensare alla conservazione della massa, ma non ha ancora applicato lo stesso principio al volume).

51 Risposta esatta: B

In una società complessa e differenziata come quella attuale, oltre alla famiglia, **altre agenzie** (**formali e informali**) influenzano l'educazione. In misura limitata, ma significativa per lo sviluppo sociale, agiscono le *esperienze extrafamiliari*, le relazioni che lo studente instaura nel proprio ambiente di vita: nei *gruppi* amicali, con i coetanei, nelle situazioni ludiche, sportive

52 Risposta esatta: D

L'azione della scuola nei confronti dei disadattamenti prodotti da cause affettive o socio-ambientali è orientata verso due direzioni: **quella preventiva e quella compensativa**. La pedagogia preventiva è tesa a interventi precoci e tempestivi (quali possono essere, ad esempio, quelli nella famiglia e nella scuola); quella compensativa mira, invece, a *dare di più a chi ha di meno*. Tali direzioni implicano un fondamentale compito da parte dei docenti: quello di condizionare (in positivo) per decondizionare (dal negativo).

53 Risposta esatta: A

Le situazioni di svantaggio nascono perlopiù da **cause esterne**, che influenzano lo sviluppo della personalità in tutti i suoi aspetti. L'azione della scuola deve avere come obiettivi: la conoscenza e l'attenzione alle cause e ai processi; l'impegno a soddisfare i bisogni; il sostegno e l'aiuto psicologico con rinforzi positivi; l'arricchimento di competenze, abilità e atteggiamenti con apprendimenti significativi e con relazioni affettive valide. Si tratta di elementi portanti della pedagogia, che nel corso dei tempi, ha acquistato sempre più una connotazione liberatrice (da deficit, carenze, svantaggi, condizioni socio-economiche e/o affettivo-cognitive deprivate).

54 Risposta esatta: C

L'intelligenza è legata all'apprendimento, dunque alle **stimolazioni ambientali**, ma sul suo sviluppo esercitano un ruolo rilevante anche le **componenti gene-**

tiche, che ne stabiliscono i limiti. Ad esempio, un individuo opportunamente stimolato dalla scuola, dalla famiglia e dall'ambiente in cui vive è destinato ad arricchire le sue conoscenze con un conseguente aumento delle potenzialità di successo nella vita potenzialità che fanno parte del suo patrimonio genetico.

55 Risposta esatta: A

Il termine personalità deriva dal latino *persona*, cioè la maschera teatrale con cui l'attore interpretava un certo ruolo caratterizzato da fissità nel corso della recitazione: la personalità, infatti, può considerarsi un ritratto abbastanza stabile di un individuo, che comprende sia tendenze e pulsioni innate (temperamento), sia parametri valoriali propri di una determinata società e cultura (carattere). Una delle definizioni più accreditate è desunta dagli studi della psicologia scientifica, secondo la quale essa consiste in una ***organizzazione dinamica*** *degli aspetti cognitivi, affettivi e conativi, fisiologici e morfologici dell'individuo*.

56 Risposta esatta: D

L'esistenza dei neuroni specchio è stata rilevata per la prima volta verso la metà degli anni Novanta del XX secolo dall'équipe di **Giacomo Rizzolatti**, presso il dipartimento di Neuroscienze dell'Università di Parma. Utilizzando come soggetti sperimentali dei macachi, questi ricercatori osservarono che alcuni gruppi di neuroni si attivavano non solo quando gli animali erano intenti a determinate azioni, ma anche quando guardavano qualcun altro compiere le stesse azioni. Studi successivi, effettuati con tecniche non invasive, hanno dimostrato l'esistenza di sistemi simili anche negli uomini che interesserebbero diverse aree cerebrali, comprese quelle del linguaggio.

57 Risposta esatta: D

Fattori familiari e fattori socio-culturali condizionano (in positivo o in negativo) lo sviluppo della personalità: la **classe sociale** di appartenenza, la cultura materiale, le risorse economiche, i **modelli** linguistici e comportamentali, i **livelli di aspirazione** familiare, la stessa complessità sociale (che ha radicalmente mutato le condizioni di vita) sono agenti di condizionamento di notevole incidenza. La connessione tra livello dello status socio-economico, sviluppo dell'intelligenza e della personalità è stata rilevata da numerosi studi sociologici.

58 Risposta esatta: D

Il movimento delle «scuole nuove» era caratterizzato dalla fede nel valore della persona umana, nella forza dell'educazione e dal rispetto del fanciullo. Tecniche, metodi, sistemi dell'**attivismo** applicati nelle «scuole nuove» hanno in comune un programma innovativo, basato sulla considerazione del territorio circostante come campo di indagine e di ricerca, sulle capacità intellettive e creative del bambino, sul rispetto dei suoi interessi e bisogni, diretti e indiretti.

59 Risposta esatta: B

I costruttivisti intendono l'apprendimento come un **processo attivo di costruzione delle conoscenze** piuttosto che un processo di acquisizione passiva del sapere.

Non esiste un apprendimento oggettivo, ma delle interpretazioni personali della realtà, che restano valide solo per un dato tempo, sono «percorribili» per un dato tempo e possiedono questa proprietà poiché esse si realizzano all'interno di una comunità che condivide gli stessi valori. L'insegnamento assume la forma di sostegno a questo processo nel farsi guida, per l'alunno, verso la sua propria ricerca di senso.

60 Risposta esatta: B

Per il pedagogista di origini emiliane Loris Malaguzzi, l'**atelier** è il luogo preposto al lavoro dell'alunno, basato su manipolazione, sperimentazione e contaminazione dei diversi linguaggi: grafici, visivi, motori, etc.

61 Risposta esatta: D

Nel saggio ***Lo spirito creativo***, il noto studioso statunitense di intelligenza emotiva **Daniel Goleman** (1946) sostiene che la creatività è una competenza alla portata di tutti. Si tratta, infatti, di una caratteristica propria non solo degli artisti, ma di ciascun individuo, e applicabile a tutti i campi della vita, dalla famiglia, al lavoro, al tempo libero, etc.

62 Risposta esatta: A

Nel corso della sua lunga carriera accademica, lo psicologo statunitense **Jerome Kagan** (1929) ha esplorato il rapporto fra **biologia e ambiente**, ovvero le modalità di interazione del patrimonio genetico e quello culturale nel corso dello sviluppo. Tra le sue opere principali vi sono i saggi: *La natura del bambino. Psicologia e biologia dello sviluppo infantile* (1988); *Tre idee che ci hanno sedotto. Miti della psicologia dello sviluppo* (2001); *La trama della vita. Come geni, cultura, tempo e destino determinano il nostro temperamento* (2011).

63 Risposta esatta: A

Negli anni '60 del Novecento la psicologa canadese **Mary Ainsworth** (1913-1999) ha elaborato una strategia osservativa, chiamata *strange situation*, per monitorare le relazioni di attaccamento tra il bambino e coloro che si occupano di lui. L'esperimento, che consisteva nel lasciare il bambino solo o in compagnia di un estraneo, aveva lo scopo di individuare le diverse modalità di attaccamento (sicuro, insicuro, evitante, ambivalente, disorganizzato) che connotano la relazione tra il piccolo e il caregiver.

64 Risposta esatta: B

Secondo la teoria comportamentista dello psicologo statunitense Burrhus Skinner (1904-1990), l'apprendimento del linguaggio avviene grazie a semplici **meccanismi di condizionamento**. I bambini iniziano con il replicare suoni e mimare movimenti per poi associare parole e situazioni, oggetti e azioni, a seguito del «rinforzo» fornito dai genitori e dalle figure di riferimento.

65 Risposta esatta: D

Con la teoria innatista (o del dispositivo di acquisizione della lingua), il celebre linguista americano **Noam Chomsky** ipotizza l'esistenza di una **grammatica**

universale di base già insita nella mente umana, come un dispositivo mentale innato capace di guidare il bambino nell'apprendimento della lingua, rendendolo capace, così, di ricevere input linguistici sin dai primi anni di vita.

66 Risposta esatta: C

Il brano presentato è tratto dal secondo dei ***Tre saggi sulla teoria sessuale***, pubblicati da **Sigmund Freud** nel 1905: in esso viene affrontato il tema della sessualità infantile partendo dalla constatazione della censura (amnesia) che nell'adulto nasconde le esperienze dei primi cinque-sei anni di vita.

67 Risposta esatta: B

La psicoanalista di origini austriache **Melanie Klein** (1882-1960) ha introdotto il gioco nell'ambito della terapia condotta sui bambini. Nei suoi scritti ha più volte sottolineato, infatti, l'importanza dell'attività ludica e del ruolo che in essa assume la fantasia per lo sviluppo della vita emotiva e cognitiva dei più piccoli. In ambito clinico, secondo la Klein, il gioco consente al bambino di esternare le sue angosce, manifestare le inquietudini e scaricare le frustrazioni.

68 Risposta esatta: B

Lo psicologo americano **Alan Sroufe**, il cui testo più noto è *Lo sviluppo delle emozioni, I primi anni di vita*, ha teorizzato un approccio basato sulla differenziazione emotiva, in base alla quale il neonato passa da uno stato di eccitazione indifferenziata con i primi precursori delle emozioni – sorriso endogeno, trasalimento e pianto – allo sviluppo dei sistemi piacere / gioia – circospezione / paura – frustrazione / rabbia, intorno al terzo mese di vita. L'analisi segue altri stati e si completa con l'ottava fase, tra i tre e i cinque anni di vita.

69 Risposta esatta: C

La pedagogista italiana Maria Montessori sostiene, nei suoi numerosi scritti, che i bambini vanno osservati durante il gioco; si tratta di attività personali, libero esercizio di creatività e fantasia alimentate da ciò che vivono e osservano attorno a loro. Guardano, ascoltano, fiutano, toccano, assaporano: attraverso quelle porte aperte sull'esterno che sono i cinque sensi, essi afferrano il mondo, lo *assorbono*. Questa **mente assorbente** è attiva fin dalla nascita: il neonato è già pronto a entrare in relazione con la madre, a cogliere le risposte che da lei verranno ai suoi bisogni e ai suoi desideri.

70 Risposta esatta: C

Lo psicologo russo Lev Vygotskij (1896-1934) definisce *zona di sviluppo prossimale* quello spazio ideale tra lo sviluppo attuale e quello potenziale, cioè il livello superiore a cui potrebbe arrivare con il supporto di un adulto (genitore, docente, ecc.). Da qui l'importanza della scuola per sviluppare abilità e competenze sin dai primi anni di vita.

71 Risposta esatta: D

Lo psicologo svizzero Edouard Claparède (1873-1940) è noto per il suo **approccio funzionalista** all'istruzione. Il suo modello educativo, infatti, si fonda sulla convin-

zione che la scuola deve essere funzionale alle esigenze individuali, rispettando i tempi, le propensioni e le capacità di ciascuno. Nel suo celebre testo *L'educazione funzionale* lo psicologo ginevrino scrive che il fanciullo va posto al «centro dei programmi e dei metodi scolastici» e che «il mezzo principale dell'educazione non deve essere né il timore del castigo né il desiderio di un premio, ma l'interesse profondo per la cosa che si tratta di assimilare o di realizzare. La scuola deve essere attiva, in altre parole deve promuovere l'attività del fanciullo. Essa deve essere più un laboratorio che un uditorio». Le sue teorie sono state messe in pratica all'interno della scuola da lui fondata, l'Istituto Jean-Jacques Rousseau di Ginevra.
Tra le sue opere principali vanno ricordate *Psicologia del fanciullo e pedagogia sperimentale* (1905); *La scuola su misura* (1920) e la già citata L'educazione funzionale (1931).

72 Risposta esatta: B

Lo psicologo e scrittore statunitense **Daniel Goleman** (1946) è noto per i suoi studi sull'intelligenza emotiva, pubblicati in numerose opere, tra cui le più note sono: *Intelligenza emotiva* (1997); *Intelligenza sociale* (2006); *Leadership emotiva* (2012) e *Coltivare l'intelligenza emotiva* (2017).
Con l'espressione ***analfabetismo emozionale*** Goleman intende l'incapacità, propria di alcuni soggetti, di riconoscere le proprie emozioni e controllarle. Tale difficoltà si riscontra anche nel decodificare le emozioni altrui.

73 Risposta esatta: D

L'opera di **Donald Winnicott** (1896–1971), figura di grande rilievo della psicoanalisi europea, mantiene una precisa autonomia e una certa indipendenza rispetto agli orientamenti del suo tempo, grazie ad una stretta connessione tra pratica clinica ed elaborazione concettuale. Nella sua teoria, esposta principalmente in scritti come *Il bambino e il mondo esterno*, *Dal luogo delle origini*, ***Gioco e realtà***, è centrale lo studio dell'influenza dell'ambiente nello sviluppo del soggetto che si esprime nella relazione di legame e di separazione tra madre e bambino.

74 Risposta esatta: B

Adolphe Ferrière (1879-1960) fondò l'«Ufficio internazionale dell'Educazione», partecipò con Claparède alla creazione dell'«Istituto di scienze dell'Educazione J.J. Rousseau», aderì all'iniziativa che fece sorgere a Calais la «Lega internazionale per le scuole nuove» (1921) e infine, nel 1924, assunse a Ginevra la direzione della scuola internazionale sotto il patronato dei due più illustri educatori dell'epoca, Decroly e Dewey. Si deve a lui la diffusione del termine *scuola attiva*, coniato nel 1917 da Pierre Bovet.

75 Risposta esatta: D

Il **costruttivismo pedagogico** concepisce l'apprendimento come un processo attivo di costruzione del sapere e attribuisce un ruolo determinante alle **preconoscenze possedute dal soggetto prima dell'apprendimento**. Ogni conoscenza nuova va sempre a collocarsi in un'intelaiatura di conoscenze pregresse che

dà significato e costituisce il presupposto per nuovi apprendimenti. Per tali ragioni, il costruttivismo nasce e si sviluppa in una direzione opposta rispetto al comportamentismo in quanto fa leva su una concezione dell'apprendimento come processo soggettivo, che non consente di giungere ad una conoscenza oggettiva della realtà ma alla rappresentazione di essa che ogni individuo può costruire grazie alle esperienze sensoriali e percettive che compie e ai processi cognitivi che mette in atto.
Centrale, nella visione del costruttivismo, è il «contesto» nel quale si attua l'apprendimento.
Al riguardo lo psicologo sovietico **Vygotskij** sostiene che la crescita mentale è in gran parte determinata dagli strumenti culturali trasmessi da altre persone; lo sviluppo cognitivo avviene, quindi, all'interno di un contesto sociale, storicamente e culturalmente definito. Ne deriva che l'apprendimento si basa sullo sforzo attivo del soggetto che agisce in collaborazione con altre persone più competenti.

76 Risposta esatta: C

L'autore della *Scuola del lavoro* è il pedagogista tedesco **Georg Kerschensteiner** (1854-1932), il quale percorse la carriera d'insegnante a Monaco, dove divenne direttore dell'istruzione primaria e professionale. In qualità di responsabile dell'istruzione si impegnò nella realizzazione di un piano di riforma degli studi, sulla scorta degli esperimenti deweyani della «scuola del lavoro»: ne derivò una struttura scolastica fondata appunto sul *lavoro*, inteso come motivo essenziale del processo di formazione della cultura e come mezzo di liberazione dei valori in esso impliciti. Su queste basi Kerschensteiner elaborò il concetto di un'*educazione* tesa a diventare, mediante la cooperazione dei compagni di lavoro, sociale e morale.

77 Risposta esatta: C

L'idea della «**casa dei bambini**» ha costituito per **Maria Montessori** (1870-1952) una delle basi del metodo educativo. Si trattava di una struttura dotata di autonomia istituzionale e educativo-pedagogica, una sorta di micro-istituzione sociale infantile in cui gli **spazi** sono organizzati e definiti a misura dei bisogni, delle pressioni e delle esigenze di crescita dei piccoli.
La suddivisione degli spazi e la ricerca di nuovi metodi consente di *stimolare l'apprendimento* soprattutto negli alunni più piccoli che avranno così modo di adattarsi e abituarsi a delle strutture diverse dalle classiche aule scolastiche.
L'aula diventa, nella rivoluzione montessoriana, un'autentica sala di lavoro: v'è forte presenza di materiali (sedie, tavoli, scaffali, armadi ecc.) a portata di mano dei bambini e di diretto utilizzo. Fondamentale è l'**abolizione del banco**, visto come *strumento di limitazione* e d'*imposizione*. Inoltre gli spazi sono collocati nel tessuto urbano e vi è un forte collegamento con il **mondo esterno** (ad es. tramite un cortile o un giardino).

78 Risposta esatta: A

Il pedagogista italiano **Ernesto Codignola** (1885-1965) fu il fondatore della «Scuola-città Pestalozzi», la quale, sorta in un popolarissimo quartiere di Firenze, anche con intenti assistenziali, comprendeva la scuola elementare, più un altro triennio. Obiettivo fondamentale della scuola, ispirata soprattutto a Freinet, era quello di riportare utilmente alla società i ragazzi dei ceti meno abbienti, mediante studio e lavoro attuati al di fuori di ogni programma, secondo le occasioni offerte dall'esperienza quotidiana.

79 Risposta esatta: D

L'autore della *Psicologia del bambino o pedagogia sperimentale* è **Édouard Claparède** (1873-1940), il quale coltivò dapprima interessi scientifici, per poi avvicinarsi alla psicologia sperimentale come neuropsichiatra infantile. Ideatore della «scuola su misura», che ispirò la sua opera di ricercatore, credeva in una sperimentazione pedagogica che spingesse gli educatori a meravigliarsi di fronte ai fatti stessi dell'insegnamento e promuovesse in loro il desiderio di spiegarseli «*sottoponendoli all'osservazione metodica e all'esperimento*».

80 Risposta esatta: A

Ideatore del «metodo dei progetti» è **William Heard Kilpatrick** (1871-1965), autore dell'opera intitolata appunto *Il metodo dei progetti* (1919), in cui espose il progetto di un'attività scolastica incentrata su un piano di lavoro scelto liberamente dagli alunni e attuato attraverso un'intensa socializzazione. Kilpatrick, il cui metodo si ispirava alla massima deweyana di «*imparare facendo*», sottolineava la necessità e la validità della motivazione soggettiva rispetto alla costrizione.

81 Risposta esatta: D

Nella *Scuola serena di Agno* **Maria Boschetti-Alberti** (1879-1951) espone le proprie idee ed esperienze sull'educazione. Se in un primo momento la pedagogista ticinese aveva simpatizzato con la Montessori, in seguito se ne allontanò, per l'eccessiva impostazione scientifica del metodo montessoriano. Nella scuola di Boschetti-Alberti i ritmi di apprendimento sono stabiliti dalla spontanea iniziativa dell'alunno, il quale deve apprendere secondo le sue tendenze e i suoi umori.

82 Risposta esatta: A

L'autore del *Processo di apprendimento nelle due culture* è **Jerome Seymour Bruner**, psicologo statunitense (1915-2016), il quale parte, nei suoi studi, da una serie di critiche alla concezione di Dewey. In particolare, il lavoro di Bruner si basa sulla rivalutazione delle «*strutture*» che sono proprie di ogni materia e la distinguono dalle altre: questo aiuta il personale coordinamento delle conoscenze più facilmente assimilabili dai singoli educandi, i quali verrebbero così stimolati ad approfondire e ad allargare la loro cultura, estendendola e rapportandola ad argomenti e materie che potrebbero apparire lontani dai loro interessi originari.

83 Risposta esatta: C

L'autore di *Democrazia ed educazione* è il filosofo statunitense **John Dewey** (1859-1952), secondo il quale nella moderna società industriale l'educazione deve svincolarsi dai vecchi autoritarismi e dall'aristocratica separazione fra teoria e pratica, tra lavoro intellettuale e lavoro manuale. È necessaria, invece, una forma di democrazia che favorisca l'integrazione sociale di tutte le classi e dove lo Stato si ponga come mediatore, giovandosi degli apporti della scienza e della cultura. Nel progetto educativo di Dewey l'insegnante non deve imporre valori, ma favorire la ricerca e lo sviluppo delle capacità critiche, guidando le esperienze del bambino verso l'ambiente naturale e sociale.

84 Risposta esatta: D

Secondo **Jean Piaget** (1896-1980), autore de *Lo sviluppo mentale del bambino*, l'evoluzione psichica che comincia con la nascita e termina con l'età adulta è paragonabile alla crescita organica consistente in un cammino verso l'equilibrio. Lo sviluppo, quindi, è un passaggio continuo da uno stato di minore equilibrio a uno di equilibrio superiore.

85 Risposta esatta: C

La scienza dell'educazione fu scritta da **Roberto Ardigò** (1828-1920) nel 1893. Per il pedagogista italiano dell'età del Positivismo, il fatto educativo costituisce un impulso indistinto che, a seconda delle varie «*motrici*», cioè dei vari ambienti in cui si verranno formando le abitudini dell'educando, si specificherà in modi distinti. «*Motrici*» sono, naturalmente, la famiglia, la scuola, la società, le istituzioni della Chiesa, dello Stato etc. Scopo dell'educazione deve essere quello di creare nell'educando abitudini che rendano automatico il suo comportamento.

86 Risposta esatta: C

Durante lo *stadio pre-operatorio*, che va **dai 18 mesi ai 6 anni**, il bambino acquisisce progressivamente capacità rappresentative ed espressive, strutture elementari, concetti matematici, manifestando, altresì, uno spiccato egocentrismo.

87 Risposta esatta: B

Friedrich Fröbel (1782-1852) è stato il realizzatore di istituzioni prevalentemente per la prima infanzia, nelle quali i rapporti educativi e lo stesso modo di concepire questa particolare età della vita risultano rivoluzionati. Il processo educativo, affinché possa realizzarsi, deve svolgersi in un luogo adatto che Fröbel chiama «**Giardino d'infanzia**», sia per indicare l'ambiente in cui dovrebbe realizzarsi l'educazione (il giardino), sia per trasmettere ai maestri la metafora che i bambini sono come «le piante», che nascono dai semi, e che l'educazione, come la cultura delle piante, deve favorire la crescita spontanea degli alunni.
Diventa fondamentale, a tal proposito, il gioco, considerato non solo come divertimento, ma come vita e pedagogia. L'attività ludica, secondo Fröbel, è la vita stessa del bambino; anzi, giacché «il fanciullo vive il gioco», questo è anche il suo lavoro: l'attività divina si è affermata con la creazione, l'uomo attraverso il lavoro, il bambino attraverso il gioco.

88 Risposta esatta: C

Fu **Ovide Decroly** (1871-1932) a parlare di «*globalizzazione dell'insegnamento*». Secondo questa teoria, al metodo alfabetico o fonico-sillabico, col quale si fanno apprendere al bambino le parti che formano la parola prima della parola stessa, bisogna sostituire quello globale, che parte dalla parola completa, anzi dalla frase. Il bambino associa presto la parola o la frase all'oggetto o all'azione a cui si riferisce, cosicché, in tal modo, si ha un risparmio di tempo, nonché una più completa e naturale comprensione da parte dell'allievo.

89 Risposta esatta: A

L'*attitudine* è la **predisposizione verso una particolare attività**, mentre la capacità è l'insieme dei requisiti necessari per eseguire un'attività in modo efficiente e produttivo. In ogni individuo è possibile riscontrare sia un'*attitudine generale*, necessaria per lo svolgimento di qualsiasi attività, sia *attitudini specifiche*, ovvero capacità concrete.

90 Risposta esatta: C

L'*effetto Pigmalione* è un **errore di aspettativa** in base al quale il successo o l'insuccesso degli studenti è determinato dalle aspettative che l'insegnante ha nei loro confronti. Tali aspettative, consce o inconsce che siano, vengono soprattutto comunicate per vie non verbali e non intenzionali (ad esempio, attraverso l'espressione del volto, il tono della voce, il gesto, il contatto corporeo) e si traducono in modalità differenziate di approccio educativo.

91 Risposta esatta: B

Una delle convinzioni prioritarie di Vygotskij era che «**l'apprendimento del bambino comincia molto prima dell'apprendimento scolastico**» e che «***il processo di sviluppo non coincide con quello di apprendimento***», in quanto il primo segue il secondo, che, a sua volta, crea l'area di sviluppo potenziale.

92 Risposta esatta: D

Louis William Stern (1871-1938) fu colui che suggerì di calcolare il *quoziente d'intelligenza* tenendo conto del rapporto fra età mentale ed età cronologica, secondo la formula:

$$Q.I. = \frac{E.M.}{E.C.} \times 100.$$

93 Risposta esatta B

Il filosofo francese Jean-Jacques Rousseau (1712-1778), autore di celebri opere tra cui *La Nuova Eloisa* (1761), *Il Contratto sociale* e *l'Emilio o dell'educazione* (1762), è universalmente noto per il suo modello educativo dell'homme naturel, ovvero dell'educazione **naturale** alla base del più ampio progetto di cambiamento radicale della società. Compito dell'educazione, per Rousseau, è rispettare la naturalità originaria del bambino, che va riscoperta, conservata e assecondata nel suo sviluppo, secondo il principio che «tutto è buono quando esce dalle mani dell'Autore delle cose; tutto degenera tra le mani dell'uomo» (Emilio).
Nei primi anni di vita, il bambino va difeso da ogni influenza nociva proveniente dal contesto sociale; la sua natura va assecondata e, via via, l'educatore lo guiderà nel seguire la sua naturale curiosità verso ciò che lo circonda. Il fanciullo apprenderà, dunque, la geometria e il disegno, così come la lettura e la scrittu-

ra, fino ad arrivare, nella preadolescenza, a superare l'egoismo e desiderare il bene per sé e per gli altri e ad avvertire in se stesso Dio.
Si tratta di un tipo di educazione **negativa o indiretta**, in opposizione cioè a quella positiva, che procede per apprendimenti calati dall'alto. Il rapporto educativo tuttavia pur apparendo libertario è in realtà guidato dal precettore. L'educazione teorizzata da Rousseau mira a perfezionare gli strumenti della conoscenza e a guidare, esercitando i sensi, il fanciullo alla conquista della ragione, secondo il principio dell'«imparare facendo».

94 Risposta esatta: D

Erikson individua l'adolescenza come quinta fase della vita, fondamentale nell'economia dello sviluppo psichico, sociale e cognitivo dell'individuo. Oltre ai profondi mutamenti biologici (pensiamo allo sviluppo fisico e sessuale), l'adolescente si trova di fronte al problema psicologico di sviluppare un **senso di identità stabile**, molto diverso da quelli vissuti nelle fasi precedenti, più mutevoli e differenziati. Inizia cioè a prendere consapevolezza dei tratti fondamentali della propria personalità, delle proprie attitudini, dei desideri, delle aspirazioni, delle potenzialità, ma anche dei propri limiti.
Secondo Erikson, in tale fase l'adolescente rischia in qualunque momento di disperdersi, non trovando il senso, il percorso, la «tenuta» della sua integrità psichica. La crisi di identità nasce proprio dai suoi tentativi di superare questa confusione e questa ambivalenza per lasciare libero spazio alla propria personalità, con le caratteristiche di stabilità, di coerenza e di unicità rispetto agli altri.

95 Risposta esatta A

L'attenzione indica il processo grazie al quale alcune parti dell'informazione sensoriale vengono codificate ed elaborate, mentre altre vengono escluse. In questo senso il processo di attenzione è connesso con il meccanismo di selezione Tuttavia, non e corretto identificare l'attenzione con la selezione, giacché la prima presenta un grado di complessità indubbiamente maggiore (e proprio questa complessità che viene messa in crisi nel disturbo da deficit dell'attenzione). L'attenzione, infatti, richiede almeno cinque meccanismi, e precisamente: allerta, attivazione, orientamento, detezione e consapevolezza

96 Risposta esatta C

Le espressioni facciali sono indicatori emotivi. Alcune combinazioni di contrazioni muscolari facciali, infatti, rappresentano l'espressione delle emozioni. Lo psicologo americano Paul Ekman sostiene che esistono determinate espressioni facciali, relative alle emozioni, che sono comuni in tutto il mondo, e che non variano al variare della cultura e del contesto di riferimento.

97 Risposta esatta: D

La *Dichiarazione dei diritti del fanciullo*, deliberazione che venne assunta il **20 novembre 1959** dall'Assemblea generale dell'ONU, afferma, fra gli altri princìpi, quello dell'istruzione di base gratuita e obbligatoria per tutti i ragazzi, sostenendo la necessità di un'educazione che consenta l'inserimento della persona nella società. Più in generale, proclama la tutela dell'individuo in quanto titolare di diritti inalienabili, quali la vita, la salute, il nome, l'identità personale, la nazionalità, la sicurezza sociale, ogni speciale protezione contro qualsiasi forma di discriminazione e sfruttamento.

98 Risposta esatta: B

Il termine *affettività* sta ad indicare quell'aspetto fondamentale della vita psichica comprendente **le passioni, i sentimenti e le emozioni**, tale da connotare ogni situazione della vita di relazione di un individuo. In pedagogia si dà molta importanza allo sviluppo dell'affettività, poiché facilita le relazioni interpersonali e consente ai giovani di maturare fiducia e sicurezza interiori.

99 Risposta esatta: D

La psicologia è la scienza che studia il comportamento inteso come **espressione della personalità** e le sue motivazioni sia consce che inconsce. Il *comportamento*, a sua volta, è costituito dal complesso di attività di un organismo che possono essere osservate e valutate dagli altri. I fenomeni psichici studiati dalla psicologia riguardano la *sfera conoscitiva* (sensazione, percezione, memoria, apprendimento etc.), la *sfera volitiva* (bisogni, motivazioni, volontà) e la *sfera affettiva* (sentimenti, emozioni, umori etc.).

100 Risposta esatta: D

Quando ci si trova di fronte a una *valutazione*, si attiva, spesso in maniera inconscia, il bisogno di offrire un'**immagine di sé che sia socialmente accettata** e, in generale, positiva. Ciò può accadere, ad esempio, durante la somministrazione di un test psicologico.

101 Risposta esatta: A

Un metodo d'indagine della psicologia è il **metodo sperimentale**, che si basa sull'osservazione effettuata in modo scientifico: i medesimi fenomeni vengono osservati da diversi sperimentatori, oppure un medesimo sperimentatore deve osservare un soggetto in situazioni diverse, per evitare di trascrivere le proprie interpretazioni. I dati così ricavati vengono elaborati da altri studiosi, che formulano un'ipotesi di lavoro. È, inoltre, necessaria una verifica dell'ipotesi per controllare tutte le variabili, sia nella situazione naturale in cui un certo fenomeno si verifica, sia in laboratorio. Si ricorre, altresì, all'utilizzo di test e di altri strumenti scientifici. I dati così ottenuti vengono elaborati e sottoposti a controllo scolastico e solo quando l'ipotesi di partenza sarà stata convalidata sperimentalmente verrà formulata la legge.

102 Risposta esatta: B

John Bowlby (1907-1990) è lo psicanalista britannico che, interessandosi in modo particolare ai fattori che contraddistinguono il legame madre-bambino e a quelli legati alla realizzazione dei legami affettivi nel contesto familiare, ha elaborato la cosiddetta *teoria dell'attaccamento*, secondo la quale l'«attaccamento» ha luogo in 5 fasi:

1. *pre-attaccamento* (0-3 mesi), periodo in cui il bambino non discrimina e non riconosce le persone;

2. *attaccamento in formazione* (3-6 mesi), fase in cui inizia la formazione di un legame, con il bambino che diventa capace di discriminare le figure e di riconoscerne una in particolare (quella che lo allatta, lo accarezza, lo cura etc.);
3. *angoscia* (7-8 mesi), ovvero il periodo in cui il bambino, non avendo ancora maturato il concetto di «permanenza dell'oggetto», si sente angosciato quando avverte la lontananza della madre, perché teme che non ritorni;
4. *attaccamento vero e proprio* (8-24 mesi);
5. *formazione di legami* (a partire dai 3 anni), cioè la fase in cui il bambino riconosce la figura allevante al di là delle caratteristiche fisiche e diventa consapevole del fatto di provare sentimenti, emozioni, sensazioni. A seconda delle risposte che i genitori forniscono al bambino, si vengono a creare differenti tipologie di legami.

103 Risposta esatta: A

I *teorici S-R*, ovvero i *behavioristi*, studiano il **comportamento inteso come rapporto tra stimolo e risposta**. Infatti, ogni atto compiuto dall'essere umano può essere considerato una risposta a uno stimolo interno o proveniente dall'ambiente. Ogni volta che si stabilisce un legame stimolo-risposta si ha un *apprendimento*.

104 Risposta esatta: C

Il *rinforzo positivo* consiste in una **ricompensa che aumenta la frequenza di emissione di una risposta**. Per *rinforzo* bisogna intendere qualunque evento dell'ambiente (naturale e sperimentale) che influisce sul comportamento. Costituiscono un rinforzo positivo, ad esempio, i premi, gli elogi che un individuo ottiene ogni volta che eroga una determinata risposta.

105 Risposta esatta: B

Secondo i behavioristi i disturbi del comportamento sono **appresi**, cioè determinati dal rapporto tra individuo e ambiente, e costituiscono una risposta ad uno stimolo. Bisogna quindi individuare lo stimolo che provoca una risposta ritenuta spiacevole ed estinguere il legame che si è stabilito fra loro.

106 Risposta esatta: B

Alfio Maggiolini, psicologo e psicoterapeuta, nonché docente di psicologia dell'**adolescenza** afferma che l'adolescenza è una crisi che comporta una ristrutturazione dell'idea di sé e dei rapporti con gli altri, per cui in tale crisi c'è il segreto di una «*seconda nascita*».

107 Risposta esatta: D

La *collera* è **un'emozione che, se ben espressa, può essere creativa**. In genere si ha difficoltà ad esprimerla anche per convenzione sociale, perché associata all'aggressività o al capriccio. In realtà si tratta di un'emozione che potrebbe evitare, se espressa nel modo e al momento giusto, una spirale di aggressività alimentata da un'ira repressa troppo a lungo. Imparare a manifestare la propria collera significa riconoscere i propri bisogni reali e intrattenere relazioni più autentiche.

108 Risposta esatta: B

Secondo la *teoria organismica* di Goldstein, l'**«organismo» è ben più della somma delle parti che lo compongono**, pur essendo costituito da parti differenziate. Goldstein scoprì che l'organismo si presenta sempre come un'unità indissolubile, in cui il corpo e la mente si comportano in maniera complementare, influenzandosi a vicenda.

109 Risposta esatta: D

La definizione del concetto di *personalità di base* si deve all'antropologo Abram Kardiner (1891-1981) che la considera l'**insieme delle esperienze e delle modalità di vita dei gruppi**. Ogni cultura ha una personalità di base che in qualche modo corrisponde al carattere nazionale: infatti, è possibile individuare determinate caratteristiche di personalità, effettivamente presenti nei membri di un gruppo o di una società, in base a credenze, valori, atteggiamenti e comportamenti comuni alle persone che fanno parte di una popolazione o di una cultura.

110 Risposta esatta: B

La *coscienza* può essere definita come la **consapevolezza delle proprie azioni e delle motivazioni sottostanti**. In pratica, è quella funzione psichica grazie alla quale l'individuo si riconosce come protagonista delle proprie azioni e le distingue da azioni o da oggetti che non rientrano nella propria identità, in quanto fanno parte dell'ambiente.

111 Risposta esatta: A

L'*inconscio* è un complesso dinamico di **esperienze rimosse**, comportamenti motivati dall'istintualità, ricordi legati ai sensi di colpa, aggressività represse che scompaiono dalla coscienza, perché la loro evocazione procurerebbe all'individuo un'insopportabile sofferenza.

112 Risposta esatta: C

Il merito dell'attivismo è stato certamente quello di riscattare il protagonismo dell'alunno dalla passività in cui la scuola tradizionale l'aveva, per secoli, costretto.

Alcuni di tali *itinerari metodologici* sono tuttora validi e adottati da docenti su scala internazionale. Tra questi ricordiamo:

- il metodo Decroly (i quattro centri di interesse focalizzati sui bisogni naturali dell'uomo; il trittico dell'osservazione, dell'associazione e della riflessione; la globalizzazione);
- il metodo Montessori (rispetto della libertà del bambino e uso di materiali strutturati);
- il piano Dalton e il piano di Winnetka (rispettivamente della Parkhurst e di Washburne: individualizzazione, unità di lavoro, schede di controllo, insegnare ciò che è ritenuto necessario);
- il metodo dei progetti di Kilpatrick, allievo di Dewey (produzione e utilizzazione di una ricerca, di un lavoro, di un plastico progettato e compiuto);
- il metodo Kerschensteiner (scuola del lavoro didattico collettivo);
- il metodo scoutistico del Baden-Powell.

113 Risposta esatta: B

L'*attenzione* è un **processo di selezione delle percezioni**, in quanto consente di mettere a fuoco soltanto una parte del campo percettivo e di reagire esclusivamente ad essa. In quanto tale, l'attenzione orienta la nostra coscienza sulle caratteristiche di un oggetto, sul suo significato e sulla sua collocazione nello spazio e nel tempo.

114 Risposta esatta: C

L'*immaginazione* è l'**elaborazione mentale dell'insieme delle caratteristiche di un oggetto** (*immagine*), indipendentemente dalla presenza dello stimolo esterno: in pratica, essa elabora e trasforma in dati personali tutte le percezioni. Ogni individuo tende a privilegiare una particolare modalità sensoriale per la costituzione delle proprie immagini e dei propri ricordi.

115 Risposta esatta: D

L'*intuizione* consiste nella **comprensione improvvisa della soluzione di un problema**. Si verifica quando il soggetto, mettendo da parte un procedimento adottato in precedenza, si pone di fronte al problema con la mente libera da preconcetti.

116 Risposta esatta: B

Il *ragionamento* si dice *deduttivo* quando, **partendo da determinate premesse, mediante l'analisi e l'astrazione, giunge a una conclusione logica**. Si tratta di un procedimento che consiste nel raccogliere i dati del problema, nel valutarli e nell'individuare la strategia che permetta la conclusione nel minor tempo possibile.

117 Risposta esatta: C

La *rigidità mentale*, intesa come ostacolo al pensiero produttivo, consiste nella tendenza ad utilizzare le esperienze precedenti adattandole alle situazioni nuove in tutti i casi, senza riuscire a metterle da parte quando si rivelano inefficaci nel facilitare un apprendimento nuovo. La **rigidità percettiva**, invece, consiste nel sentirsi legati alle caratteristiche evidenti degli oggetti o delle situazioni, lasciandosi sfuggire alcuni aspetti solo apparentemente marginali.

118 Risposta esatta: A

Lo **sviluppo emotivo-affettivo**, corrispondente a uno dei numerosi fattori che contribuiscono al costituirsi della sicurezza di sé, si completa appunto quando il bambino acquisisce la sicurezza di sé, ossia la consapevolezza di poter contare sempre sulle proprie forze per affrontare i problemi e le difficoltà di natura ambientale.

119 Risposta esatta: B

La **rimozione** è un meccanismo di difesa consistente nell'eliminare dalla memoria cosciente i ricordi angosciosi, in modo da impedire loro di riaffiorare alla coscienza.

120 Risposta esatta: D

Secondo la teoria della ***Gestalt*** (o *psicologia della forma*) la percezione costituisce un evento immediato che si presenta all'esperienza del soggetto come una totalità strutturale elementare, e non come somma di singole percezioni.

121 Risposta esatta: A

Al contrario, le **scuole attive** sottolineano la necessità di sostituire la scuola di stampo tradizionale con una scuola centrata sul «fare», dunque imperniata sul lavoro piuttosto che sullo studio.

122 Risposta esatta: D

Per *insight* si intende una **comprensione subitanea**, a cui si perviene attraverso combinazioni interiorizzate: lo studente, ad esempio, è in grado di risolvere un problema non solo tramite sperimentazioni esteriori o materiali, vale a dire provando e riprovando, ma anche attraverso combinazioni mentali che lo portano a trovare la soluzione per improvvisa intuizione.

123 Risposta esatta: D

Per condizionamento operante si intende un comportamento attivo del soggetto, il quale, oltre a ricevere stimoli, esplora e interviene sul suo ambiente, producendo così dei comportamenti che sono indipendenti dallo stimolo ricevuto. Si tratta di un tipo di apprendimento più complesso di quello classico di Pavlov individuato da Frederik Skinner il quale dimostrò con i suoi esperimenti l'influenza dei premi (**rinforzo positivo**) e delle punizioni (**rinforzo negativo**) sul comportamento.

124 Risposta esatta: B

Jean Piaget fu allievo di Claparède. Nelle sue teorie sull'apprendimento e sullo sviluppo mentale del bambino viene ribadito il concetto fondamentale della *psicologia cognitivista*: il soggetto è attivo sia nei suoi processi di interazione con l'ambiente, sia nella percezione delle stimolazioni e delle informazioni esterne, sia nel comportamento, in quanto costruisce gradualmente i livelli di intelligenza e si relaziona all'ambiente adottando adeguate strategie di adattamento.

125 Risposta esatta: C

Il *periodo di latenza* è la **fase della desessualizzazione del bambino**, alla quale segue la pubertà.

Secondo il percorso freudiano di sviluppo sessuale, infatti, occorre distinguere sei momenti:

1. *fase orale;*
2. *fase anale;*
3. *fase fallica;*
4. *fase edipica;*
5. *periodo di latenza;*
6. *periodo dell'organizzazione genitale.*

126 Risposta esatta: D

Il **rapporto** (o **relazione**) **oggettuale** rappresenta il tema centrale delle teorie di René Spitz, il quale individua quattro stadi preliminari all'approdo al suddetto *rapporto*, che poi consentirà al bambino di stabilire relazioni con gli altri:

1. *stadio pre-oggettuale*, caratterizzato dalla indifferenziazione tra mondo interno e mondo esterno (0-3 mesi);
2. *stadio dell'oggetto precursore*, contraddistinto dal sorriso come risposta al riconoscimento del volto umano (3-8 mesi);
3. *stadio dell'angoscia procurata dalla frustrazione per l'assenza della madre*, caratterizzato dal riconoscimento dell'oggetto d'amore (la madre) nella sua separatezza (8-15 mesi);
4. *stadio del no*, corrispondente alla prima risposta intenzionale sul mondo esterno elaborata dal bambino (dai 15 mesi in poi).

127 Risposta esatta: A

Donald Winnicott definisce «*spazio transizionale*» la zona intermedia tra il «*dentro*» (l'universo narcisistico infantile) e il «*fuori*» (il reale). Se, ad esempio, la madre viene a mancare, il bambino si adopera per creare oggetti transizionali che possano sostituirla, alleviando il senso di frustrazione determinato dalla mancanza della figura materna: un pupazzo, un lenzuolino o altri oggetti costituiscono, nell'immaginario infantile, il legame tra il reale (la madre che non c'è) e il fantastico (la madre personificata con l'oggetto). Pertanto, lo «*spazio transizionale*» è lo spazio in cui si verifica tale operazione psichica.

128 Risposta esatta: B

L'**emozione** è una reazione affettiva breve prodotta da uno stimolo. In ogni emozione si distinguono i diversi fattori che concorrono a produrla: lo stimolo esterno o interno, la reazione fisiologica, la reazione viscerale e la reazione psicologica.

129 Risposta esatta: A

Uno *stimolo* è sempre **un'informazione** e, in quanto tale, veicola un messaggio che bisogna decifrare e a cui si deve rispondere. Lo stimolo può essere *interno* o *esterno*: nel primo caso proviene dall'organismo stesso, nel secondo dall'ambiente esterno e viene recepito dai sensi.

130 Risposta esatta: D

Il sistema nervoso centrale si divide in due parti: **encefalo** e **midollo spinale**. L'encefalo è suddiviso in due emisferi cerebrali, collegati dal corpo calloso. La superficie, detta corteccia cerebrale, è attraversata da solchi che delimitano zone suddivise in quattro lobi: frontale, parietale, occipitale, temporale.

131 Risposta esatta: A

Secondo **Howard Gardner** ciascun individuo possiede almeno otto forme separate di intelligenza:

- *corporeo-cinestetica*;
- *spaziale*;

- *logico-matematica;*
- *musicale;*
- *linguistico-verbale;*
- *naturalistica;*
- *della comprensione di sé (intrapersonale);*
- *della comprensione degli altri (interpersonale).*

Ciascuna intelligenza «*riflette la possibilità di risolvere problemi o di mettere a punto prodotti apprezzati in uno o più ambienti culturali*».

132 Risposta esatta: C

Non necessariamente l'apprendimento richiede il rapporto diretto con gli stimoli esterni: molti esperimenti, infatti, hanno dimostrato la possibilità di un apprendimento mediato da altri soggetti. Lo psicologo canadese Albert Bandura, ad esempio, ha approfondito gli studi sui processi imitativi e ha usato il termine «**modellamento**» per indicare la modificazione del comportamento in seguito all'imitazione del comportamento di un altro soggetto.

133 Risposta esatta: D

L'*area di Broca* è la sezione corticale responsabile della funzione del **linguaggio**. Deriva la propria denominazione dal nome del neurologo francese, Pierre Paul Broca, che nel 1861 la scoprì.

134 Risposta esatta: A

Lo scienziato tedesco Hermann Ebbinghaus (1850-1909) compì una serie di importanti studi sulla **memoria**, cercando di dimostrare come si formano o si modificano i ricordi. Per studiare tali fenomeni si servì di liste di sillabe prive di senso (*presentazione seriale*) e, usando sé stesso come soggetto dell'esperimento, tentò di verificare la propria capacità di ritenerle o riprodurle.

135 Risposta esatta: B

Nell'opera intitolata *Trasformazioni e simboli della libido* (1912) **Carl Gustav Jung** (1875-1961) gettò le basi della psicologia analitica, che annovera fra i suoi punti fondamentali la scoperta dell'«*archetipo*», da intendersi come l'insieme delle rappresentazioni appartenenti non solo alla coscienza individuale, ma anche, e soprattutto, all'«*inconscio collettivo*».

136 Risposta esatta: D

Secondo la teoria strutturale di Freud, la personalità è composta da tre strutture fondamentali o «*istanze*»:

1. «*Io*»: è la struttura della psiche che rappresenta la parte più logica e razionale, orientata alla realtà, che prende le decisioni valutando le diverse situazioni. Freud sostiene che l'Io è al sevizio di tre «*maestri tirannici*», Es, Super-Io e Mondo Esterno, tra i quali funge da mediatore;
2. «*Es*»: è una struttura completamente inconscia, serbatoio delle pulsioni e fonte dell'energia psichica, inaccessibile alla coscienza. Costituisce la sede dei desideri innati, degli istinti e degli impulsi più antichi e, poiché segue il «*principio del piacere*», esige una soddisfazione immediata dei propri bisogni;

3. «*Super-Io*»: parzialmente inconscio, è la parte della psiche che contiene l'insieme dei valori, delle proibizioni e dei precetti morali, cioè delle regole trasmesse dalla famiglia, dalla scuola e dalla società; da un lato, dunque, le norme morali, dall'altro gli ideali dell'Io, ossia quello che la persona tende a voler essere, ciò che vorrebbe raggiungere.

137 Risposta esatta: D

Il *condizionamento classico* è un tipo di apprendimento studiato dal fisiologo russo Pavlov attraverso una serie di esperimenti condotti sui cani. Secondo la teoria pavloviana è prevedibile che ad uno stimolo segua una risposta, e che stimolo e risposta possano essere condizionati. Si può quindi parlare di **apprendimento condizionato o pavloviano** quando uno stimolo neutro produce la risposta causata originariamente da uno stimolo condizionato. L'apprendimento avviene per via associativa: è l'associazione tra i due stimoli che fa nascere il condizionamento.

138 Risposta esatta: C

L'unità minima della lingua è il **fonema**. Ogni lingua forma le proprie parole a partire da un numero limitato di suoni, i fonemi, appunto, che si uniscono fra loro per formare i *morfemi*, i quali, a loro volta, costituiscono le unità minime dotate di significato (ad esempio: le radici delle parole, i suffissi, i prefissi, gli articoli). Anche i morfemi si combinano fra loro per dare forma alla *parola*, e più parole unite insieme formano una *frase*.

139 Risposta esatta: D

Gli psicologi della *Gestalt* hanno sottolineato il carattere creativo della percezione. La **strutturazione percettiva** è una proprietà **innata** dell'uomo che ci permette di cogliere una visione unitaria e non le parti disarticolate fra loro.

140 Risposta esatta: B

La motivazione all'apprendimento consiste in una serie di misure atte a stimolare nello studente la percezione di un contesto che renda un determinato argomento come interessante. Per il filosofo e pedagogista John Dewey (1859-1952) un sapere diventa rilevante agli occhi di chi apprende quando questi riesce a comprenderne la complessità, ovvero le relazioni tra l'oggetto e altri elementi in un quadro complessivo.

141 Risposta esatta: D

Le *motivazioni primarie* consistono in **impulsi nati da bisogni primari**, come il mangiare, il bere, il sonno, o anche la necessità di sfuggire al dolore e quella di mantenere una temperatura costante nel corpo. Tali impulsi derivano da un bisogno organico causato da una mancanza.

142 Risposta esatta: D

La prima definizione ufficiale di intelligenza emotiva si trova in un articolo di Salovey e Mayer del 1990. Negli anni immediatamente successivi lo psicologo americano **Daniel Goleman** definisce come un «*modo particolarmente efficace* *di trattare sé stessi e gli altri*». Il termine *intelligenza emotiva* indica l'insieme delle capacità che un individuo possiede e che gli permettono di avere buone relazioni con gli altri: in pratica, essa permette di dominare le emozioni e di guidarle nelle direzioni più vantaggiose. Così facendo, si può migliorare la capacità di percepire e comprendere le nostre emozioni e quelle altrui; è possibile imparare sia a tradurre in parole le nostre emozioni che ad esprimerle attraverso il linguaggio non verbale (espressione del volto, gesti, postura); come pure si può affinare l'abilità di regolare le nostre emozioni per evitare che l'ira e altre emozioni negative prendano il sopravvento.

143 Risposta esatta: C

La *morale eteronoma* è **il senso morale** che l'individuo tra i quattro e i nove anni acquisisce dall'**esterno**, per accettazione delle regole e degli stili di vita propri dei genitori. In questo periodo egli è particolarmente esposto al senso di colpa perché si trova in piena fase edipica, per cui vive un conflitto tra i sentimenti di amore e vendetta che prova per la madre e il padre. A questo senso di colpa egli reagisce proprio con l'accettazione delle norme che gli vengono imposte.

144 Risposta esatta: A

La *memoria* è la **capacità della mente di conservare e richiamare alla coscienza dati ed esperienze passate** e di utilizzarli per relazionarsi al mondo. In quanto tale, è strettamente connessa all'apprendimento, poiché non si può realizzare un vero apprendimento senza un'adeguata elaborazione dei dati ritenuti dalla funzione mnestica. Per Piaget la memoria è connessa all'intelligenza, dal momento che il soggetto, quando conserva un ricordo, riesce a trasformarlo in rapporto alla capacità di codificazione propria dello stadio evolutivo in cui si trova.

145 Risposta esatta: C

Si parla di *frustrazione* quando non è possibile soddisfare un bisogno, dunque in riferimento a una situazione in cui l'individuo, ponendosi degli obiettivi, incontra un **ostacolo che modifica il suo comportamento**. L'evento frustrante esercita sulla personalità del soggetto un'azione profonda, non solo nella riorganizzazione del comportamento, ma anche nel manifestarsi di determinati contenuti di coscienza. Inoltre, si distingue tra *frustrazione primaria*, che dipende dall'assenza dell'oggetto necessario alla soddisfazione del bisogno, e *frustrazione secondaria*, a sua volta originata da un divieto (o interdizione), esterno o interno al soggetto, che impedisce la realizzazione del desiderio o il soddisfacimento del bisogno.

146 Risposta esatta: A

La consistenza del fenomeno migratorio in Europa e altrove ha stimolato una maggiore attenzione per le altre tradizioni, per cui la molteplicità delle culture, inizialmente vista con sospetto, tende ad essere sempre più riconosciuta come una condizione normale ed inevitabile delle società occidentali.
In questo contesto si è imposta l'esigenza del dialogo e dell'«educazione interculturale», strumenti necessari per avvicinare le culture e favorire l'integrazio-

ne degli stranieri. Per educazione interculturale s'intende un progetto di interazione fra le parti che conduca ad una relazione in grado di superare il «monoculturalismo», attraverso l'acquisizione di strumenti che portino ad una maggiore consapevolezza dei propri valori e dei propri diritti, a un confronto dinamico mirante alla comprensione delle differenze, alla definizione flessibile dei confini della propria identità nei confronti degli stimoli o delle pressioni esterne e per finire alla verbalizzazione e all'empatia.

147 Risposta esatta: A

Ampliare il punto di vista su di sé e sulla propria collocazione nel mondo, facendo ipotesi sul futuro personale e sulle responsabilità di ciascuno, *contribuisce ad affermare e a rafforzare la propria identità e l'autonomia*.

148 Risposta esatta: B

Parlare di *convivenza civile* vuol dire porsi il problema di come le persone possano vivere assieme senza ledere gli uni i diritti degli altri. Una dimostrazione di ciò consiste sicuramente **nel confrontarsi, nell'interloquire con pertinenza e in maniera costruttiva all'interno delle varie situazioni comunitarie**: assemblee di classe, consiglio comunale dei ragazzi, iniziative esterne di quartiere, associazioni etc.

149 Risposta esatta: C

Lo psicologo **Harry Frederick Harlow** (1905-1981) *ha dimostrato che il legame affettivo e l'attaccamento non dipendono dal «bisogno primario della fame», ma da quello della «sicurezza»*. Alla fine degli anni Cinquanta del Ventesimo secolo lo studioso ha compiuto un esperimento sul bisogno di attaccamento dei piccoli delle *scimmie* «macachi rhesus». Ha separato, subito dopo la nascita, alcune scimmie dalla madre naturale e le ha fatte allevare, in gabbie individuali, da madri artificiali; una delle madri artificiali era fatta di rete metallica con una testa di legno e con un biberon per capezzolo, mentre l'altra era ricoperta da stoffa spugnosa e senza biberon. Harlow ha osservato che i piccoli macachi sceglievano e si legavano alla madre artificiale coperta di stoffa e priva di biberon per il nutrimento, e non a quella metallica e fornita di nutrimento. Le piccole scimmie, dunque, impaurite e angosciate, si aggrappavano alla madre artificiale di stoffa per il *bisogno di sicurezza*; infatti, la sicurezza è necessaria ai piccoli sia per esplorare sia per fare nuove esperienze.

150 Risposta esatta: D

L'opera ***L'educazione progressiva o studio sul corso della vita*** (1838) *non è del pedagogista svizzero Johann Heinrich Pestalozzi* (1746-1827), *bensì di Albertina Necker de Saussure* (1766-1841); in essa la studiosa svizzera ha sostenuto che l'educazione deve essere progressiva e integrale, sviluppando sin dalla nascita tutte le facoltà infantili.

151 Risposta esatta B

Nelle teorie psicoanalitiche classiche i genitori sono considerati come «oggetti» da cui l'adolescente deve «distaccarsi». Questi modelli teorici sono stati oggetto di numerose critiche, a partire dalla fine degli anni Settanta, primi anni Ottanta, sulla base di prove empiriche provenienti da ricerche di orientamento psicosociale, le quali mostravano un ritratto della famiglia molto meno conflittuale e drammatico. Secondo queste ricerche, condotte in contesti differenti, un numero consistente di adolescenti ammira e si sente vicino ai propri genitori, considera la famiglia come il luogo degli affetti e del sostegno fondamentale. Discussioni e disaccordi non minacciano la coesione dei legami affettivi genitori-figlio ed entrambe le parti partecipano attivamente a una ridefinizione dei rapporti che tendono a basarsi più sulla negoziazione cooperativa che non sull'autorità unilaterale dei genitori. **In questo contesto di non drammaticità delle relazioni genitori-figli può essere inserito il fenomeno dell'«adolescenza lunga», oggetto** di numerose ricerche e riflessioni soprattutto da parte di sociologi e di studiosi di psicologia sociale. Secondo questi autori, si tratta di un fenomeno destinato non solo a stabilizzarsi, ma anche ad amplificarsi anche a causa della sempre più diffusa precarietà occupazionale e del crescente aumento dei costi abitativi. In questo contesto, la famiglia di origine si configura come risorsa garantita, e più che ricercare l'autonomia dalla *famiglia i giovani sembrano tendere a cercare spazi di autonomia nella famiglia, dilazionando in maniera consistente il momento dell'uscita dal nucleo familiare di origine*.

152 Risposta esatta: B

Cartesio (nome latinizzato di René Descartes, 1596-1650), con l'opera *Discorso sul metodo* (1637), ha voluto fornire a tutti il metodo per guidare la ragione nella ricerca della verità: *l'educazione, per lui, ha il compito di insegnare agli uomini il giusto uso della ragione*.

153 Risposta esatta: B

Roberto Ardigò (1828-1920), una delle figure più rappresentative della pedagogia positivistica in Italia, *ha affermato che «la nostra conoscenza avviene attraverso due tipi di intuizioni: diretta e naturale (attraverso la quale conosciamo le cose del mondo, utilizzando solo i nostri sensi, in tre momenti: intuizione, sensazione ed esperienza), diretta e artificiale (che ci consente di conoscere attraverso l'esperienza compiuta dagli altri)»*.

154 Risposta esatta: D

Johann Heinrich Pestalozzi, pedagogista svizzero, padre insieme con Rousseau della pedagogia moderna, fondò nel 1804 a Yverdon una scuola che sarebbe poi diventata il modello di tutti gli istituti di istruzione elementare.

155 Risposta esatta D

La psicologia cognitiva è la psicologia applicata allo studio dei processi mentali. La psicologia cognitiva (o cognitivismo) è caratterizzata da un approccio interdisciplinare, in quanto in essa convergono metodi, quadri di riferimento teorici, dati empirici di discipline diverse (la psicologia, la linguistica, le scienze sociali, le neuroscienze e le scienze biologiche in genere, l'informatica e l'intelligenza artificiale, la matematica e la fisica, la filosofia). L'obiettivo della psicolo-

gia cognitiva consiste nello stabilire una connessione tra lo studio dei comportamenti e delle capacità cognitive negli esseri umani e nella riproduzione di questi in sistemi artificiali.
La psicologia cognitiva è uno dei più importanti movimenti della psicologia contemporanea secondo il quale la mente umana funziona elaborando attivamente informazioni che le giungono tramite gli organi sensoriali, in analogia con i meccanismi di tipo cibernetico.

156 Risposta esatta: D

La *ricerca pedagogica* è quel complesso di attività che caratterizzano la pedagogia come scienza e applicano, anche attraverso la mediazione di altre discipline (filosofia, storia, psicologia etc.), **strategie metodologiche per risolvere particolari problemi in un determinato settore**. I risultati acquisiti e verificati modificano la pratica educativa corrente innovandola.

157 Risposta esatta: A

Secondo il filosofo e pedagogista statunitense *John Dewey* (1859-1952) la «pedagogia» si colloca tra l'educazione in atto e i risultati delle scienze umane; è compito dell'educatore superare i problemi della prassi educativa attingendo alle scienze che studiano l'uomo (psicologia, sociologia etc.). L'aspetto innovativo di tale concezione sta nel fatto che introduce per la prima volta *l'idea di una pedagogia in quanto* **ricerca**, cioè di un'**identità tra scienza e ricerca**, concezione conquistata solo recentemente.

158 Risposta esatta: C

Mentre Jean-Jacques Rousseau (1712-1778), Johann Heinrich Pestalozzi (1746-1827) e John Dewey (1859-1952) sono *pedagogisti*, **Ilya Prigogine** (1917-2003) è un chimico belga di origine russa, specializzato in termodinamica, Premio Nobel nel 1977.

159 Risposta esatta: D

La popolazione scolastica è caratterizzata **da un'elevata differenziazione di capacità e abilità**: ciascun allievo presenta caratteristiche cognitive e affettive che lo differenziano dagli altri, talvolta in maniera notevole; tali differenze investono essenzialmente:

- i «ritmi di apprendimento», vale a dire la velocità con cui impara;
- il bagaglio attitudinale, ovvero la capacità di riuscire bene in una certa attività;
- una serie di capacità generali, di cui fanno parte l'intelligenza e la competenza linguistica.

160 Risposta esatta: D

Mentre l'*apprendimento* **dipende dal complesso di stimolazioni provenienti dall'ambiente in cui l'individuo vive**, la *maturazione* **dipende dai fattori genetici** che ciascun individuo porta con sé al momento della nascita.

161 **Risposta esatta: A**

I processi di apprendimento e d'insegnamento **sono strettamente interdipendenti e confluiscono** entrambi in un unico processo di «insegnamento-apprendimento», nel quale sia l'uno sia l'altro possono essere modificati allo scopo di rendere più efficace l'apprendimento stesso. Quest'ultimo deve essere il punto di riferimento per una valida concezione dell'insegnamento: il modo stesso in cui l'allievo «apprende» dovrebbe, dunque, fornire agli insegnanti le giuste direttive.

162 **Risposta esatta: A**

La «sociologia dell'educazione» è la scienza che prende in esame **i rapporti osservabili tra le varie componenti di un sistema educativo** (l'ideologia, i fini, l'organizzazione, i contenuti culturali, la formazione degli insegnanti, il sistema politico-sociale di cui fa parte etc.).

163 **Risposta esatta: B**

Nelle teorie sull'apprendimento e sullo sviluppo mentale del bambino di **Jean J. Piaget** (1896-1980), allievo di Claparède, *si conferma il concetto fondamentale della «psicologia cognitivista»*: il soggetto è attivo nei suoi processi d'interazione con l'ambiente; è attivo nella percezione delle stimolazioni e delle informazioni esterne; è, infine, attivo nel comportamento, in quanto costruisce gradualmente i livelli d'intelligenza e si relaziona all'ambiente utilizzando adeguate strategie di adattamento.

164 **Risposta esatta: D**

Il sociologo Basil Bernstein (1924-2000) sostiene che esiste una relazione fra ambiente, sviluppo logico e *sviluppo linguistico*, e che *su quest'ultimo influisce in modo determinante* **la famiglia**.

A seconda della struttura prevalente in una società, in essa predomina un particolare «modello familiare»:

- la famiglia che adotta il «sistema dei ruoli» esercita il controllo sul bambino. In questo modello prevale l'uso di un «codice ristretto», ossia di un sistema linguistico caratteristico della classe operaia (linguaggio concreto, povero e rigido);
- la famiglia «orientata verso le persone» ricorre a un «codice elaborato», tipico della classe borghese (linguaggio sia concreto sia astratto, nonché ricco e flessibile). In questo modello familiare i ruoli non sono rigidi e non vi è una disciplina rigorosa; ogni persona è rispettata non tanto per il ruolo che occupa, quanto per le sue qualità personali; generalmente in queste famiglie è consentito a tutti i membri di esprimere liberamente il proprio pensiero.

165 **Risposta esatta: A**

La memoria è generalmente definita come la struttura psichica che conserva e organizza le informazioni. Si tratta di una struttura di archivio e di recupero dati, dal momento che funziona come un magazzino di eventi, solitamente definiti «tracce».

La memoria, secondo il modello proposto da K.C. Atkinson e R.M. Shiffrin nel 1968, opera sull'informazione che proviene dal mondo esterno, decodificandola, elaborandola e codificandola a sua volta, proprio come farebbe un elaboratore elettronico.

Tale modello prevede tre sistemi di memoria:

- un registro sensoriale (RS) che riceve gli stimoli tramite gli organi di senso e che li trattiene per pochissimo tempo (decimi di secondo);
- da questo registro l'informazione viene inviata ad una memoria a breve termine (MBT), che è un magazzino con capacità limitata e che conserva l'informazione per un brevissimo periodo di tempo (anche in questo caso, si tratta di secondi);
- infine, viene trasferita e immagazzinata in una memoria a lungo termine (MLT), che ha una capacità illimitata e che conserva l'informazione per tempi lunghi (se non in modo permanente).

Qualche anno più tardi, Tulving introduce una distinzione all'interno della memoria a lungo termine tra memoria memoria episodica e memoria semantica; quest'ultima si riferisce ai simboli, ai significati e alle relazioni dei concetti.

166 Risposta esatta: C

La «scuola storico-culturale» di *Lev S. Vygotskij*, pur ispirandosi ai lavori pavloviani sulle attività nervose superiori, non è di derivazione fisiologica, ma di «impostazione materialistica». Secondo tale impostazione *i «processi psichici superiori»* (percezione, memoria, attenzione etc.) *sono determinati* **da fattori biologici e culturali**. Per Vygotskij il soggetto non esiste se non in una situazione storicamente determinata: pensare, ricordare, percepire non sono, in questa prospettiva, frutto dell'esperienza del singolo, ma il risultato della mediazione culturale che caratterizza e contraddistingue ciascuna comunità. Il grande studioso è noto soprattutto per le sue «ricerche in campo pedagogico»; egli, infatti, prima di essere uno psicologo fu un insegnante. La scuola, assieme alle altre agenzie educative informali, rappresenta per lo psicologo russo il miglior laboratorio in cui imparare a pensare. Nelle attività di apprendimento si procede da una «dimensione interpersonale» a un «livello intrapersonale», dalla comunicazione sociale all'interiorizzazione personale. Lo sviluppo cognitivo del bambino è caratterizzato, quindi, dall'opposizione di momenti oggettivi e soggettivi dell'apprendimento.

167 Risposta esatta: A

Secondo lo psicologo **W. Doise**, l'interazione tra individuo e ambiente concorre alla formazione della personalità e alla strutturazione di competenze e abilità. Egli definisce **analisi posizionale** lo studio di come la posizione sociale degli individui che partecipano a un gruppo influenza l'acquisizione degli apprendimenti individuali.

168 Risposta esatta: B

Il soggetto «svantaggiato» propriamente detto è quello che si trova in una **condizione sfavorevole** per il suo sviluppo **di origine socio-culturale**, ma conserva intatte le capacità sensorie, il sistema nervoso e tutta la funzionalità fisica. In effetti, lo «svantaggio» è una situazione di sofferenza derivante dal vissuto dell'individuo, ovvero dalle sue esperienze passate o presenti, le quali possono provocare un disadattamento di natura sociale e affettiva, fino ad influenzare sia la sua vita di relazione, sia la percezione che egli ha di sé stesso. Eventuali ritardi o carenze fisiche del soggetto svantaggiato si possono spiegare come la manifestazione somatica di eventi non organici, sui quali si può comunque intervenire con apposite strategie personalizzate.

169 Risposta esatta: C

Nella *famiglia a doppia carriera*, oggi molto diffusa, **uomo e donna esercitano entrambi un ruolo professionale e partecipano nella stessa misura ai lavori domestici**. Si ricordi che a determinare le nuove strutture familiari ha notevolmente contribuito, negli ultimi secoli, la diffusione dei metodi di controllo delle nascite, in virtù dei quali è stata lasciata ai coniugi la possibilità di scegliere tra una famiglia estesa numericamente, ma costretta ad accontentarsi di un basso tenore di vita, e una famiglia con pochi o senza figli, dunque in grado di mantenere uno stile di vita medio-alto. I mutamenti sociali hanno inciso anche sulla condizione femminile e sui ruoli di moglie e di madre: oggi, infatti, le donne tendono a realizzarsi nel lavoro, dedicando alla maternità il momento della vita che reputano più opportuno.

170 Risposta esatta: D

In riferimento alla sinergia di elementi che partecipano all'azione formativa si parla di una «*prospettiva ecologica*» della pedagogia per sottolineare l'**esistenza di una fitta rete di interconnessioni tra le diverse componenti** che determinano il fatto educativo nella sua complessa globalità. Ogni uomo, infatti, è il risultato di un sistema interattivo al quale concorrono innumerevoli influenze di varia origine, fra cui anche gli interventi educativi intenzionali e organizzati in senso stretto: si può affermare, anzi, che la qualità e il senso dei provvedimenti educativi dipendano proprio dalle influenze formative della società.
A loro volta, gli alunni sono sempre più spesso coinvolti in altre attività predisposte da associazioni, gruppi religiosi, enti pubblici: fanno sport, attività musicali, partecipano a manifestazioni e spettacoli. Pertanto il compito dell'istituzione scolastica è quello di collegare tra loro questa molteplicità di eventi per inserirli tutti nella suddetta «*prospettiva ecologica*» dell'educazione, così da fare in modo che il fanciullo riesca a comprenderli e ad elaborarli in maniera equilibrata ed efficace.

171 Risposta esatta: C

Le teorie pedagogiche più moderne e oggi diffuse ritengono che l'**apprendimento** sia un **processo continuo e progressivo**, che si sviluppa lungo tutto l'arco della vita di una persona, che può avvenire sia attraverso un lento processo di raccolta di conoscenze (*apprendimento continuo*) sia come atto immediato e creativo (*apprendimento creativo*).

Si parla di **stile di apprendimento** in riferimento a:

- caratteristiche dell'individuo nell'approcciarsi ai problemi;
- personalizzazione delle diverse strategie di approccio alle diverse informazioni e ai metodi per la loro analisi e catalogazione;
- differenze nell'esplicazione della personalità, nelle motivazioni e nella cognizione individuale.

172 Risposta esatta: A

Per lo studioso americano Jerome Bruner (1915-2016) lo «sviluppo cognitivo», che è il passaggio da sistemi poveri a sistemi sempre più ricchi ed efficaci nell'elaborazione delle informazioni, avviene attraverso tre modalità rappresentative: l'**azione** (rappresentazione esecutiva), l'**immagine** (rappresentazione iconica) e il **linguaggio** (rappresentazione simbolica). La «**rappresentazione esecutiva**» è caratteristica del primo anno di vita, in cui il bambino utilizza la manipolazione, la percezione, l'attenzione e l'interazione sociale per conoscere; il bambino ha una conoscenza motoria della realtà (che permane a volte nell'età adulta), ossia apprende e comprende agendo. La «**rappresentazione iconica**» codifica la realtà mediante rappresentazioni mentali e immagini interne, che raffigurano una riorganizzazione mentale della realtà medesima; questa fase permane fino ai 6-7 anni, ma non esclude che il bambino possa ricorrere alla rappresentazione successiva (quella simbolica) già dai 2 anni. La «**rappresentazione simbolica**» è un'espressione della realtà attraverso segni e simboli convenzionali, vale a dire stabiliti socialmente; la parola rappresenta il significato dell'oggetto ed esprime un concetto: quando il piccolo impara a parlare, ha a disposizione un sistema di codifica più efficace e flessibile di quelli precedenti.

173 Risposta esatta: C

La ricerca in campo educativo nasce da un problema, da una domanda, e procede, attraverso la scelta accurata di metodi di indagine, alla raccolta di dati da valutare per fornire una soluzione o una risposta alla situazione inziale, individuando tra tutte le ipotesi formulate quella corretta. Ne deriva che le situazioni problematiche inducono a supporre **che non esistono soluzioni predefinite.**

174 Risposta esatta: C

Howard Gardner, psicologo americano allievo di J. Bruner, ha proposto un modello complesso di intelligenza concepita come una struttura articolata in una pluralità di *formae mentis*, cioè di distinte forme di intelligenza, ciascuna delle quali caratterizzata da specifiche abilità.
Ogni individuo, secondo Gardner, usa in modo prevalente un'intelligenza o una combinazione di più intelligenze e seleziona gli stimoli ambientali, organizzandoli secondo procedure specifiche e differenziate. Tale teoria in ambito didattico comporta **la valorizzazione del profilo intellettivo di ogni alunno.**

175 Risposta esatta: A

La psicologia del cognitivismo, contrapponendosi alle teorie comportamentistiche, esamina i processi dell'individuo che apprende, reagendo alle sollecitazioni dell'ambiente e costruendo modelli sempre più avanzati di conoscenza. Il cognitivismo rifiuta le premesse teoriche del comportamentismo, privilegiando lo studio della struttura del pensiero e non i dati immediatamente osservabili del comportamento. Per i cognitivisti, apprendere significa collegare le informazioni in strutture di pensiero e costruire forme di conoscenza perché la mente, non solo percepisce lo stimolo, ma opera **come un elaboratore delle informazioni provenienti dal mondo esterno,** le seleziona, le elabora, attribuendo ad esse un significato.

176 Risposta esatta: A

L. Vygotsky ha concepito il processo creativo quale **competenza da stimolare per la corretta crescita dell'individuo.**
Secondo lo psicologo e pedagogista sovietico un'appropriata interazione fra il soggetto in formazione e il gruppo degli adulti e/o di pari favorisce, arricchisce ed espande le possibilità creative.
Il processo creativo si sviluppa in più fasi: ricezione delle informazioni, trasformazione, frammentazione o dissociazione, rielaborazione e associazione. Le informazioni, così gestite, sono collegate ad «altri elementi psichici presenti nella mente dell'individuo» e «il risultato delle elaborazioni e delle associazioni compiute dal soggetto viene tradotto in prodotti comunicabili ad altre persone».

177 Risposta esatta: D

Graham Wallas in The art of Thought ha elaborato un modello del processo creativo articolato in quattro fasi:

- Fase 1: preparazione.
- Fase 2: incubazione.
- Fase 3: illuminazione o insight.
- Fase 4: verifiche.

Wallas prevede anche una fase o sub fase che chiama intimation che è caratterizzata dalla sensazione di essere vicini alla soluzione.

178 Risposta esatta: A

Lo psicologo americano Howard Gardner ha proposto un modello complesso di intelligenza concepita come una struttura articolata in una pluralità di formae mentis, cioè di distinte forme di intelligenza, ciascuna delle quali caratterizzata da specifiche abilità. Ogni individuo, secondo Gardner, usa in modo prevalente un'intelligenza o una combinazione di più intelligenze e seleziona gli stimoli ambientali, organizzandoli secondo procedure specifiche e differenziate. In questo contesto, la **creatività rappresenta uno stile di vita** teso alla ricerca di soluzioni di problemi. Tale teoria in ambito didattico comporta la valorizzazione del profilo intellettivo di ogni alunno.

179 Risposta esatta: B

Lo psicologo statunitense Martin Hoffman ha a lungo studiato l'empatia, arrivando a formulare una teoria fondata su tre elementi caratterizzanti:

- *componente **affettiva*** che si osserva già nei neonati e consiste in una risposta istintiva ai comportamenti altrui;
- *componente **cognitiva*** implica la capacità di discernere e definire gli stati d'animo propri e degli altri;
- *componente **motivazionale*** è relativa alla capacità e alla volontà di prestare aiuto.

180 Risposta esatta: D

Lo psicologo americano **Daniel Goleman**, definisce l'intelligenza emotiva come un «modo particolarmente efficace di trattare sé stessi e gli altri». Il termine intelligenza emotiva indica l'insieme delle capacità che un individuo possiede e che gli permettono di avere buone relazioni con gli altri: in pratica, essa permette di dominare le emozioni e di guidarle nelle direzioni più vantaggiose. Educando all'emotività si può migliorare la capacità di percepire e comprendere le emozioni proprie e quelle altrui; è possibile imparare sia a tradurre in parole le emozioni che ad esprimerle attraverso il linguaggio non verbale (espressione del volto, gesti, postura); come pure si può affinare l'abilità di regolare le emozioni per evitare che l'ira e altre emozioni negative prendano il sopravvento.

181 Risposta esatta: A

Sternberg ha individuato tre tipi di intelligenza:

- l'intelligenza **analitica** (o pensiero astratto), comprende la capacità di analizzare suddividendo in parti e scendendo nei dettagli, valutare, esprimere giudizi, operare confronti tra elementi diversi;
- l'intelligenza **creativa** (o pensiero divergente), legata all'intuizione, si realizza nella capacità di inventare, di scoprire, di immaginare, ipotizzare;
- l'intelligenza **pratica** (o pensiero operatorio), comprende invece la capacità di usare strumenti, applicare procedure e porre in atto progetti, saper organizzare e pianificare, dimostrare come si fa.

182 Risposta esatta: D

Per lo psicologo Daniel Goleman l'intelligenza emotiva si fonda su tre abilità fondamentali: l'**autoconsapevolezza**, l'**autocontrollo** e l'**empatia**. Per tale ragione, distingue due principali sottocategorie dell'intelligenza emotiva: le **competenze personali**, riferite alla capacità di cogliere i diversi aspetti della propria vita emozionale; le **competenze sociali** o **relazionali**, relative alla maniera con cui comprendiamo gli altri e ci rapportiamo ad essi (intelligenza emotiva personale e sociale).

183 Risposta esatta: D

La psicologa statunitense Magda B. Arnold (1903-2002) ha studiato a lungo i processi emotivi ed è l'autrice della **teoria della valutazione cognitiva**. Muovendo da un approccio di stampo cognitivista, la Arnold sostiene che la risposta emotiva è sempre frutto di una valutazione; dopo aver valutato un evento come positivo o negativo, infatti, il soggetto mette in campo una reazione emotiva di avvicinamento o allontanamento rispetto alla situazione data.

184 Risposta esatta: B

Per lo psicologo Jean Piaget l'apprendimento è un atto creativo poiché presuppone un lavoro di assimilazione e di accomodamento, attraverso cui gli schemi mentali vengono **destrutturati** e arricchiti mediante l'incorporazione degli elementi provenienti dall'ambiente esterno. Tale processo viene ripetuto innumerevoli volte per far fronte alle necessità che via via si presentano. L'adattamento viene così inteso in termini di equilibrio tra l'individuo e l'ambiente.

185 Risposta esatta: D

Lo psicologo americano Silvan Tomkins (1911-1991) è noto per aver classificato le emozioni in otto categorie, individuate su base biologica: interesse/eccitazio-

ne, godimento/gioia, sorpresa/trasalimento, disagio/angustia, paura/terrore, vergogna/umiliazione, disprezzo/disgusto e ira/rabbia.
Quanto all'emozione primaria della **vergogna**, Tomkins sostiene che essa è correlata a una sconfitta, ad un evento che mette in discussione la propria dignità.

186 **Risposta esatta:** C

Lo psicologo inglese Charles Spearman (1863–1945) ha elaborato una teoria dell'intelligenza secondo la quale ciascuna attività cognitiva viene compiuta sulla base di due fattori: una capacità generale, individuata come **fattore g** e abilità specifiche, dette *fattori s* (secondari), relative al preciso compito da svolgere.

187 **Risposta esatta:** D

Howard Gardner, psicologo statunitense nato nel 1943, docente presso la Harvard University nel Massachusetts, sostituisce alla vecchia concezione di «intelligenza» quale fattore unitario misurabile mediante il «quoziente d'intelligenza» (QI) una visione più dinamica e complessa, distinta in sottofattori differenziati: dunque, non una sola intelligenza, ma intelligenze multiple. Gardner distingue nove diverse tipologie di intelligenza, ognuna deputata a differenti campi dell'attività umana.
Quella spaziale, è usata per percepire e rappresentare gli oggetti visivi, rielaborandoli mentalmente anche in loro assenza; la possiedono, fra gli altri, **scultori**, pittori, **esploratori**, **architetti**, ingegneri.

188 **Risposta esatta:** D

Per Winnicott la creatività è la «maniera che ha l'individuo di incontrarsi con la realtà esterna». È una funzione dell'attività sana, è universale e appartiene al fatto di essere vivi. L'atto creativo avviene all'interno dello spazio transizionale che Winnicott definisce come la zona intermedia tra il «dentro» (l'universo narcisistico infantile) e il «fuori» (il reale). Se, ad esempio, la madre viene a mancare, il bambino si adopera per creare oggetti transizionali che possano sostituirla, alleviando il senso di frustrazione determinato dalla mancanza della figura materna: un pupazzo, un lenzuolino o altri oggetti costituiscono, nell'immaginario infantile, il legame tra il reale (la madre che non c'è) e il fantastico (la madre personificata con l'oggetto). Pertanto, lo «spazio transizionale» è lo spazio in cui si verifica tale operazione psichica che dà vita all'atto creativo.

189 **Risposta esatta:** B

Lo psicologo di origine israeliana Reuven Bar-On (1944) ha elaborato un test per la misurazione del **Quoziente emotivo** basato su un modello multifattoriale che tiene conto di abilità non strettamente cognitive. Il QE (Quoziente Emotivo) valuta dimensioni legate alla capacità di resilienza e di benessere, tra cui capacità inter e intra personali, di adattamento, di gestione dello stress, ecc.

190 **Risposta esatta:** D

Per la psicologa Susanne A. Denham, autrice de *Lo sviluppo emotivo nei bambini*, la competenza emotiva si riferisce a tre categorie di abilità: **espressione**,

comprensione e **regolazione delle emozioni**. Tali abilità si riferiscono alle capacità di manifestare e comprendere le emozioni proprie e altrui, di saper utilizzare il linguaggio non verbale e di essere in grado di gestire le emozioni, sia negative sia positive, relazionandosi al contesto.

191 **Risposta esatta: D**

Le emozioni sono suddivise in:

- primarie o semplici o di base (gioia, tristezza, paura, rabbia, sorpresa e disgusto), che sono comuni nella loro espressione somatica a tutti gli esseri umani;
- secondarie o complesse o sociali (imbarazzo, invidia, gelosia, colpa, orgoglio, nostalgia ecc.), che differiscono a seconda della cultura del determinato gruppo sociale di appartenenza.

192 **Risposta esatta: A**

Nell'ambito della teoria delle intelligenze multiple di Gardner, l'intelligenza naturalistica è relativa alla capacità di **riconoscere e classificare diversi oggetti naturali**. In ambito didattico, tale forma di intelligenza può essere coltivata attraverso attività che prevedono l'osservazione, la ricostruzione di habitat, la cura di animali o piante, le uscite didattiche ecc.

193 **Risposta esatta: D**

Nel suo saggio Il poeta e la fantasia (1908), Freud individua l'origine della creatività nel desiderio infantile. La creazione consente, attraverso il meccanismo della **sublimazione**, di realizzare un desiderio frustrato o proibito in modo conforme alle norme e ai divieti sociali.

194 **Risposta esatta: A**

Nell'ambito degli studi sulla creatività, E. De Bono contrappone il ragionamento logico al **pensiero laterale**. Con l'espressione pensiero laterale da lui coniata, lo psicologo maltese intende una modalità di risoluzione di problemi tramite un approccio indiretto al problema, che viene così analizzato da diverse angolazioni: se una soluzione diretta prevede il ricorso alla logica sequenziale, il pensiero laterale se ne discosta per seguire una logica plurale, affronta i problemi partendo da diversi punti di vista per cercare soluzioni originali, aumentando le variabili nelle scelte risolutive.

195 **Risposta esatta: D**

In base alle Raccomandazioni europee del 2018 per *life skills* (competenze per la vita) si intendono le **competenze che consentono di partecipare pienamente alla società e di gestire con successo le transizioni relative al lavoro**. Si tratta, infatti, di competenze funzionali alla realizzazione dell'individuo sia sul piano personale sia nella sua dimensione sociale e lavorativa, in vista del benessere psico-fisico e relazionale

Le life skills possono essere raggruppate in tre differenti aree:

1. *area cognitiva*, che raggruppa le competenze legate ai processi di decision making e di problem solving, del pensiero creativo e del senso critico;

2. *area emotiva*, che riguarda le competenze di **consapevolezza di sé, quelle di gestione dello stress e delle emozioni**;
3. *area relazionale*, inerente all'empatia, alla comunicazione e alle relazioni interpersonali.

196 Risposta esatta: D

Sul finire del secolo scorso lo psicologo inglese Tony Buzan ha teorizzato le mappe mentali, intese come tecnica di rappresentazione delle informazioni basata su connessioni di tipo associazionistico. Tale sistema favorisce lo sviluppo creativo di associazioni e idee; le mappe concettuali, introdotte dagli psicologi J. Novak e D. Gowin, procedono invece in via lineare secondo un modello di tipo connessionista.

197 Risposta esatta: A

Antonio Rosa Damasio (1944) è un neurologo, neuroscienziato, psicologo che si è occupato della fisiologia e dei meccanismi neurali responsabili delle emozioni e dei sentimenti.
Nel suo studio sulle emozioni, distingue tra *emozioni primarie* ed *emozioni secondarie*. Le prime dipendono dal sistema limbico del cervello e di esse facciamo esperienza nella fase iniziale della vita. Le seconde, che proviamo da adulti, coinvolgono settori del cervello più evoluti.
Ha, inoltre, elaborato il concetto di «marcatore somatico»: il nostro corpo manda dei segnali che noi cogliamo attraverso le sue manifestazioni (battito cardiaco, ritmo del respiro, movimenti viscerali, sudorazione) e che ci orientano. Le sensazioni positive implicano un lasciapassare, mentre quelle negative ci costringono a valutare i possibili esiti sulla base delle esperienze precedenti e di meccanismi innati. Le emozioni pertanto svolgono una funzione di guida cognitiva.

198 Risposta esatta: B

L'etnografa Marinella Sclavi (1943) propone un modello di comunicazione **assertivo** cioè non remissivo ma neanche aggressivo.
Tale modello si fonda su sette regole dell'ascolto attivo: 1) Non avere fretta di arrivare a delle conclusioni. Le conclusioni sono la parte più effimera della ricerca. 2) Quel che vedi dipende dalla prospettiva in cui ti trovi. Per riuscire a vedere la tua prospettiva, devi cambiare prospettiva. 3) Se vuoi comprendere quel che un altro sta dicendo, devi assumere che ha ragione e chiedergli di aiutarti a capire come e perché. 4) Le emozioni sono degli strumenti conoscitivi fondamentali se sai comprendere il loro linguaggio. Non ti informano su cosa vedi, ma su come guardi. Il loro codice è relazionale e analogico. 5) Un buon ascoltatore è un esploratore di mondi possibili. I segnali più importanti per lui sono quelli che si presentano alla coscienza come al tempo stesso trascurabili e fastidiosi, marginali e irritanti perché incongruenti con le proprie certezze. 6) Un buon ascoltatore accoglie volentieri i paradossi del pensiero e della comunicazione. Affronta i dissensi come occasioni per esercitarsi in un campo che lo appassiona: la gestione creativa dei conflitti. 7) Per divenire esperto nell'arte di ascoltare devi adottare una metodologia umoristica. Ma quando hai imparato ad ascoltare, l'umorismo viene da sé.

199 Risposta esatta: A

Secondo Goleman esistono due modalità della conoscenza: la mente razionale e quella emozionale. La mente razionale è la modalità di comprensione della quale siamo solitamente coscienti, quella capace di ponderare e di riflettere. Ma accanto ad essa c'è un altro sistema di conoscenza impulsiva e potente, anche se a volte illogica, c'è la mente emozionale che funziona con una logica di tipo associativo: per essa, elementi che rappresentano la realtà e che suscitano un ricordo, equivalgono a quella realtà. Caratteristiche della mente emozionale sono la rapidità, poiché si vedono le cose in maniera semplicistica e rapida, e la capacità di leggere gli altri ed i loro atteggiamenti in maniera immediata.

200 Risposta esatta: B

Silvano Arieti, psichiatra, si è occupato della creatività nel testo «Creatività la sintesi magica». Dove definisce la creatività come: «un fenomeno profondamente magico. La persona creativa rimane depositaria di un segreto che non può rivelare né a se stessa né agli altri». Arieti, inoltre, distingue tra **creatività ordinaria**, capace di migliorare la vita dell'autore rendendola più piena e soddisfacente, e **creatività straordinaria**, quella che inventa nuovi paradigmi e migliora la vita di tutti contribuendo al progresso. Chi è dotato di creatività straordinaria conserva una possibilità più grande della media di accesso alle immagini, alla metafora, alla verbalizzazione accentuata e ad altre forme connesse al processo primario, che è inconscio o preconscio.

201 Risposta esatta: A

Gli strumenti compensativi sono strumenti didattici e tecnologici che sostituiscono o facilitano la prestazione richiesta nell'abilità deficitaria. Si tratta di strumenti che, attraverso una ripetizione non meccanica né noiosa, bensì varia nel processo di stimolazione sensoriale e il più possibile coinvolgente, riescono a potenziare gli apprendimenti e conseguire il raggiungimento degli obiettivi coinvolgendo in modo attivo l'allievo.
Le misure dispensative sono interventi che consentono all'alunno di non svolgere alcune prestazioni che, a causa del disturbo, risultano particolarmente difficoltose e che non migliorano l'apprendimento. L'adozione di tali misure, al fine di non creare percorsi immotivatamente facilitati, dovrà essere sempre valutata sulla scorta dell'effettiva incidenza del disturbo e sulla base delle prestazioni richieste, in modo tale, comunque, da non differenziare, in ordine agli obiettivi, il percorso di apprendimento dell'alunno o dello studente in questione.
Ogni reale apprendimento acquisito e ogni successo scolastico rinforzano negli alunni in condizione di disabilità la percezione di poter riuscire nei propri impegni nonostante le difficoltà che impone la disabilità, con evidenti connessi esiti positivi sul tono psicologico complessivo.

202 Risposta esatta: C

L'Unesco dà del «bisogno educativo speciale» un'interpretazione molto ampia, andando ben oltre il concetto di disabilità: «Il concetto di bisogno educativo speciale si estende al di là di quelli che sono inclusi nelle categorie di disabilità, per

coprire quegli alunni che vanno male a scuola per una varietà di altre ragioni che sono note nel loro impedire un progresso ottimale» (Unesco, 1997).
Gli alunni in difficoltà, quindi, oltre ad essere portatori di bisogni educativi comuni a tutti, quali lo sviluppo di competenze, l'appartenenza sociale, l'identità autonoma, hanno anche bisogni speciali più complessi, spesso patologici, che creano loro una difficoltà di «funzionamento educativo e apprenditivo».
Il superamento del concetto di handicap e l'affermarsi di quello di «bisogno educativo speciale» mette l'accento sull'aspetto riabilitativo piuttosto che sui limiti connessi alla disabilità.

Inoltre, il concetto di «bisogno educativo speciale» meglio definisce lo stato di soggetti in fase evolutiva in quanto, diversamente da quello di disabilità, racchiude in sé il senso di provvisorietà e di reversibilità; molte situazioni che si configurano come bisogni educativi speciali non sono stabili e perenni, ma soggette a forti mutamenti nel tempo e a miglioramenti. Ciò può facilitare la famiglia e il soggetto stesso ad accettare un percorso di conoscenza e di approfondimento della difficoltà e di successivo intervento di individualizzazione e di educazione speciale. In Italia, la legislazione di riferimento è la Direttiva Ministeriale del 27 dicembre 2012, nella quale si individuano precise aree di svantaggio riconducibili ai bisogni educativi speciali:

- **Alunni disabili** (legge 104/1992);
- **Alunni con DSA** (legge 170/2010);
- **Alunni con svantaggio socio-economico, linguistico o culturale**;
- **Alunni con ADHD** (Disturbo da deficit di attenzione/iperattività).

203 Risposta esatta: C

Nel tentativo di porre ciascuno studente nelle condizioni di dare il meglio di sè, la progettazione per gli alunni con bisogni educativi speciali deve essere individualizzata e personalizzata e allo stesso tempo, soprattutto in riferimento alla diversabilità deve tradursi in un percorso educativo e didattico connotato dalla socialità. La scuola dell'inclusione, infatti, non solo accoglie la disabilità ma soprattutto valorizza e **trasforma in ricchezza la diversa partecipazione sociale** del bambino diversamente abile. È necessario, quindi, trovare punti di contatto tra la programmazione di sezione/classe e quella personalizzata/individualizzata modificando di continuo le strategie didattiche, stile di insegnamento, strategie, materiali, tempi e tecnologie durante il percorso di insegnamento/apprendimento.

204 Risposta esatta: C

La scuola inclusiva vede impegnati nella didattica inclusiva sia gli insegnanti di sostegno (risorse straordinarie) che tutti i docenti del gruppo classe (risorse ordinarie).
La scuola dell'inclusione trova il suo fondamento teorico nella Pedagogia dell'Inclusione, in base alla quale il concetto di normalità va sostituito con il concetto di «**normale specialità**».
Secondo il modello dell'integrazione scolastica, gli alunni disabili certificati ex L. 104/1992 sono seguiti da un insegnante specializzato di sostegno, il quale funge da filtro nella relazione con il gruppo classe e con gli insegnanti, facilitando sia le relazioni interpersonali che il processo di apprendimento.

La didattica inclusiva, invece, il cui manifesto è rappresentato dalla Dichiarazione di Salamanca (1994), si regge sul concetto di «bisogno educativo speciale», che si costruisce sull'estensione dell'insieme delle «difficoltà di apprendimento», che richiedono interventi educativi individualizzati, ad una casistica molto più ampia rispetto a quella individuata dalla Legge 104/1992. Ciò avviene perché vengono fatte rientrare nella dicitura «Bisogni Educativi Speciali» anche tutte le difficoltà di origine psico-sociale, che possono ostacolare i processi di apprendimento anche solo temporaneamente.
Questo cambio di prospettiva modifica le modalità d'intervento e le figure educative coinvolte. Per i Bisogni Educativi Speciali non inseriti nella casistica contenuta nella Legge 104/1992 non è previsto il supporto dell'insegnante di sostegno, ma l'attivazione di percorsi educativi inclusivi, richiedenti la compartecipazione e la collaborazione di tutti i docenti del gruppo-classe. Il concetto di inclusione ruota intorno all'idea di una scuola dell'accoglienza che agevoli, nel processo formativo, tutti gli alunni con difficoltà (BES).

205 Risposta esatta: D

Il progetto di vita, parte integrante del PEI, riguarda la **crescita personale e sociale** dell'alunno con disabilità ed ha quale fine principale la realizzazione in prospettiva dell'**innalzamento della qualità** della vita dell'alunno con disabilità, anche attraverso la predisposizione di percorsi volti sia a sviluppare il senso di autoefficacia e sentimenti di autostima, sia a predisporre il conseguimento delle competenze necessarie a vivere in contesti di esperienza comuni.
Il progetto di vita include un intervento che va oltre il periodo scolastico, aprendo l'orizzonte di un futuro possibile, deve essere condiviso dalla famiglia e dagli altri soggetti coinvolti nel processo di integrazione.

206 Risposta esatta: B

La L. 8-10-2010, n. 170, *Nuove norme in materia di disturbi specifici di apprendimento in ambito scolastico*, ha riconosciuto la **dislessia, la disortografia, la disgrafia e la discalculia** come disturbi specifici di apprendimento, che si manifestano in presenza di capacità cognitive adeguate, in assenza di patologie neurologiche e di deficit sensoriali, ma possono costituire una limitazione importante per alcune attività della vita quotidiana, soprattutto relative all'area dell'apprendimento scolastico. Dislessia, disgrafia, disortografia e discalculia possono sussistere separatamente o insieme.

207 Risposta esatta: A

Ad ogni tipo di disabilità vanno applicati metodi specifici che trovano riscontro nelle **precise problematiche che quella disabilità comporta**; di questa materia si occupa la didattica speciale, che ha un suo fondamentale riferimento nel concetto di «diversità», proponendosi di valorizzare le differenze di ciascun diversamente abile; quest'ultimo deve essere considerato nella sua interezza, fatta sia di componenti psicologiche che biologiche.
Più nello specifico, un piano educativo individualizzato per studenti diversamente abili dovrebbe orientarsi chiaramente allo sviluppo delle potenzialità di

base e al rafforzamento delle abilità residue. In linea di massima, il diversamente abile dovrebbe partecipare integralmente ai momenti dell'attività comune e, in particolare, a quelli che non presuppongono abilità, competenze, conoscenze di livello superiore alle sue.
In relazione invece a quelle determinate tipologie di attività che per tutti gli alunni vengono svolte in forme diversificate nei lavori di gruppo, un particolare rilevo viene ad assumere la strutturazione dei gruppi di cui fanno parte i diversamente abili. Si tratta di gruppi in cui possono essere contemporaneamente presenti sia l'aspetto motivazionale che quello specificamente legato ad un apprendimento adeguato.

208 Risposta esatta: C

Le TIC (Tecnologie dell'Informazione e della Comunicazione) permettono la fruizione di strumenti compensativi a studenti con Bisogni Educativi Speciali (BES) grazie all'offerta di **materiali didattici in diversi formati**, come testi con caratteri aumentati, lettori vocali, file audio, mappe concettuali, ecc. Avvalendosi delle nuove tecnologie, inoltre, lo studente ha la possibilità di utilizzare correttori ortografici, registratori e calcolatori qualora avesse Disturbi Specifici dell'Apprendimento che richiedono l'utilizzo di tali supporti.

209 Risposta esatta: C

In presenza di studenti di recente immigrazione e con difficoltà comunicativa ed espressiva legata allo svantaggio di tipo linguistico è necessario attivare tempestivamente percorsi di prima alfabetizzazione. Contestualmente, il docente dovrà progettare attività inclusive, poco strutturate sul piano linguistico e basate su stimoli di tipo iconico e rappresentativo, magari nell'ambito di contesti attivi e laboratoriali.

210 Risposta esatta: D

Nel testo della L. 170/2010 si legge che per **discalculia** si intende «un disturbo specifico che si manifesta con una difficoltà negli automatismi del calcolo e dell'elaborazione dei numeri». Si tratta di un DSA (disturbi specifici di apprendimento) che, insieme a dislessia, disgrafia e disortografia, si manifesta in presenza di capacità cognitive adeguate, in assenza di patologie neurologiche e di deficit sensoriali, ma può costituire una limitazione importante per alcune attività della vita quotidiana.

211 Risposta esatta: C

Le misure dispensative sono interventi didattici che permettono agli alunni con Disturbi Specifici dell'Apprendimento di non svolgere alcuni compiti o di essere esentati da altri. Introdotte dalla L. 170/2010, sono stati estesi con la Direttiva MIUR 27-12-2012 ai casi di svantaggio sociale e culturale, agli studenti con, difficoltà derivanti dalla non conoscenza della cultura e della lingua italiana per l'appartenenza a culture diverse. In tali casi, a differenza delle situazioni di disturbo documentate da diagnosi, le misure dispensative avranno carattere.

A seconda della necessità o del disturbo si possono dispensare suddetti alunni da alcune delle seguenti attività: lettura a voce alta; scrittura veloce sotto dettatura; copia dalla lavagna; **uso del vocabolario**; uso mnemonico delle tabelline; studio delle lingue straniere in forma scritta.

212 Risposta esatta: A

La Didattica individualizzata pone **obiettivi comuni per tutti i componenti del gruppo-classe**, ma adatta le metodologie in funzione dei bisogni individuali, con l'obiettivo di assicurare a tutti il conseguimento delle competenze fondamentali del curricolo. Il docente che adotta l'insegnamento individualizzato impiegherà tecniche atte ad ottimizzare l'apprendimento in funzione delle specifiche varianti e dei bisogni dell'allievo.

PARTE II

Competenze didattico-metodologiche compresi gli aspetti relativi alla valutazione

QUESTIONARIO

1 K. Lewin ha descritto diverse atmosfere educative all'interno della classe. Quando l'insegnante propone attività educative che tengono conto dei bisogni e degli interessi degli alunni, ci si trova di fronte a uno stile:

A) Rifiutante.
B) Democratico.
C) Autoritario.
D) Permissivo.

2 Per gli insegnanti, l'attenzione allo stile cognitivo dell'alunno dovrebbe rappresentare:

A) Una preoccupazione di primaria importanza per la gestione del processo di insegnamento-apprendimento.
B) Una preoccupazione di cui tenere conto, ove possibile, ma non da ritenere prioritaria.
C) Una preoccupazione di secondaria importanza per la gestione della relazione didattica rispetto all'apprendimento delle conoscenze.
D) Un aspetto fondamentale della relazione didattica a cui, tuttavia, l'insegnante non può apportare alcun contributo.

3 Nell'apprendimento autodiretto di Candy, lo studente, per regolare il proprio processo di apprendimento, NON deve:

A) Monitorare i propri comportamenti e modificare le proprie decisioni in itinere.
B) Articolare realisticamente gli obiettivi del proprio lavoro.
C) Dipendere dallo stile cognitivo dell'insegnante, provando ad adeguarvisi.
D) Sviluppare i propri obiettivi cognitivi e socioemotivi.

4 Cosa si intende quando si parla di «*tutoring* tra pari»?

A) Quando bambini o ragazzi con gli stessi livelli di competenza lavorano insieme, in un piccolo gruppo o a coppie.
B) Quando tra bambini o ragazzi durante i lavori di gruppo si sviluppano sentimenti di competitività.
C) Quando un ragazzo, anagraficamente più grande, funge da «esperto» nei confronti di un bambino più piccolo, sostituendosi all'insegnante.
D) Quando un bambino o ragazzo più esperto dà istruzioni e guida un altro per portarlo a un più alto livello di competenza.

5 L'espressione «*cooperative learning*» è utilizzata per indicare:

A) Una tecnica di gestione dell'aula basata sull'interdisciplinarità.
B) Una metodologia didattica basata sull'apprendimento cooperativo.
C) Il livello di apprendimento individuale in relazione al gruppo.
D) La struttura dei gruppi di lavoro scolastici.

6 In un contesto di *cooperative learning*, quale è il ruolo dell'insegnante?

A) È esclusivamente quello di suddividere la classe in gruppi.
B) Di guida e facilitatore dei processi di apprendimento.
C) È esclusivamente quello di erogatore di informazioni.
D) È esclusivamente quello di supervisionare i contenuti del programma e i materiali didattici utilizzati.

7 Cosa s'intende per «*group investigation*»?

A) Una modalità di apprendimento cooperativo che pone grande rilievo sull'elemento del «desiderio di conoscere» come stimolo all'apprendimento.
B) Una modalità di apprendimento cooperativo che implica il sistematico uso di incentivi e ricompense il cui conseguimento stimola il gruppo all'impegno e all'aiuto reciproci.
C) Una modalità di apprendimento cooperativo che si focalizza sullo sviluppo di strutture di lavoro che garantiscano un'interdipendenza positiva e il massimo coinvolgimento attivo e responsabile degli alunni.
D) Una modalità di apprendimento cooperativo in cui la classe è immaginata come una vera e propria comunità, dove tutti possono giocare i diversi ruoli, scambiandosi compiti e responsabilità.

8 Nei momenti di progettazione e implementazione di progetti multimediali, la classe tende a trasformarsi in una *learning community* dove il docente:

A) Lascia da soli gli alunni a sviluppare le proprie capacità in maniera autogestita.
B) Abbandona la didattica frontale e adotta un tipo di comunicazione uno-tutti.
C) Mantiene la didattica frontale e adotta un tipo di comunicazione tutti-tutti.
D) Adotta molteplicità di metodologie didattiche motivanti e basate su stili comunicativi tutti-tutti.

9 Che cos'è lo «*spaced learning*»?

A) Un'articolazione del tempo-lezione, che prevede tre momenti di input e due intervalli.
B) Un tipo di apprendimento che si svolge esclusivamente outdoor, tramite le attività extra-scolastiche.

C) Un tipo di lezione in cui gli alunni imparano tramite l'esperienza.
D) Un tipo di lezione in cui si alternano momenti di esperienza pratica a momenti di riflessione, senza alcun controllo specifico da parte dell'insegnante.

10 Tra gli strumenti di didattica laboratoriale rappresenta l'insieme di tutti i metodi e le tecniche di soluzione dei problemi e delle relative strategie da mettere in atto:
A) Il *team teaching*.
B) Il *debriefing*.
C) Il *brainstorming*.
D) Il *problem solving*.

11 Quale dei seguenti aspetti è considerato importante nella didattica metacognitiva?
A) Sistema di premi/punizioni.
B) *Transfert/controtransfert* dell'insegnante.
C) Monitoraggio dei processi di apprendimento.
D) Meditazione guidata.

12 Elliot Aronson ha sviluppato la metodologia didattica definita:
A) *Jigsaw classroom*.
B) *Tinkering*.
C) *Teal*.
D) *Project based learning*

13 Secondo Ovide Decroly, nell'insegnamento l'osservazione è un'attività basata su:
A) Lezioni esterne alla scuola.
B) Lezioni effettuate in laboratorio.
C) Lezioni effettuate all'aperto.
D) Lezioni interne ed esterne alla scuola.

14 Nell'ambito dei DSA (disturbi specifici dell'apprendimento), gli strumenti compensativi sono strumenti didattici e tecnologici che sostituiscono o facilitano la prestazione richiesta nell'abilità deficitaria. Per quale scopo principale risulta utile l'impiego del registratore?
A) Consente all'alunno o allo studente di non scrivere gli appunti della lezione.
B) Prevalentemente per facilitare all'alunno o allo studente il compito dal punto di vista cognitivo.
C) Per consentire la produzione di testi sufficientemente corretti senza l'affaticamento della rilettura e della correzione degli errori.
D) Per potenziare le abilità grafiche ed ortografiche dell'alunno.

15 **Il *cooperative learning* modifica il tradizionale setting d'aula. In che modo?**

A) Nell'aula i banchi vengono divisi in due zone, perché in questa tipologia di apprendimento in aula i gruppi devono essere necessariamente due.
B) Nell'aula i banchi vengono disposti necessariamente a coppie, in modo che gli studenti possano aiutarsi reciprocamente.
C) Nell'aula i banchi sono disposti in modo da guardare verso la fonte della conoscenza, la cattedra.
D) Nell'aula, percepita come un laboratorio, la disposizione dei banchi è «a isole», intorno alle quali si dispongono i vari gruppi.

16 **Secondo il modello di Perrenoud, le competenze richieste a chi insegna sono riconducibili a tre «sfere». Quali?**

A) La sfera dei contenuti; il lavoro metodologico-didattico; la costruzione e il senso della professione.
B) La sfera dell'apprendimento; il lavoro dell'insegnante fuori dall'aula; la costruzione e il senso della professione.
C) La sfera dell'apprendimento; le conoscenze della società; la capacità collaborativa nella dimensione collegiale.
D) La sfera dell'apprendimento; la sfera psicologica; la costruzione e il senso della professione.

17 **Il metodo della «doppia stimolazione» di Lev Semnovič Vygotskij prevede di presentare:**

A) Agli allievi, in un ambiente nuovo, un compito al di sopra delle loro possibilità del momento e di osservare come si comportano nella nuova situazione.
B) Agli allievi, nel loro normale ambiente di vita, un compito al di sopra delle loro possibilità del momento; quindi si offrono nuovi stimoli e si osserva in che modo vengono utilizzati.
C) Agli allievi, nel loro normale ambiente di vita, un compito al di sopra delle loro possibilità e chiedendo loro di annotare le proprie sensazioni.
D) All'allievo migliore un compito complesso, in modo che, dopo averlo eseguito, possa comunicare il proprio metodo ai compagni.

18 **Secondo Clotilde Pontecorvo, valorizzando la discussione tra allievi come risorsa per l'apprendimento, l'insegnante ha funzioni di *scaffolding* e *fading* per:**

A) Incrementare l'autonomia del gruppo nella gestione del confronto collettivo.
B) Aiutare solo i membri del gruppo a condividere le nozioni da memorizzare.

C) Aumentare le divergenze di opinioni tra membri dello stesso gruppo.
D) Valorizzare le eccellenze all'interno del gruppo di discussione.

19 **Secondo Jere Brophy, la motivazione ottimale:**

A) È caratteristica innata del soggetto, che è naturalmente predisposto al pensiero proiettivo positivo.
B) Dipende sia da obiettivi di prestazione e di padronanza sia da obiettivi di evitamento del fallimento.
C) Dipende dal gioco di interrelazioni tra metodo di insegnamento e metodo di apprendimento.
D) Non dipende tanto dal seguire obiettivi di padronanza o di prestazione, quanto dall'essere orientati al raggiungimento dei risultati, ben più che all'evitamento del possibile fallimento.

20 **In ambito didattico, per «*project work*» si intende una tecnica che sviluppa l'apprendimento:**

A) Partendo da un problema: gli alunni devono individuare il procedimento per risolverlo.
B) Che si svolge esclusivamente outdoor, tramite le attività extrascolastiche.
C) Partendo da un progetto reale realizzato in aula da parte degli studenti, in genere dopo una serie di lezioni introduttive ed esplicative.
D) Attraverso l'esperienza concreta: si può attuare a gruppi, realizzando progetti reali e imparando attraverso la riflessione e l'azione.

21 **La lezione frontale è:**

A) Una modalità didattica particolarmente adatta a stimolare negli studenti processi di scoperta e soluzione dei problemi.
B) La modalità principale di trasmissione dei saperi disciplinari, da utilizzare in maniera prevalente nella pratica didattica quotidiana.
C) Una modalità didattica da evitare nella pratica quotidiana.
D) Una delle modalità possibili utilizzate a scuola per stimolare i processi di apprendimento degli allievi.

22 **Per *peer education* si intende:**

A) Una strategia educativa volta ad attivare un processo naturale di passaggio di conoscenze, emozioni, esperienze, da parte di alcuni membri del gruppo ad altri membri di pari status.
B) Una strategia educativa volta ad attivare un processo naturale di passaggio di conoscenze, emozioni, esperienze, da parte di alcuni membri del gruppo ad altri membri di età inferiore.
C) Una proposta educativa in base alla quale alcuni soggetti vengono formati per svolgere il ruolo di educatori e tutor per allievi con disabilità.
D) Una tecnologia didattica fruibile con la LIM.

23 ***Brainstorming*** **e** ***problem solving*** **sono tecniche utilizzabili in didattica al fine di:**

A) Migliorare le capacità logico-matematiche.
B) Favorire il rispetto delle regole.
C) Potenziare le abilità mnemoniche.
D) Promuovere la creatività.

24 **Si indichi la strategia più efficace di intervento didattico:**

A) Lo studio del caso.
B) La lezione frontale.
C) La discussione.
D) Non esiste una strategia più efficace; ogni contesto richiede scelte ad hoc.

25 **Le mappe concettuali:**

A) Consentono di associare concetti e informazioni reperite on line.
B) Non permettono l'associazione di informazioni.
C) Favoriscono l'apprendimento significativo.
D) Favoriscono l'apprendimento per scoperta.

26 **Se un insegnante organizza una lezione in cui gli studenti sono chiamati a simulare dei comportamenti e improvvisare dei dialoghi, a partire da una scena iniziale prefissata, con il fine di migliorare le proprie competenze relazionali e sociali, quale metodologia didattica sta utilizzando?**

A) *Brainstorming.*
B) Didattica frontale.
C) Test sociometrico.
D) *Role playing.*

27 **L'analisi dell'errore consente:**

A) Di capire quale confusione l'allievo abbia consolidato in memoria.
B) Di scegliere la strategia più efficace per eliminare l'errore.
C) Di scegliere la strategia più efficace per consolidare la competenza.
D) Tutte le risposte indicate.

28 **Il termine «laboratoriale» in ambito didattico indica un'attività formativa che:**

A) Si svolge in un laboratorio scientifico, di fisica o biologia e si basa su esperimenti.
B) Comporta l'acquisizione di competenze solo pratiche.
C) Riguarda necessariamente l'ambito informatico e l'acquisizione di competenze digitali.
D) Porta alla realizzazione di un prodotto finale e che ha senso per i partecipanti.

29 **Per «apprendimento cooperativo» (*cooperative learning*) si intende un tipo di apprendimento:**

A) Comunitario e partecipato, in cui le classi vengono mescolate e i ragazzi imparano a cooperare anche con studenti di classi ed età diverse dalla loro.
B) In piccoli gruppi in cui gli studenti lavorano insieme per migliorare reciprocamente il loro apprendimento.
C) In piccoli gruppi basato sul rapporto interpersonale nell'apprendimento, cioè sul grado di amicizia presente e sullo scambio reciproco.
D) In cui è favorito lo scambio e l'aiuto tra i ragazzi, in particolare durante i compiti in classe.

30 **Qual è il ruolo del docente nell'ambito di una didattica fondata sul costruttivismo?**

A) La didattica si fonda sul ruolo centrale dell'insegnante.
B) Il docente sostiene l'apprendimento come processo attivo di costruzione delle conoscenze.
C) L'apprendimento è indotto dal docente.
D) Rende la didattica inutile.

31 **Gli interventi di individualizzazione:**

A) Consentono di perseguire obiettivi che sono comuni alla classe.
B) Adattano obiettivi, contenuti e attività per lo specifico alunno.
C) Mirano al conseguimento di obiettivi diversi da quelli della classe.
D) Dispensano dalla prestazione deficitaria.

32 **Che cos'è uno «stile di apprendimento»?**

A) L'attitudine più o meno sviluppata all'impegno nello studio e nell'esercizio in ambito scolastico da parte dell'allievo.
B) La predisposizione ad adottare una particolare strategia di apprendimento, indipendentemente dalle richieste specifiche del compito, da parte di un individuo.
C) La collocazione di un determinato studente all'interno della classificazione dei risultati di apprendimento del gruppo classe.
D) L'insieme di strategie didattiche adottate dal docente per trasmettere i contenuti agli studenti.

33 **La didattica è:**

A) L'arte innata dell'insegnamento.
B) Una scienza filosofica che si occupa della programmazione scolastica.
C) Una disciplina pedagogica che ha per oggetto di studio le metodologie di insegnamento/ apprendimento.
D) Un segmento della pedagogia che si occupa esclusivamente di problematiche legate al mondo scolastico.

34 **Quale, tra le seguenti alternative, NON costituisce uno scopo della didattica metacognitiva?**

A) Consentire all'alunno di acquisire capacità di autocontrollo cognitivo.
B) Permettere all'allievo di partecipare personalmente all'acquisizione delle proprie conoscenze.
C) Far sì che l'alunno acquisisca capacità di individuazione e di scelta delle strategie cognitive più adeguate.
D) Migliorare le competenze empatiche dell'allievo.

35 **Quale dei seguenti metodi didattici si presta all'apprendimento individualizzato?**

A) *Mastery learning*.
B) *Cooperative learning*.
C) *Flipped classroom*.
D) *Brainstorming*.

36 **L'apprendimento significativo si realizza quando:**

A) Un soggetto apprendente è in grado di mettere in relazione le conoscenze nuove con quelle già possedute in modo consapevole.
B) Un soggetto apprendente è in grado di mettere in relazione le conoscenze nuove con quelle già possedute in modo non consapevole.
C) Un soggetto apprendente non mette in relazione le informazioni, o conoscenze, ma elabora tutto in modo euristico e creativo.
D) Il docente è in grado di mettere in relazione le informazioni, o conoscenze, nuove con quelle già possedute e le veicola al discente.

37 **Il *coding*:**

A) Favorisce lo sviluppo del pensiero computazionale.
B) Utilizza immagini, disegni, foto, carte geografiche, modellini e plastici per favorire la rappresentazione della realtà.
C) È una metodologia che favorisce l'apprendimento collaborativo.
D) È una metodologia che utilizza strumenti quali: sintesi vocali, audiolibri, mappe concettuali, OCR, calcolatrici con sintesi vocale, software compensativi etc.

38 **Quale tra le seguenti metodologie sviluppa le abilità di ascolto e apprendimento globale?**

A) Il *circle time*.
B) Lo *storytelling*.
C) La *flipped classroom*.
D) Il *focus group*.

39 **La *flipped classroom* è una metodologia che:**

A) Mira a mettere in evidenza le conoscenze già possedute dagli studenti attraverso una previa verifica scritta.
B) Consente di invertire il tradizionale schema di insegnamento e apprendimento, collocando al centro l'alunno e le sue competenze.
C) Richiede una discussione tra esperti per avviare un nuovo argomento da approfondire successivamente.
D) Permette agli studenti di interagire e di confrontarsi su un argomento in maniera improvvisata.

40 **Cosa si intende con il termine «*brainstorming*»?**

A) Il modellamento.
B) L'espressione libera individuale nel parlare di un tema scelto.
C) La simulazione di un problema.
D) Lo scoppio di entusiasmo che caratterizza il gruppo dopo una scoperta importante.

41 **Che significato ha la frase «*learning by doing*»?**

A) Insegnare a fare.
B) Imparare per *problem solving*.
C) Imparare ad imparare.
D) Imparare facendo.

42 **Il *circle time* è funzionale:**

A) Allo sviluppo delle capacità comunicative.
B) Al potenziamento delle abilità lessicali degli studenti.
C) Al recupero delle abilità di letto-scrittura.
D) Al trattamento dei DSA.

43 **I mediatori didattici:**

A) Consentono di semplificare la prestazione deficitaria negli studenti con DSA.
B) Non utilizzano mai lettere, cifre, simboli ovvero i codici di rappresentazione convenzionali e universali.
C) Sono una modalità di apprendimento basata sulla cooperazione del piccolo gruppo.
D) Possono fare riferimento all'esperienza diretta ovvero al *learning by doing*.

44 **La decodifica e la comprensione del testo sono processi cognitivi che nell'attività didattica devono:**

A) Considerarsi in modo congiunto.
B) Considerarsi separatamente.
C) Considerarsi in itinere.
D) Non considerarsi.

45 La programmazione didattica è un dispositivo che necessita di:

A) Un'intenzionalità, flessibilità e capacità di lettura delle variabili educative e istruzionali.
B) Procedure il più possibile spontanee e naturali per non imporre troppi vincoli al percorso.
C) Procedure inintenzionali e adattate alle situazioni.
D) Procedure rigidamente controllate di monitoraggio dell'apprendimento.

46 La didattica per progetti:

A) Pone al centro della didattica lo studente.
B) È consigliata per alunni in difficoltà perché consente di personalizzare gli apprendimenti.
C) È didatticamente consigliata per gli alunni stranieri.
D) È consigliata per alunni in difficoltà perché consente di individualizzare gli apprendimenti.

47 Per sviluppare le competenze e produrre apprendimenti è ritenuta particolarmente indicata:

A) La progettazione che parte dagli obiettivi di apprendimento.
B) La progettazione che parte dai contenuti.
C) La progettazione che parte dalle strategie didattiche.
D) La progettazione che parte dalla strutturazione delle lezioni.

48 Cosa studia la docimologia?

A) I metodi di valutazione del profitto scolastico e delle prove d'esame.
B) Le caratteristiche psico-fisiche dei fanciulli.
C) Le condizioni materiali in cui si svolge l'apprendimento.
D) L'efficacia degli insegnanti in base alla velocità di apprendimento degli alunni.

49 Quali tipi di prove sono definite «oggettive strutturate»?

A) Con problemi da risolvere.
B) Parafrasi, riconoscimento di errori, riassunto.
C) Svolte in laboratorio scientifico.
D) A risposta chiusa, a risposta multipla, a riconoscimento degli errori.

50 Un approccio dinamico, di mutua fecondazione tra le culture, attraverso una ricerca di strategie metodologiche e didattiche che non siano dettate da visioni stereotipate delle stesse specificità culturali, ma che siano definite attraverso una conoscenza degli allievi e delle modalità che ognuno di essi mette in atto per apprendere abilità e competenze. A quale approccio fa riferimento questa definizione?

A) Costruttivismo.
B) *Mastery learning*.

C) Approccio comportamentista.
D) Interculturalità.

51 Secondo Diana Laurillard cosa sono le TLA (*Teaching learning activities*)?

A) Attività predisposte per supportare i processi di apprendimento e si dividono in due categorie: attività di ricerca, in piccoli gruppi con livelli omogenei di rendimento e attività di relazione, in gruppi più numerosi con livelli eterogenei di rendimento.
B) Attività extracurricolari che il docente deve considerare nella valutazione complessiva e si dividono in differenti categorie: possono essere di tipo sportivo, artistico o di volontariato.
C) Attività predisposte per facilitare i processi di apprendimento attraverso l'integrazione di una reciproca valutazione da parte degli alunni.
D) Attività predisposte per supportare i processi di apprendimento e sono organizzate in differenti categorie: possono prevedere un apprendimento attraverso acquisizione, ricerca, discussione, pratica e collaborazione.

52 L'educazione permanente è:

A) Un processo che dura tutta la vita.
B) Un processo di apprendimento che si matura con l'esperienza lavorativa.
C) Un percorso che riguarda l'apprendimento nella sola età adulta.
D) Un processo formativo che si compie esclusivamente nella scuola.

53 Per facilitare la comprensione del testo e l'apprendimento di studenti con difficoltà cognitive o linguistiche è opportuno che il docente:

A) Sottoponga più volte l'alunno alla lettura del testo.
B) Riduca la complessità sintattica e fonologica del testo.
C) Non riduca la complessità sintattica e fonologica del testo.
D) Riduca la complessità sintattica e lessicale del testo.

54 Il termine «didattica» significa:

A) Riflessione teorica sul processo di insegnamento.
B) Arte di apprendere.
C) Arte di insegnare.
D) Processo di istruzione.

55 Ai fini dello svolgimento della didattica, qual è l'obiettivo del profilo di funzionamento?

A) Inquadrare l'allievo in una tipologia scientifica dell'handicap.
B) Indicare specifici interventi didattici legati alla classificazione della sindrome.
C) Dare una denominazione scientifica alla sindrome.
D) Mettere in luce le potenzialità dell'alunno.

56 **La lezione frontale tradizionale si fonda:**

A) Sulla centralità del metodo.
B) Sulla stretta correlazione tra insegnamento e apprendimento.
C) Sulla netta separazione del momento dell'insegnamento da quello dell'apprendimento.
D) Sull'impiego di molteplici codici verbali e non verbali.

57 **Cosa indica l'acronimo LIM?**

A) Linguaggio interattivo multimediale.
B) Lavagna indirizzo multimediale.
C) Lavagna interattiva multimediale.
D) Lavagna interattiva multipla.

58 **Il *blog*:**

A) Consente di realizzare in forma collaborativa documenti di varia natura che non hanno carattere personale.
B) Consente lo sviluppo di abilità visuo-spaziali.
C) Consente di raccontarsi, è quasi una sorta di diario.
D) È la stessa cosa del wiki.

59 **L'*e-learning*:**

A) È una modalità di apprendimento a distanza.
B) È una modalità di apprendimento basata sulla cooperazione del piccolo gruppo.
C) È una modalità di apprendimento basata sulla cooperazione del grande gruppo.
D) È una modalità di apprendimento delle lingue straniere.

60 **All'interno di una classe virtuale, cosa viene fornito?**

A) L'accesso a informazioni e risorse remote, la possibilità di comunicare e cooperare a distanza.
B) Solo l'accesso a informazioni e risorse remote, senza possibilità di comunicazione tra gli allievi.
C) La comunicazione e la cooperazione a distanza, ma è inopportuno permettere l'accesso a informazioni e risorse remote.
D) L'accesso a informazioni e risorse remote, ma sono inopportune la comunicazione e la cooperazione a distanza.

61 **Per «didattica orientativa» si intende un'impostazione dell'insegnamento:**

A) Che mira a favorire la capacità di orientamento degli alunni, cioè ad acquisire competenze nella lettura di mappe, cartine, elementi del paesaggio.

B) Che mira a favorire le scelte autonome degli alunni, cioè a far maturare in loro la consapevolezza delle proprie inclinazioni e delle opportunità formative e professionali esistenti.
C) Improntata a un orientamento religioso, fondata sulla trasmissione di valori tradizionali della cultura di appartenenza degli alunni.
D) Che può essere impiegata solo con studenti estremamente dotati, in quanto si basa su un particolare orientamento allo studio.

62 Supportare l'alunno nell'acquisizione di strumenti cognitivi, emotivi e relazionali che gli consentano di definire il proprio percorso di vita in base a determinati punti di riferimento (di ordine psicologico, sociale, culturale ed economico), in modo da poter scegliere le strategie più adatte per raggiungere le proprie mete scolastiche o professionali. A quale compito dell'insegnante fa riferimento questa descrizione?

A) Educazione morale.
B) Sostegno psicologico.
C) Valutazione.
D) Orientamento.

63 Secondo i modelli didattici context oriented:

A) L'allievo ha un ruolo passivo e la teoria di riferimento è il comportamentismo.
B) L'allievo è costruttore di conoscenze e l'azione didattica è rivolta agli spazi dedicati all'apprendimento.
C) L'allievo ha un ruolo da protagonista e la teoria di riferimento è il comportamentismo.
D) L'allievo ha un ruolo passivo e l'azione didattica è rivolta alla trasmissione di nozioni.

64 Il modello didattico del WebQuest:

A) Consiste nell'utilizzo di nuove tecnologie con strategie di *problem solving*.
B) Consiste nel realizzare ricerche sul web.
C) Consiste nell'utilizzare nuove tecnologie sotto la direzione dell'insegnante e dell'animatore digitale.
D) Consiste nell'utilizzo di nuove tecnologie con riferimento alla teoria del comportamentismo.

65 Una discussione di gruppo su un determinato argomento si definisce:

A) *Flipped classroom*.
B) *Focus group*.
C) *Brainstorming*.
D) *Coding*.

66 Benjamin Bloom ha elaborato una riflessione riguardante:

A) Il linguaggio e il suo sviluppo.
B) L'intelligenza emotiva.
C) Rinforzo positivo e rinforzo negativo.
D) La tassonomia degli obiettivi educativi.

67 Il modello delle capacità (*Capability Approach*), diffusosi a metà degli anni '80 del secolo scorso, da chi fu formulato?

A) Dal linguista e semiologo Ferdinand De Saussure.
B) Dal filosofo e sociologo Auguste Comte.
C) Dal sociologo Niklas Luhmann.
D) Dall'economista e filosofo Amartya Sen.

68 Nell'ambito delle ricerche sull'apprendimento e gli stili cognitivi, lo stile di chi ama programmare le sue attività, seguirle e portarle a conclusione è definito:

A) Riflessivo.
B) Intuitivo.
C) Campo dipendente.
D) Sistematico.

69 La metacognizione indica:

A) La padronanza delle abilità sociali.
B) Un metodo didattico basato sull'insegnamento individualizzato.
C) La capacità da parte del soggetto di orientarsi.
D) La consapevolezza e il controllo da parte del soggetto dei propri processi cognitivi.

70 L'Universal Design for Learning (UDL) si propone di:

A) Semplificare i contenuti disciplinari.
B) Proporre una didattica capovolta.
C) Prevedere in tutto il percorso formativo adattamenti didattici curricolari in modo da accogliere tutte le diversità negli stili di apprendimento, costruendo una scuola dell'inclusione e delle pari opportunità.
D) Costruire percorsi individualizzati per gli alunni con bisogni educativi speciali.

71 Utilizzando in classe il ciclo di apprendimento esperienziale enunciato da J. William Pfeiffer e John E. Jones, inizialmente si deve porre un problema:

A) Chiuso, che ammette una sola soluzione, mai affrontato in precedenza in classe.
B) Aperto, affrontato in classe negli anni precedenti, che ammette due sole soluzioni.

C) Chiuso, con un'unica soluzione, replicando in modo meccanico il metodo risolutivo proposto dall'insegnante.
D) Aperto, sfidante, mai affrontato in precedenza in classe, che ammette molteplici soluzioni, ognuna delle quali presenta punti di forza e punti di debolezza.

72 Perché il comportamentismo ha esercitato una forte influenza sulla cultura didattico-pedagogica?

A) Per l'attenzione dedicata alle attività di programmazione.
B) Per la preminenza accordata alla formazione del curricolo.
C) Per l'impostazione meccanicistica nello studio dei processi pedagogici.
D) Per l'attenzione riservata alle dinamiche cognitive e all'utilizzo di tecnologie nei processi apprenditivi.

73 Cos'è l'educazione?

A) Un processo intenzionale, connesso a uno specifico compito di formazione.
B) L'insieme di regole che il bambino deve acquisire per comportarsi correttamente al cospetto degli adulti.
C) L'insieme di nozioni e informazioni necessarie a conseguire una determinata quantità di conoscenze.
D) Il punto di arrivo del percorso scolastico di un individuo.

74 Quali sono gli assunti comuni a tutte le metodologie didattiche innovative?

A) Centralità dell'alunno e delle sue intelligenze multiple; interattività.
B) Centralità del metodo; uso della LIM.
C) Centralità del docente; uso di tecnologie informatiche.
D) Centralità delle discipline; formazione lungo tutto l'arco della vita.

75 Che cos'è la formazione da un punto di vista pedagogico?

A) È il traguardo educativo finale.
B) È il complesso delle operazioni dirette a promuovere lo sviluppo dell'individuo.
C) Indica qualsiasi attività diretta a favorire l'apprendimento.
D) È una branca delle scienze dell'educazione.

76 Atteggiamento empatico e fiducia nella possibilità di autosvilupparsi degli studenti sono due tra le caratteristiche richieste all'insegnante secondo:

A) L. S. Vygotskij.
B) J. P. Guilford.
C) J. Piaget.
D) C. Rogers.

77 A cosa serve un risponditore per Lavagne Interattive Multimediali?

A) Permette di utilizzare la Lavagna Interattiva Multimediale anche se si è distanti.
B) Permette agli studenti di rispondere simultaneamente a un questionario didattico.
C) Permette a un alunno di prenotare il suo intervento durante una lezione.
D) Permette di registrare e condividere una lezione del docente includendo anche gli elementi multimediali.

78 Qual è la collocazione ottimale di una Lavagna Interattiva Multimediale?

A) Qualsiasi superficie verticale.
B) Un supporto mobile con rotelle.
C) Una parete a muro.
D) Pannelli divisori mobili.

79 In una rete locale, con accesso ad Internet, installata in una scuola, come può essere utilizzato un *firewall*?

A) Per semplificare l'interazione in classe.
B) Per agevolare la trasmissione e la fruizione di contenuti multimediali.
C) Per creare i presupposti per una connessione esterna sicura, in modo da tutelare i dati personali.
D) Per creare un filtro sulle connessioni Internet, in entrata e in uscita dalla rete locale.

80 Cosa è il Sistema Informativo dell'Istruzione (SIDI)?

A) Una piattaforma di *e-learning* utilizzata all'interno delle scuole superiori.
B) Uno strumento offerto dal MIM che permette ai Dirigenti scolastici di comunicare con la struttura scolastica e i genitori degli alunni.
C) Il portale del MIM al quale possono accedere i Dirigenti scolastici per poter gestire delle risorse umane e i processi amministrativi.
D) Il portale del MIM che offre, agli insegnati, accesso a risorse didattiche a pagamento.

81 Quali tipi di proiezione sono utilizzabili per le Lavagne Interattive Multimediali?

A) Solo a retroproiezione.
B) Solo a proiezione frontale.
C) A retroproiezione generata con tecnologia DLP (*Digital Light Processing*).
D) A retroproiezione o a proiezione frontale.

82 In che caso un corso didattico è detto in modalità cd. blended?

A) Solo quando è erogato tramite social network.
B) Solo quando è erogato tramite ambienti di *e-learning*.

C) Solo quando è erogato tramite ambienti *online* insieme a lezioni in aula.
D) Solo quando è erogato esclusivamente in aula.

83 Un LCMS offre al docente la possibilità di:

A) Creare un sistema di condivisione di materiale didattico in modalità protetta.
B) Condividere contenuti didattici, somministrare attività e verificare le conoscenze degli alunni.
C) Creare un ambiente protetto per il *download* di materiale didattico.
D) Creare un sistema di condivisione di materiale didattico tramite *forum* o *chat*.

84 Una piattaforma di tipo Wiki permette:

A) La modifica dei contenuti da parte dei soli amministratori della piattaforma in modalità WYSIWYG.
B) La modifica dei contenuti esclusivamente da parte del loro autore.
C) La modifica dei contenuti da parte di tutti gli utenti ma solo entro 6 ore successive alla creazione del contenuto.
D) La modifica dei contenuti da parte di tutti gli utenti registrati alla piattaforma in modalità WYSIWYG.

85 A quale dispositivo si riferisce la tecnologia *e-ink*?

A) Alla Lavagna Interattiva Multimediale.
B) Allo smartphone.
C) Al monitor LCD.
D) All'*ebook reader*.

86 Una WebQuest consente di:

A) Tracciare e articolare un percorso didattico per la realizzazione di un compito finale.
B) Creare un meccanismo di valutazione del profitto degli alunni.
C) Creare un meccanismo di valutazione del percorso didattico.
D) Tracciare, e articolare, un percorso di valutazione sulle capacità di apprendimento di una classe.

87 A cosa serve la procedura di allineamento di una Lavagna Interattiva Multimediale?

A) Determinare la distanza tra proiettore e superficie interattiva.
B) Definire le dimensioni degli oggetti proiettati sulla lavagna.
C) Correggere la precisione di puntamento e di interazione sulla superficie interattiva.
D) Stabilire gli intervalli di tempo per la registrazione delle proiezioni.

88 Quale accessorio può essere utilizzato insieme ad una Lavagna Interattiva Multimediale per ottenere una migliore interazione con i contenuti didattici della lezione?

A) Una webcam.
B) Un videoingraditore.
C) Una tavoletta interattiva.
D) Un meccanismo di puntamento sonoro.

89 Tra le tecniche usate nella ricerca educativa si trovano gli studi di caso suddivisi in:

A) Studi su casi di singoli gruppi (ad es. un gruppo di tre ragazzi che ha abbandonato gli studi) e studi su casi con al massimo quattro soggetti (ad es. quattro ragazzi che hanno abbandonato gli studi).
B) Studi su singoli soggetti scelti a caso (ad es. un ragazzo scelto a caso tra tutti quelli che in una scuola ha abbandonato gli studi) e studi su più soggetti sorteggiati (ad es. più ragazzi di una scuola che hanno abbandonato gli studi).
C) Studi su coppie di casi di genere diverso (ad es. un ragazzo e una ragazza che hanno abbandonato la scuole gli studi casi multipli (ad es. più ragazzi e ragazze che hanno abbandonato la scuola).
D) Studi su casi singoli (ad es. un ragazzo che ha abbandonato gli studi) e studi su casi multipli (ad es. più ragazzi che hanno abbandonato gli studi).

90 Scegliere di attuare una sperimentazione educativa significa:

A) Ipotizzare gli effetti degli interventi educativi.
B) Verificare solo la coerenza logica delle procedure educative utilizzate.
C) Verificare l'efficacia delle procedure educative sulla base dell'esperienza.
D) Descrivere la realtà educativa e procedere per tentativi ed errori.

91 Studenti «*underachiever*» sono quelli che:

A) Non hanno doti particolari o sufficienti per un apprendimento scolastico di successo.
B) Hanno risultati scolastici insufficienti per difficoltà nell'apprendimento.
C) Si impegnano il minimo indispensabile e non danno valore al lavoro scolastico, sono indifferenti alla scuola e hanno scarsa motivazione.
D) Hanno doti pratiche per l'apprendimento professionale, ma doti insufficienti per l'apprendimento scolastico.

92 L'apprendimento auto-regolato caratterizza uno studente che:

A) Vive lo studio come una cosa importante per la sua crescita e affermazione nella vita.

B) È curioso al punto da desiderare di apprendere, dispone di risorse necessarie per apprendere, ha un orgoglio sufficiente per voler conseguire buoni risultati.
C) Considera positiva la sua esperienza scolastica, ha buone capacità interattive con l'insegnante e con i compagni e sa organizzare il suo tempo per lo studio.
D) Sa scegliere obiettivi, applicare strategie efficaci, monitorare e accertare il progresso, creare un ambiente favorevole e mantenere un senso di efficacia per l'apprendimento.

93 In ambito pedagogico, con l'acronimo DAD si intende:

A) Difficoltà ad Apprendere.
B) Difficoltà a Decodificare.
C) Didattica a distanza.
D) Didattica a Domicilio.

94 Alla base del *coding* c'è il pensiero:

A) Compilativo.
B) Intuitivo.
C) Relazionale.
D) Computazionale.

95 L'espressione Media Literacy significa:

A) Letteratura mediatica.
B) Alfabetizzazione ai contenuti mediali.
C) Competenza di medio livello.
D) Alfabetizzazione di grado medio.

96 Cosa sono le TIC?

A) Teorie sull'Informazione e la Comunicazione.
B) Tecnologie Informatiche e Connettive.
C) Tecnologie di Informazione e di Comunicazione.
D) Teorie Informative e Comunicative.

97 La docimologia è la scienza che studia:

A) L'assegnazione del voto numerico, quale unico parametro di riferimento per la valutazione.
B) La sola predisposizione delle verifiche adeguate allo studente.
C) La complessiva attività di valutazione e di attribuzione del profitto.
D) Il modo più appropriato per suddividere il voto in decimi.

98 **Quali sono gli elementi costitutivi di un progetto didattico?**

A) L'elemento costitutivo di un progetto è circoscritto solamente alla definizione delle finalità; tutta la parte realizzata viene lasciata ad una progettualità successiva alla rilevazione dei risultati.
B) Non esistono specifici elementi costitutivi di un progetto in quanto la progettualità segue i bisogni spontanei che l'ambiente scolastico esprime di volta in volta.
C) Gli elementi costitutivi di un progetto sono: il titolo, la definizione degli obiettivi specifici di apprendimento, la scelta dei materiali e la scelta delle attività.
D) Gli elementi costitutivi di un progetto sono: identificazione dei bisogni, definizione delle finalità e degli obiettivi, definizione dei tempi, scelta dei contenuti, individuazione dei metodi, fissazione dei criteri di valutazione dei risultati attesi.

99 **Quale tra i seguenti è uno strumento per la didattica a distanza di tipo sincrono?**

A) Le videolezioni registrate dal docente.
B) Le presentazioni a diapositive (in *Power Point*).
C) L'audiolibro.
D) La videoconferenza di gruppo.

100 **Quali sono le prove strutturate?**

A) Verifiche costituite da una serie di quesiti chiusi ciascuno dei quali è corredato da due o più risposte chiuse.
B) Quesiti a risposte aperte alternate a quesiti a risposte semi-chiuse.
C) Verifiche costituite da una serie di quesiti aperti.
D) Relazioni, sintesi, racconti.

101 **La comunicazione aumentativa-alternativa (CAA) è:**

A) Un insieme di tecniche e strategie finalizzate a favorire la memorizzazione di segni grafici.
B) Un insieme di tecniche e strategie finalizzate a semplificare e incrementare la comunicazione nelle persone che hanno difficoltà a usare i canali comunicativi più comuni (oralità e scrittura).
C) Una tecnica che utilizza solo la lavagna interattiva multimediale (L.I.M.) per ingrandire i caratteri dei testi.
D) Una tecnica che permette l'acquisizione di competenze legate al solo sviluppo motorio.

102 **Il comportamentismo vede l'insegnante come colui che:**

A) Controlla l'ambiente attraverso stimoli sotto forma di indicazioni e fornisce il rinforzo per i comportamenti appropriati degli studenti.

B) Sviluppa e mette in atto strategie per promuovere il comportamento attivo dello studente.
C) Si comporta bene con i suoi studenti e questi fanno altrettanto con lui.
D) Il ruolo dell'insegnante è quello di individuare assieme agli studenti i comportamenti più significativi da attuare in classe.

103 Qual è la principale caratteristica di un *focus group*?

A) L'interazione tra i partecipanti.
B) La rappresentatività dei risultati.
C) La strutturazione dello strumento.
D) La presenza di diverse persone.

104 Cosa si intende per ricerca-azione?

A) Una forma di ricerca partecipante caratterizzata dal coinvolgimento degli operatori e dalla produzione di conoscenza contestualizzante. L'obiettivo è di trasformare la realtà.
B) Una forma di ricerca in cui il ricercatore attraverso studi di casi raccoglie informazioni per predisporre un piano di intervento.
C) Una modalità di ricerca caratterizzata dall'azione dei singoli membri dell'organizzazione che diventano soggetti-protagonisti in un set di studio destrutturato. L'obiettivo è di sviluppare la pratica riflessiva nei soggetti.
D) Una modalità di ricerca sperimentale caratterizzata dalla presenza di un gruppo di studio e un gruppo di controllo. L'obiettivo è di verificare l'effetto del fattore stimolo.

105 Uno dei caratteri fondamentali della didattica attiva è:

A) L'egocentrismo.
B) L'individualismo.
C) Il puerocentrismo.
D) Il collettivismo.

106 L'individualizzazione dell'insegnamento consente di realizzare:

A) Percorsi differenti per ottenere risultati comuni.
B) Percorsi differenti per metodi, contenuti e risultati.
C) Obiettivi adatti ai ritmi evolutivi di ciascun alunno.
D) Strategie di ricerca-azione.

107 Cosa s'intende per metacognizione?

A) La consapevolezza dei processi cognitivi utilizzati e la capacità di gestirli.
B) La tendenza ad apprendere per tentativi ed errori.
C) La capacità di costruire la conoscenza attraverso il ragionamento, cioè attraverso im percorso mentale che può essere ripercorso attraverso processi di feedback ma non modificato.
D) Un processo di facilitazione dell'apprendimento.

108 **I gruppi eterogenei:**

A) Consentono di differenziare gli obiettivi.
B) Rendono difficile lo scambio tra i componenti.
C) Rendono possibili dinamiche di tutorage.
D) Si fondano esclusivamente sull'espressione non verbale.

109 **La personalizzazione consente di realizzare:**

A) Percorsi differenti per ottenere risultati comuni.
B) Obiettivi adatti ai ritmi evolutivi di ciascun alunno.
C) Strategie di ricerca-azione.
D) Percorsi differenti per metodi, contenuti e risultati.

110 **La tecnica di lavoro che consente di organizzare un ambiente di apprendimento in cui gli alunni, con ruolo scambievole, esercitano la funzione di guida e di allievo è:**

A) Il *cooperative learning*.
B) Il *tutoring*.
C) Il *circle time*.
D) Il *problem solving*.

111 **Il *problem solving* attiva:**

A) La motivazione, l'attenzione e l'applicazione di regole.
B) La motivazione, l'attenzione, l'ascolto e la verbalizzazione.
C) L'attenzione, la formulazione di ipotesi, la ripetizione mnemonica.
D) La motivazione, l'attenzione, la ricerca, la discussione.

112 **La mappa concettuale NON è:**

A) La rappresentazione di una rete di informazioni riguardanti la struttura della conoscenza.
B) Una rappresentazione grafica della conoscenza.
C) Uno strumento di collegamento tra nuove e pregresse conoscenze.
D) Una trama predefinita su cui costruire itinerari didattici.

113 **Il *cooperative learning*, o apprendimento cooperativo, è una metodologia didattica che favorisce lo sviluppo dell'integrazione e della coesione all'interno del gruppo-classe. Quale elemento organizzativo la contraddistingue?**

A) La costituzione di piccoli gruppi per il conseguimento di obiettivi condivisi.
B) La costituzione di grandi gruppi per il conseguimento di obiettivi differenziati.
C) Il lavoro del gruppo-classe per la realizzazione di percorsi curricolari.
D) Il lavoro di piccoli gruppi esclusivamente omogenei per età.

114 **In che modo la metodologia della *flipped classroom* consente di invertire il tradizionale schema di insegnamento/apprendimento?**

A) Confermando la centralità delle discipline e dei saperi.
B) Collocando al centro del percorso educativo l'alunno e le sue competenze.
C) Collocando al centro del percorso educativo il docente e le metodologie adottate.
D) Facendo leva esclusivamente sulle tecnologie digitali.

115 **Indicare quale, tra le affermazioni di seguito proposte, NON descrive correttamente la modalità di organizzazione dell'intervento didattico «*mastery learning*».**

A) Essa prevede solo una valutazione sommativa di tipo finale, ma non valutazioni dell'apprendimento in itinere, poiché ritenute distraenti rispetto all'obiettivo ultimo, vale a dire quello dell'acquisizione dei contenuti oggetto di insegnamento.
B) Essa prevede che i percorsi formativi siano suddivisi in unità o blocchi, ciascuno caratterizzato da traguardi di apprendimento o obiettivi da raggiungere.
C) Essa propone il concetto di valutazione formativa, quale dispositivo che consente di migliorare l'efficacia potenziale degli interventi di insegnamento, attraverso un progressivo adattamento in base alle risposte della classe e dei singoli allievi.
D) Essa viene anche definita metodologia dell'«apprendimento per padronanza» poiché il suo obiettivo è proprio quello di permettere a tutti gli studenti, ognuno secondo i propri tempi, di padroneggiare conoscenze e competenze prefissate in classe.

116 **Il ricercatore statunitense Ausubel ha distinto due forme contrapposte di apprendimento. Quali?**

A) Apprendimento meccanico e apprendimento intuitivo.
B) Apprendimento per scoperta e apprendimento significativo.
C) Apprendimento significativo e apprendimento meccanico.
D) Apprendimento meccanico e apprendimento per ricezione.

117 **Quale tra le seguenti metodologie può essere definita «istruzione tra pari»?**

A) Il *circle time*.
B) Il *peer tutoring*.
C) Il *focus group*.
D) Il *problem solving*.

118 **In cosa consiste il *brainstorming*?**

A) In una strategia di interazione tra pari.
B) In una tecnica finalizzata alla risoluzione di un problema in modo creativo.
C) In una tecnica che consente di sperimentare nuovi approcci educativi.
D) In una strategia di comunicazione e condivisione di idee.

119 **Cosa s'intende per «aula decentrata»?**

A) Classe virtuale in cui si attua la didattica a distanza.
B) Ambiente esterno alla scuola in grado di rispondere ad esigenze formative.
C) Gruppo di apprendimento eterogeneo per età e competenze.
D) Classe-ponte in cui si realizza la continuità educativa verticale.

120 **Come viene definita la tecnica che si fonda sull'arte del raccontare?**

A) *Flipped classroom*.
B) *Circle time*.
C) *Storytelling*.
D) *Cooperative learning*.

121 **La prima fase del *brainstorming* è detta:**

A) Divergente.
B) Convergente.
C) Produttiva.
D) Rielaborativa.

122 **Qual è la metodologia che sollecita la capacità di porre e sviluppare problemi?**

A) Il *problem solving*.
B) Il *problem posing*.
C) Il *brainstorming*.
D) Il *focus group*.

123 **Il laboratorio NON è:**

A) Un luogo di espressività.
B) Un luogo di ricerca.
C) Un luogo di costruzione di percorsi.
D) Un luogo di trasferimento di conoscenze.

124 **Quale elemento fondamentale caratterizza la ricerca-azione in campo educativo?**

A) La comunicazione asimmetrica tra i protagonisti.
B) La rigidità delle procedure.

C) Le medesime regole della ricerca accademica.
D) Il ricercatore non può essere staccato dalla realtà che studia.

125 Quale tecnica consiste nell'organizzazione di un gruppo di discussione e confronto su un argomento specifico?

A) Il *cooperative learning*.
B) La ricerca-azione.
C) Il *focus group*.
D) Il *circle time*.

126 Quale metodo di lavoro consente di incrementare la vicinanza emotiva tra i componenti di un gruppo e risolvere eventuali conflitti?

A) Il *cooperative learning*.
B) La ricerca-azione.
C) Il *focus group*.
D) Il *circle time*.

127 Quale metodologia ha inizio con la libera formulazione di idee come il *brainstorming*?

A) Il *circle time*.
B) Il *peer tutoring*.
C) Il *cooperative learning*.
D) Il *focus group*.

128 Come si procede nel corso della fase convergente del *brainstorming*?

A) Vengono prodotte molteplici idee.
B) Le idee prodotte vengono scritte su una lavagna.
C) Le idee prodotte vengono selezionate.
D) Le idee vengono illustrate dai partecipanti.

129 La mediazione didattica:

A) È il congiungimento di studenti e cultura.
B) È il tramite tra il libro di testo e lo studente.
C) Può essere anche non esperta.
D) È l'organizzazione di una lezione frontale.

130 Qual è, preferibilmente, l'organo preposto alla programmazione didattica?

A) Il Consiglio di classe e/o il singolo docente.
B) Il Collegio dei docenti.
C) Il Consiglio di Istituto.
D) Il dipartimento.

131 **Nella *flipped classroom*:**

A) Gli studenti organizzano da soli i contenuti e loro elaborazione.
B) Il docente fornisce i contenuti e gli studenti lavorano in autonomia.
C) Gli studenti ricercano il materiale e poi lavorano in classe in gruppi.
D) La lezione diventa compito a casa mentre il tempo in classe è usato per attività formative diverse.

132 **Il *digital storytelling*:**

A) È una presentazione in *power point*.
B) È una UdA.
C) È un ambiente di apprendimento cooperativo.
D) È uno strumento compensativo.

133 **Cosa si intende per didattica delle competenze?**

A) L'organizzazione dell'ambiente di apprendimento.
B) L'organizzazione dei contenuti disciplinari.
C) Insegnare a saper fare.
D) Un costrutto sintetico, nel quale confluiscono diversi contenuti di apprendimento.

134 **Per didattica laboratoriale si intende:**

A) Le attività che gli studenti svolgono in laboratorio.
B) L'utilizzo della LIM.
C) La partecipazione attiva degli studenti.
D) La flipped classroom.

135 **Quale, tra i seguenti, non è uno scopo delle cd. «Avanguardie educative»?**

A) Creare nuovi spazi per l'apprendimento.
B) Dotare le scuole delle tecnologie.
C) Riorganizzare il tempo scuola.
D) Promuovere un'innovazione sostenibile.

136 **Quale, tra questi, non è un modello didattico?**

A) Didattica metacognitiva.
B) Apprendistato cognitivo.
C) Apprendimento collaborativo.
D) Didattica empirica.

137 **Nella comunicazione verbale il docente a cosa deve prestare particolare attenzione?**

A) Alla gestualità che accompagna il discorso.
B) Alla postura.

C) Allo sguardo.
D) All'uso della voce.

138 Quale tra questi non è un aspetto della classica lezione frontale?

A) Il *peer tutoring*.
B) Il metodo puro.
C) Il metodo interrogativo.
D) Il metodo partecipativo.

139 Quanti sono i livelli generazionali storicamente riconosciuti di formazione a distanza?

A) C'è un unico livello.
B) Due.
C) Tre.
D) Non si può parlare di livelli generazionali.

140 Quale tra le seguenti non può essere considerata attività di didattica a distanza?

A) Il solo invio di materiali.
B) La trasmissione ragionata di materiali didattici.
C) La costruzione ragionata e guidata del sapere attraverso modalità differenti di collegamento tra docenti e alunni.
D) L'interazione su sistemi e app interattive educative digitali.

141 Una comunità di apprendimento ha una durata:

A) Dipendente dal numero dei partecipanti.
B) Illimitata.
C) Dipendente dal percorso didattico.
D) Dipendente dai livelli di apprendimento.

142 Uno degli aspetti che maggiormente caratterizza l'ambiente di apprendimento è:

A) L'iperattività.
B) L'interazione.
C) La collaborazione.
D) La multimedialità.

143 Il processo con cui ciascun membro del gruppo esegue uno specifico compito, parte di un più ampio lavoro assegnato, si definisce:

A) Cooperazione.
B) Interazione.
C) Collaborazione.
D) Condivisione.

144 **Di che stile di apprendimento è dotato lo studente che utilizza le informazioni e le conoscenze di cui dispone per elaborare soluzioni originali?**

A) Convergente.
B) Divergente.
C) Indipendente.
D) Analitico.

145 **Per Bruner insegnare significa:**

A) Insegnare strategie.
B) Insegnare a comprendere.
C) Insegnare contenuti.
D) Insegnare cognizioni.

146 **Come sono organizzate le attività a classi aperte?**

A) Mediante la suddivisione di compiti tra gli studenti.
B) Con la formazione di piccoli gruppi omogenei per competenze.
C) Con la formazione di gruppi di alunni appartenenti a classi diverse.
D) Con attività di *flipped classroom*.

147 **Come si definisce la didattica che si propone non solo di favorire lo sviluppo di conoscenze e abilità ma anche di modificare comportamenti e di utilizzare conoscenze, capacità e abilità in contesti diversi?**

A) Didattica per concetti.
B) Didattica per competenze.
C) Didattica per scoperta.
D) Didattica metacognitiva.

148 **Il processo mediante il quale ciascun componente di un gruppo lavora su ciascuna delle parti in cui si articola il lavoro assegnato si chiama:**

A) Partecipazione.
B) Cooperazione.
C) Condivisione.
D) Collaborazione.

149 **Per il ricercatore statunitense Ausubel:**

A) L'apprendimento per ricezione è antinomico all'apprendimento per scoperta.
B) L'apprendimento meccanico è antinomico all'apprendimento per scoperta.
C) L'apprendimento per ricezione è antinomico all'apprendimento significativo.
D) L'apprendimento per ricezione è antinomico all'apprendimento meccanico.

150 **Come si definisce l'approccio metodologico che consente di esaminare la realtà attraverso le interrelazioni dei diversi saperi?**

A) Multidisciplinarità.
B) Pluridisciplinarità.
C) Interdisciplinarità.
D) Apprendimento significativo.

151 **Il *role playing* (gioco o interpretazione dei ruoli) è da annoverarsi tra le tecniche didattiche:**

A) Passive simulative.
B) Passive di analisi.
C) Attive simulative.
D) Attive di riproduzione operativa.

152 **Quale tecnica consente agli studenti di esaminare una situazione reale, esaminandone i diversi aspetti per giungere ad una più approfondita conoscenza e comprensione?**

A) *Problem solving*.
B) *Cooperative learning*.
C) Studio di caso.
D) Ricerca-azione.

153 **Cosa s'intende per «*outdoor training*»?**

A) Lavorare in gruppo.
B) Apprendimento attraverso il fare.
C) Trasportarsi all'esterno.
D) Attività simulata.

154 **Quali tra le seguenti metodologie tende maggiormente a sviluppare il pensiero divergente?**

A) Il lavoro di gruppo.
B) Il *cooperative learning*.
C) Il *problem solving*.
D) Il *role playing*.

155 **Quale studioso ha posto in evidenza l'importanza di un approccio alla scoperta che solleciti la ricerca di soluzioni in modo autonomo?**

A) Gardner.
B) Vygotskij.
C) Goleman.
D) Bruner.

156 **Com'è definito l'approccio metodologico basato sull'esposizione di contenuti e concetti da parte del docente mentre lo studente si limita ad acoltare e memorizzare informazioni?**

A) Insegnamento individualizzato.
B) Insegnamento espositivo.
C) Insegnamento partecipativo.
D) Insegnamento personalizzato.

157 **Com'è definita la metodologia che struttura lo spazio-aula in relazione alle diverse esigenze degli studenti?**

A) Scuola a classi aperte.
B) Scuola laboratorio.
C) Scuola classi 2.0.
D) Scuola scomposta.

158 **Un approccio metodologico che introduce attività centrate sull'alunno che si avvalgono delle potenzialità offerte dalle nuove tecnologie è:**

A) Il *role playing*.
B) Il *focus group*.
C) Lo *storytelling*.
D) La didattica per scenari.

159 **Un modello di insegnamento-apprendimento basato su progetti che si concludono con la realizzazione di compiti autentici è:**

A) Il *project based learning*.
B) La didattica per problemi.
C) La didattica espositiva.
D) Il *problem posing*.

160 **Quale dei seguenti è un elemento che aiuta a costruire un contesto di apprendimento capace di stimolare il successo formativo di tutti all'interno di una classe?**

A) Spingere gli alunni a perseguire i propri obiettivi personali, anche a discapito di coloro che sono più lenti.
B) Porre aspettative elevate, anche se non sono realistiche.
C) Incentrare tutto il proprio agire didattico sulla riuscita degli alunni migliori, in modo che fungano da esempio per gli altri.
D) Comunicare in modo chiaro obiettivi e aspettative nei confronti dell'individuo e del gruppo.

161 **In cosa consiste il metodo della *Task Analysis* (analisi del compito)?**

A) Nell'analisi del profilo cognitivo dell'alunno.
B) Nella scomposizione di un comportamento complesso in una sequenza di step più semplici.

C) Nell'utilizzo di tecniche di *problem solving* per comprendere il compito.
D) Nella scomposizione di un testo in piccole unità narrative.

162 Quale tra queste fasi non può essere considerata parte integrante del processo di apprendistato cognitivo?
A) *Conditioning*.
B) *Coaching*.
C) *Scaffolding*.
D) *Articulation*.

163 Nei suoi lavori pedagogici, Duccio Demetrio ha valorizzato particolarmente:
A) L'autobiografia come cura del sé.
B) Il gioco.
C) La relazione tra etnografia e pedagogia.
D) Le narrazioni di storie fantastiche come strumento didattico.

164 Al fine di costruire una relazione educativa di tipo empatico con i propri alunni, è utile che l'insegnante:
A) Frequenti degli appositi corsi di miglioramento delle competenze espressive verbali, senza i quali non è possibile mettere in atto buone prassi educative.
B) Deleghi ai propri allievi il compito di gestione della classe, in modo da superare la propria posizione autoritaria che contrasterebbe la creazione di una situazione empatica nel gruppo.
C) Sviluppi capacità di progettazione e organizzazione meticolosa delle attività educative, che tenga conto di spazi, tempi e strumenti a disposizione.
D) Sviluppi capacità di autoanalisi di sé e del proprio modo di porsi con gli allievi, di autovalutazione del proprio operato, di autoregolazione delle proprie istanze emotive.

165 Quali sono alcuni degli elementi su cui si basa l'insegnamento creativo?
A) Allenare esclusivamente il pensiero critico.
B) *Brainstorming*, lavoro di gruppo e attività creativa individuale.
C) Somministrazioni di test logico-deduttivi.
D) Intensificazione delle sole attività artistiche.

166 Nel metodo dei «sei cappelli per pensare» di De Bono, il «cappello giallo»:
A) Indica la creatività e il prodursi di nuove idee.
B) Fornisce il punto di vista ottimistico.
C) È connesso al controllo e all'organizzazione del processo di pensiero.
D) Riguarda fatti e dati oggettivi.

167 Uno tra i metodi più efficaci per favorire la creatività è indubbiamente il «*brainstorming*» ideato da Alex Osborn nel 1938. Quali azioni vengono svolte durante la fase del «semaforo verde»?

A) Durante questa fase avviene il lavoro di filtro e di selezione. La scelta effettuata dal gruppo è il frutto del lavoro di sintesi, di dibattito e di elaborazione. Nulla di nuovo deve essere prodotto in questa fase.
B) Durante questa fase il gruppo si incontra per la prima volta, con lo scopo di definire le regole e i limiti entro cui procedere nelle fasi successive con il lavoro di raccolta delle idee.
C) Durante questa fase ciascun partecipante è invitato a criticare le idee proposte dagli altri membri del gruppo di *brainstorming*, al fine di scartare quelle inadeguate. In questa fase è possibile produrre idee nuove se nessuna di quelle emerse in precedenza risulta efficace.
D) Durante questa fase tutte le proposte devono essere trascritte su un cartellone, ben visibili ai partecipanti e numerate. Deve inoltre essere fissato un tempo limite entro cui lavorare creativamente sul problema.

168 Quale tra i seguenti autori, nelle sue teorie pedagogiche, ha parlato di «*scaffolding*»?

A) Maria Montessori.
B) John Dewey.
C) Erik Erikson.
D) Jerome Bruner.

169 Il *PATHS* è:

A) Uno dei più importanti e diffusi programmi di educazione socio-emotiva implementato soprattutto in Canada e mai introdotto in Italia.
B) Uno dei più importanti e diffusi programmi di educazione socio-emotiva implementato soprattutto negli USA e introdotto di recente anche in Italia.
C) Il processo fisiologico mediante il quale il bambino, fin dall'età prescolare, apprende le principali competenze socio-emotive.
D) La trasposizione in ambito educativo e didattico del costrutto di Caring Thinking.

170 Le competenze chiave dell'educazione socio-emotiva individuate dal CASEL afferiscono:

A) Sia alla dimensione intrapersonale sia a quella interpersonale.
B) Principalmente alla dimensione interpersonale.
C) Principalmente alla dimensione intrapersonale.
D) Esclusivamente alla dimensione interpersonale.

171 **Quale tra le seguenti tecniche o metodologie ha più probabilità di suscitare il pensiero divergente?**

A) *Task analysis*.
B) *Problem solving*.
C) Concatenamento.
D) *Modelling*.

172 **Secondo James H. Stronge, Pamela D. Tucker e Jennifer L. Hindman un «docente di qualità» possiede capacità di *caring*. Con questa espressione si intende che il docente:**

A) Ha un atteggiamento positivo verso la professione di insegnante.
B) Ha buone capacità interattive.
C) Possiede un atteggiamento di interesse, vicinanza, sollecitudine e recettività verso gli altri.
D) Ha la capacità di riflettere sulla pratica dell'insegnamento.

173 **Agli studenti della scuola secondaria di secondo grado vengono attribuiti nel triennio:**

A) Crediti scolastici in base alla media dei voti.
B) Crediti scolastici agli studenti che hanno voti più alti.
C) Crediti formativi in base alla media dei voti.
D) Crediti scolastici alla fine di ogni trimestre.

174 **Le deliberazioni del Consiglio di classe di non ammissione all'esame conclusivo del primo ciclo di istruzione:**

A) Non devono essere motivate.
B) Devono essere motivate.
C) Sono adottate liberamente.
D) Richiedono una motivazione sommaria.

175 **La valutazione degli apprendimenti, nella scuola secondaria di secondo grado, spetta:**

A) Al Consiglio di classe con deliberazione assunta all'unanimità.
B) Al Consiglio d'istituto.
C) Al Collegio dei docenti.
D) Al Consiglio di classe con deliberazione assunta, ove necessario, a maggioranza.

176 **In base al D.Lgs. 62/2017, in caso di carenze negli apprendimenti, la scuola attiva:**

A) Esami di riparazione.
B) Corsi di recupero.
C) Strategie per il miglioramento.
D) Lezioni private.

177 Il D.Lgs. 16-1-2013, n. 13 ha definito:

A) Le norme generali e dei livelli essenziali delle prestazioni per l'individuazione e validazione degli apprendimenti formali e degli standard minimi di servizio del sistema nazionale di certificazione delle competenze.
B) I livelli essenziali delle prestazioni per l'individuazione e validazione degli apprendimenti non formali e informali e degli standard minimi di servizio del sistema nazionale di certificazione delle competenze.
C) Le norme generali e dei livelli essenziali delle prestazioni per l'individuazione e validazione degli apprendimenti non formali e informali del sistema nazionale di certificazione delle competenze.
D) Le norme generali e dei livelli essenziali delle prestazioni per l'individuazione e validazione degli apprendimenti non formali e informali e degli standard minimi di servizio del sistema nazionale di certificazione delle competenze.

178 La valutazione, periodica e annuale, degli apprendimenti e del comportamento degli studenti del sistema educativo di istruzione e di formazione, e la certificazione delle competenze da essi acquisite, sono affidate:

A) Al sistema nazionale di valutazione.
B) Ai docenti delle istituzioni di istruzione e formazione frequentate.
C) Ad un apposta Commissione di valutazione.
D) Al Consiglio d'istituto.

179 La certificazione delle competenze descrive i risultati:

A) Analiticamente.
B) Secondo una valutazione complessiva.
C) Secondo una valutazione dettagliata.
D) In modo parziale.

180 Ai sensi della L. 107/2015, nell'ambito dell'esame di Stato conclusivo della scuola secondaria di secondo grado, la commissione d'esame deve tener conto anche:

A) Del *curriculum* dello studente.
B) Del voto dell'esame di Stato conclusivo del primo ciclo di istruzione.
C) Della durata del colloquio orale.
D) Dell'età del candidato.

181 Qual è, nello scrutinio finale delle classi di scuola secondaria di primo grado, il criterio che consente agli studenti il passaggio alla classe successiva?

A) La valutazione non inferiore a sei decimi, riportata in tutte le discipline e attività.

B) L'ammissione è prevista in via generale anche se la valutazione è inferiore a sei decimi in una o più discipline.
C) La valutazione non inferiore a sei decimi, riportata in tutte le discipline.
D) La valutazione non inferiore a sei decimi, riportata in tutte le discipline e attività; il voto di comportamento è ininfluente.

182 La continuità si definisce orizzontale quando:

A) È riferita agli scambi e alla comunicazione tra la scuola, le istituzioni, il territorio e le famiglie.
B) Si riferisce alla comunicazione all'interno del personale della scuola.
C) Riguarda i diversi ordini di scuola e le classi di uno stesso istituto.
D) Riguarda le attività di miglioramento dell'apprendimento di ogni individuo.

183 A quale organo collegiale spetta definire le modalità di svolgimento delle azioni di orientamento e le iniziative finalizzate alla conoscenza delle opportunità formative offerte dai percorsi di istruzione e formazione tecnica superiore, nonché alle professioni e al lavoro?

A) Al Consiglio di classe.
B) Al Consiglio d'istituto.
C) Al Consiglio scolastico distrettuale.
D) Al Consiglio regionale dell'istruzione.

184 Da cosa sono stati sostituiti i vecchi esami di riparazione negli istituti e scuole di istruzione secondaria superiore?

A) Da test attitudinali.
B) Da una prova pratico-teorica.
C) Da corsi di sostegno o di recupero.
D) Da colloqui settimanali con gli insegnanti e test finale di verifica.

185 Che cosa si intende con quota obbligatoria del curricolo didattico?

A) La quota di curricolo riservata alle scuole.
B) La quota di curricolo determinata dalle Regioni.
C) La quota di curricolo determinata dall'USR.
D) La quota definita a livello nazionale.

186 L'anno scolastico può essere suddiviso in:

A) Due quadrimestri.
B) Due quadrimestri, tre trimestri o un trimestre e un pentamestre.
C) Tre trimestri.
D) Periodi scelti liberamente dal Consiglio d'istituto.

187 Il singolo istituto scolastico può modificare il calendario scolastico regionale?

A) No, mai.
B) Solo nei casi previsti dalla legge.
C) Sì, in base all'art. 5, D.P.R. 275/1999.
D) Con l'autorizzazione del Ministero.

188 Come si compongono i percorsi liceali?

A) Di un biennio ed un triennio.
B) Di due bienni e un quinto anno.
C) Di due bienni, intervallati da un esame attitudinale, e un quinto anno specialistico.
D) Di un anno di inserimento ed un quadriennio di approfondimento.

189 Quale organo ha il compito di adottare i libri di testo?

A) Il Dirigente scolastico.
B) Il singolo insegnante per la propria materia.
C) Il Consiglio di interclasse.
D) Il Collegio dei docenti.

190 Nella Buona scuola il PTOF si conferma strumento di dialogo con il contesto territoriale in cui opera l'istituzione scolastica?

A) No, ogni scuola opera indipendentemente dal contesto.
B) Sì, sempre in base alle previsioni del regolamento sull'autonomia.
C) Sì, è richiamato più volte nella L. 107/2015.
D) No.

191 A chi compete l'elaborazione del Piano triennale dell'Offerta Formativa?

A) Al Collegio dei docenti.
B) Al Consiglio di istituto.
C) Al Dirigente scolastico.
D) Al DSGA.

192 Quale organo approva il PTOF?

A) Il Collegio dei docenti.
B) Il Dirigente scolastico.
C) Il direttore dell'USR.
D) Il Consiglio di circolo o di istituto.

193 Che cosa si intende con l'espressione contratto o Patto formativo?

A) La dichiarazione di adesione al percorso formativo della scuola.
B) Il Piano dell'offerta formativa.

C) Il Regolamento d'istituto.
D) Il Piano di miglioramento.

194 L'assegnazione di un debito formativo comporta:

A) L'annullamento del credito formativo.
B) La sospensione dell'assegnazione del punteggio incrementale.
C) La riduzione proporzionale del punteggio del credito.
D) Non comporta nessuna conseguenza.

195 Cosa è il Patto educativo di corresponsabilità?

A) Un altro modo di denominare il contratto formativo.
B) Il Piano dell'offerta formativa.
C) Il Programma annuale.
D) Il Piano annuale delle attività dei docenti.

196 Ai sensi dell'art. 1, comma 28, L. 107/2015, il *curriculum* dello studente raccoglie tutti i dati utili:

A) Ai fini dell'orientamento e dell'accesso al mondo del lavoro.
B) Anche ai fini dell'orientamento.
C) Solo ai fini dell'orientamento e dell'accesso al mondo del lavoro.
D) Anche ai fini dell'orientamento e dell'accesso al mondo del lavoro.

197 Per orientamento permanente si intende:

A) L'insieme degli interventi strategici attuati sulla formazione dei cittadini atti a favorire non solo la transizione fra scuola, formazione e lavoro ma ad assumere un «valore permanente» nella vita di ogni individuo garantendone lo sviluppo e il sostegno in tutti i processi di scelta e di decisione.
B) L'insieme degli interventi strategici attuati sulla formazione degli studenti, atti a favorire la transizione fra scuola, formazione e lavoro.
C) L'insieme degli interventi strategici attuati sulla formazione degli studenti atti ad assumere un «valore permanente» durante tutto il percorso degli studi.
D) L'insieme delle attività di orientamento che possano aiutare gli studenti nella ricerca di una collocazione nel mondo del lavoro.

198 In base alle Indicazioni nazionali del 2012, nel primo ciclo di istruzione devono essere acquisiti gli strumenti necessari ad un'alfabetizzazione:

A) Funzionale.
B) Adeguata.
C) Iniziale.
D) Fondamentale.

199 **Due momenti del processo valutativo sono:**

A) La fase di giudizio e la fase comunicativa.
B) La fase diagnostica e la fase formativa.
C) La fase rilevativa e la fase di giudizio.
D) La fase *ex-ante* e la fase *ex-post*.

200 **Che cosa contraddistingue una prova non-strutturata?**

A) L'ampiezza dei gradi di libertà lasciati a chi risponde.
B) La natura di prova orale.
C) L'assenza della preparazione della prova.
D) La lunghezza della prova.

201 **Su quali presupposti si fonda la didattica modulare?**

A) Complessità e articolazione.
B) Semplicità e modificabilità.
C) Rigidità e scientificità.
D) Unitarietà e flessibilità.

202 **Una ragione per cui si introducono compiti autentici è la necessità:**

A) Di elevare il livello di insegnamento degli insegnanti.
B) Di verificare la capacità d'uso della conoscenza per verificare un vero apprendimento.
C) Di accertare l'estensione delle conoscenze dello studente.
D) Di verificare le vere capacità dello studente.

203 **Quale tra le seguenti frasi esprime il valore di una valutazione autentica?**

A) Apprezzare le potenzialità formative dello studente.
B) Misurare il livello di apprendimento di uno studente.
C) Verificare le conoscenze possedute da uno studente.
D) Accertare non solo ciò che lo studente sa, ma ciò che sa fare con ciò che sa.

204 **Perché valutare implica detenere un potere?**

A) Perché la valutazione si fonda su una relazione strutturalmente asimmetrica.
B) Perché la valutazione si basa su prove di verifica.
C) Perché la valutazione si fonda su un insieme di criteri di giudizio.
D) Perché la valutazione può retroagire sulla relazione formativa.

205 **Che cosa si intende per strategia autovalutativa?**

A) Un questionario di autovalutazione.
B) Qualsiasi sollecitazione offerta all'allievo di riflettere sulla propria esperienza di apprendimento.
C) Una discussione in classe sull'esperienza di apprendimento.
D) La richiesta all'allievo di dare un voto alla sua prestazione.

206 **Con l'attività di verifica delle competenze:**

A) Si conclude il procedimento di valutazione.
B) Non si conclude l'azione valutativa essendo necessaria una seconda attività di verifica per confronto.
C) Non si conclude l'azione valutativa in quanto vengono estratti dallo studente dati grezzi da interpretare e comprendere.
D) Si conclude anche il procedimento di valutazione in quanto verifica e valutazione sono sinonimi.

207 **Nell'ambito delle prove somministrabili per l'attività di verifica delle competenze, quale tra questi NON è un elemento costitutivo di una prova oggettiva:**

A) La definizione degli obiettivi.
B) L'individuazione della scala di misurazione.
C) Il parere del docente.
D) L'individuazione di una soglia di accettabilità.

208 **Una prova di verifica è scientificamente corretta se presenta i seguenti caratteri:**

A) Universalità, oggettività, necessarietà, fecondità.
B) Oggettività e necessarietà.
C) Universalità, oggettività, necessarietà.
D) Tangibilità, ordinarietà e necessarietà.

209 **I processi di verifica e di valutazione possono essere considerati:**

A) Sovrapponibili.
B) Interscambiabili.
C) Incompatibili.
D) Connessi.

210 **In fase di valutazione, in quale chiave può essere letto l'errore da parte del docente?**

A) Punitiva.
B) Interpretativa.
C) Censoria.
D) Negativa.

211 **Una progettazione curriculare di tipo trasversale alimenta, nello studente, la capacità di:**

A) Produrre risposte originali.
B) Produrre risposte attese.
C) Fornire risposte convergenti.
D) Nessuna delle opzioni date.

212 La didattica è individualizzata quando:

A) È cucita addosso al singolo alunno e riguarda lui soltanto.
B) Persegue obiettivi differenti per ciascuno studente.
C) È personalizzata in base alle esigenze del singolo.
D) Veicola l'apprendimento del singolo verso gli obiettivi comuni alla classe.

213 Quali, tra le seguenti attività didattiche, non rientra nell'ambito di una progettazione orientata a promuovere lo sviluppo dell'intelligenza emotiva?

A) Drammatizzazioni.
B) Giochi di ruolo.
C) Lezione frontale.
D) Studi di caso.

214 «Trasmettere e informare possono talora divenire occasioni per comunicare [...] il trasmettere è uno spedire che sovente ignora chi riceverà. Il comunicare presuppone partecipazione attiva nell'esprimere e nel contempo nell'ascoltare, nel ricevere». Sono parole dell'educatore italiano:

A) Don Milani.
B) Maria Montessori.
C) Pietro Pasquali.
D) Danilo Dolci.

215 Nel testo delle raccomandazioni del Parlamento europeo le competenze vengono descritte in termini di:

A) Responsabilità e autonomia.
B) Crescita e responsabilità.
C) Apprendimento critico e responsabile.
D) Abilità pratiche.

216 L'autovalutazione dello studente è correlata all'attività di:

A) Esercitazione.
B) Metacognizione.
C) Ripetizione.
D) Ripasso.

217 Nell'ambito della valutazione di un apprendimento individuale, a quale elemento il docente presterà maggiore attenzione?

A) Il risultato ottenuto.
B) Il numero degli errori effettuati.
C) Il numero di risposte esatte.
D) Il progresso compiuto.

218 **«Quando il professionista riflette nel corso dell'azione, egli diventa un ricercatore operante nel contesto della pratica e costruisce una nuova teoria del caso unica. Egli non tiene separati i fini dai mezzi, ma li definisce in modo interattivo, mentre struttura una situazione problematica conversa con la situazione, senza separare il pensiero dall'azione. Egli ragiona sul problema fino alla decisione che in seguito dovrà trasformare in azione». L'agire riflessivo del docente è un processo teorizzato da:**

A) Carl Rogers.
B) Donald Schön.
C) Howard Gardner.
D) Daniel Goleman.

219 **In che modo lo stile cognitivo influenza la progettazione didattica?**

A) Nessuno, il docente è libero di progettare secondo il proprio metodo individuale.
B) Attraverso l'individuazione di strategie preferenziali.
C) Il Docente trasferisce il proprio metodo agli allievi.
D) Il Docente considera l'aspetto cognitivo ma non quello motivazionale.

220 **Una unità didattica di apprendimento NON è:**

A) Un percorso formativo.
B) Una unità minima di programmazione.
C) Un percorso didattico.
D) Un semplice trasferimento di conoscenze.

221 **Quale tra i seguenti NON è un sistema di progettazione didattica?**

A) Programmazione per obiettivi.
B) Compilazione del registro elettronico.
C) Programmazione per concetti.
D) Programmazione per sfondo integratore.

222 **Quale tipologia di compito consente di risolvere un problema nuovo, vicino al mondo reale, utilizzando le abilità e le conoscenze di cui si è in possesso?**

A) Prova a risposta aperta.
B) Problema strutturato.
C) Compito di realtà.
D) Simulazione interdisciplinare.

223 **Razionalizzazione, contestualizzazione, intenzionalità sono principi scientifici che caratterizzano:**

A) L'inclusione.
B) Il *setting* d'aula.
C) La progettazione.
D) L'apprendimento.

224 **Un efficace compito autentico è rappresentato:**

A) Dallo svolgimento di un esercizio decontestualizzato.
B) Della redazione dell'itinerario di un viaggio d'istruzione.
C) Dalla memorizzazione di un testo poetico.
D) Dalla risoluzione di un problema astratto.

225 **Qual è la definizione di Unità di apprendimento presente nelle Linee guida dei percorsi dell'istruzione professionale?**

A) Insieme autonomamente significativo di competenze, abilità e conoscenze in cui è organizzato il percorso formativo della studentessa e dello studente.
B) Insieme autonomamente significativo di competenze, abilità e conoscenze in cui è organizzato il percorso formativo della studentessa e dello studente; costituisce il necessario riferimento per la valutazione, la certificazione e il riconoscimento dei crediti, soprattutto nel caso di passaggi ad altri percorsi di istruzione e formazione.
C) Necessario riferimento per la valutazione, la certificazione e il riconoscimento dei crediti, soprattutto nel caso di passaggi ad altri percorsi di istruzione e formazione.
D) Insieme autonomamente significativo di competenze in cui è organizzato il percorso formativo della studentessa e dello studente necessario riferimento per la valutazione, la certificazione ma non per il riconoscimento dei crediti.

226 **Quali sono le diverse accezioni di UdA presenti in letteratura richiamate nella definizione di UdA secondo le Linee guida dell'istruzione professionale?**

A) «Pacchetto didattico» frutto di una segmentazione ragionata di determinati contenuti di insegnamento (learning object); micro-percorso pluridisciplinare finalizzato a perseguire determinati risultati di apprendimento (learning outcome).
B) «Pacchetto didattico» frutto di una segmentazione ragionata di determinati contenuti di insegnamento (learning object); micro-percorso pluridisciplinare finalizzato a perseguire determinati risultati di apprendimento (learning outcome); un insieme integrato di processi di apprendimento.

C) Micro-percorso pluridisciplinare finalizzato a perseguire determinati risultati di apprendimento (learning outcome); un insieme integrato di processi di apprendimento.
D) Un insieme integrato di processi di apprendimento.

227 La progettazione didattica richiesta dal nuovo ordinamento dell'istruzione professionale è basata su UdA costruite attorno a:

A) Compiti di realtà.
B) Evidenze.
C) Competenze.
D) Descrittori.

228 A quale tra le seguenti voci NON è finalizzata la valutazione degli insegnamenti nelle Linee guida dei percorsi dell'istruzione professionale?

A) Alla certificazione.
B) Alla progressione della carriera scolastica sulla base di decisioni periodiche.
C) All'attribuzione di voti numerici per insegnamento.
D) All'attribuzione di crediti numerici annuali che contribuiscono al punteggio finale del diploma.

229 Il Piano annuale/biennale suggerito nelle Linee guida per l'istruzione professionale, presenta tra i passi essenziali la definizione del canovaccio delle UdA. Esso:

A) Non può servire da check-list per verificare se il livello di padronanza atteso per il gruppo classe e/o per i singoli studenti copre quanto previsto nella progettazione poliennale e/o se sono necessarie delle modifiche/integrazioni sul piano didattico.
B) Serve anche da check-list per verificare se il livello di padronanza atteso per il gruppo classe e/o per i singoli studenti copre quanto previsto nella progettazione poliennale ma non se sono necessarie delle modifiche o integrazioni sul piano didattico.
C) Serve anche da check-list per verificare se il livello di padronanza atteso per il gruppo classe e/o per i singoli studenti copre quanto previsto nella progettazione poliennale e/o se sono necessarie delle modifiche/integrazioni sul piano didattico.
D) Serve a costituire – in chiave unificante – un contesto realmente generativo di apprendimento attraverso la proposizione di esperienze funzionali alle competenze obiettivo.

230 Le Indicazioni nazionali per il sistema dei licei:

A) Dettano un modello didattico-pedagogico.
B) Dettano alcuni differenti proposte di modello didattico-pedagogico.
C) Forniscono due alternative di modello didattico-pedagogico.
D) Non dettano alcun modello didattico-pedagogico.

231 Le Indicazioni per il sistema dei licei sottolineano l'importanza:

A) Della separazione tra la discipline.
B) Del dialogo tra le diverse discipline.
C) Della demarcazione tra i saperi.
D) Della formazione nozionistica.

232 Nei «nuovi scenari» delle Indicazioni nazionali, quali sono i fattori imprescindibili per sviluppare competenze, apprendimenti stabili e significativi, nella progettazione didattica?

A) La cooperazione e l'apprendimento sociale, la sperimentazione, l'indagine, la contestualizzazione nell'esperienza, la laboratorialità.
B) L'integrazione delle discipline per spiegare la complessità della realtà, la costruzione di conoscenze e abilità attraverso l'analisi di problemi e la gestione di situazioni complesse, la cooperazione e l'apprendimento sociale, senza necessità di una sperimentazione, l'indagine, la contestualizzazione nell'esperienza, la laboratorialità.
C) L'integrazione delle discipline per spiegare la complessità della realtà, la costruzione di conoscenze e abilità attraverso l'analisi di problemi e la gestione di situazioni complesse, la cooperazione e l'apprendimento sociale, la sperimentazione, l'indagine, la contestualizzazione nell'esperienza, la laboratorialità.
D) L'integrazione delle discipline per spiegare la complessità della realtà, la costruzione di conoscenze e abilità attraverso l'analisi di problemi e la gestione di situazioni complesse, la cooperazione e l'apprendimento sociale.

233 In riferimento al ruolo dell'educazione dei «nuovi scenari», cosa può ostacolare l'esercizio di una piena cittadinanza?

A) Vecchie e nuove forme di emarginazione culturale e di analfabetismo, intrecciate con analfabetismi di ritorno.
B) Varie forme di diversità, di disabilità o di svantaggio.
C) La selezione delle informazioni.
D) Il sapere diffuso.

234 Nelle Indicazioni per il primo ciclo la progettazione didattica è finalizzata a guidare i ragazzi lungo percorsi di conoscenza:

A) Orientati alla netta distinzione tra le discipline.
B) Diretti all'approfondimento separato delle materie.
C) Orientati alla sola conoscenza della disciplina, a prescindere dalle interconnessioni.
D) Orientati alle discipline e alla ricerca delle connessioni tra i diversi saperi.

235 Nella scuola del primo ciclo i traguardi costituiscono criteri per la valutazione delle competenze attese e sono definiti:

A) Liberi.
B) Prescrittivi.
C) Non imperativi.
D) Discrezionali.

236 Quale dei seguenti elementi NON fa parte della progettazione dei PCTO?

A) La dimensione curricolare.
B) La dimensione esperienziale.
C) La dimensione comportamentale.
D) La dimensione orientativa.

237 Nella definizione delle Linee guida, la certificazione delle competenze, che accompagna il documento di valutazione degli apprendimenti e del comportamento degli alunni, rappresenta:

A) Una valutazione quantitativa.
B) Un mero atto burocratico.
C) Un atto educativo.
D) Un atto facoltativo.

238 Lo strumento che consente agli studenti di affrontare una situazione problematica suddividendola in piccoli problemi è:

A) Il pensiero divergente.
B) Il pensiero convergente.
C) Il pensiero computazionale.
D) Il ragionamento ipotetico.

239 Quale avanguardia metodologica si basa su una diversa configurazione dell'ambiente educativo e prevede che tutto il materiale didattico venga auto-prodotto?

A) La didattica laboratoriale.
B) La scuola senza zaino.
C) La *flipped classroom*.
D) La classe scomposta.

240 La metodologia CLIL:

A) Promuove una diversa organizzazione degli ambienti scolastici.
B) Adotta il *coding* nelle scuole di ogni ordine e grado.
C) Introduce attività laboratoriali nell'insegnamento di discipline linguistiche.
D) Prevede l'insegnamento di una disciplina non linguistica in lingua straniera.

241 Di quali strumenti si avvale l'insegnamento con la LIM?

A) Proiettore e computer.
B) Computer, schermo digitale e proiettore.
C) Computer, schermo digitale e penna elettronica.
D) Computer, proiettore, schermo digitale e penna elettronica.

242 Quali tra le seguenti metodologie contraddistinguono un'efficace azione formativa secondo le Indicazioni Nazionali per il curricolo 2012?

A) Il *problem solving* e la ricerca-azione.
B) Il *cooperative learning* e l'attività di gruppo.
C) L'attività laboratoriale e la ricerca.
D) L'esplorazione e la scoperta.

243 Tra le principali innovazioni metodologiche introdotte nel secondo ciclo figura:

A) La didattica laboratoriale.
B) La ricerca-azione.
C) La *peer education*.
D) Le attività di gruppo.

244 Qual è la metodologia che consente l'apprendimento di processi di lavoro reali, attraverso la costituzione e gestione di imprese virtuali?

A) Il gemellaggio tra istituzioni scolastiche.
B) L'impresa a distanza.
C) La cooperativa telematica.
D) L'impresa formativa simulata.

245 Quale metodologia utilizzano le prove OCSE PISA?

A) La ricerca sperimentale.
B) Il *problem solving*.
C) La ricerca-azione.
D) Lo studio di casi.

246 Le competenze acquisite dagli studenti che seguono percorsi per le competenze trasversali e per l'orientamento (PCTO) costituiscono credito?

A) Sì, le competenze acquisite costituiscono crediti solo per l'eventuale transizione nei percorsi di apprendistato.
B) Sì, costituiscono crediti sia ai fini della prosecuzione del percorso scolastico o formativo per il conseguimento del diploma o della qualifica, sia per gli eventuali passaggi tra i sistemi ivi compresa l'eventuale transizione nei percorsi di apprendistato.

C) Sì, le competenze acquisite costituiscono crediti solo per la prosecuzione del percorso scolastico.
D) Le competenze acquisite non costituiscono crediti validi.

247 Nello scrutinio finale, agli alunni che non hanno conseguito la sufficienza in una o più discipline, il Consiglio di classe:

A) Riporta immediatamente il giudizio di non promozione.
B) In un primo momento sospende il giudizio, subito dopo riporta il giudizio di non promozione alle famiglie.
C) Sospende il giudizio e riporta il giudizio di non promozione comunicandolo alle famiglie.
D) Sospende il giudizio, senza riportare immediatamente un giudizio di non promozione.

248 Il voto sugli apprendimenti è assegnato dai docenti:

A) In lettere.
B) In centesimi.
C) In decimi.
D) Con giudizio analitico.

249 Le verifiche finali mirate al recupero del debito formativo si effettuano:

A) Entro il 31 agosto.
B) Non oltre la data di inizio delle lezioni dell'anno scolastico successivo a quello in cui si è verificato il debito.
C) Subito dopo il termine dell'anno scolastico.
D) Entro il 30 giugno.

250 Quanti sono i livelli degli indicatori esplicativi della certificazione delle competenze?

A) Tre: avanzato, intermedio, base.
B) Quattro: avanzato, intermedio, base, iniziale.
C) Due: base, iniziale.
D) Cinque: avanzato, intermedio, base, iniziale, finale.

251 Il documento che certifica le competenze viene redatto:

A) Nel corso del primo quadrimestre.
B) Alla fine del secondo trimestre.
C) Dagli insegnanti a conclusione dello scrutinio finale della classe quinta e dal Consiglio di classe in sede di scrutinio finale solo per gli studenti ammessi all'esame di Stato.
D) Durante l'esame conclusivo.

252 **Le prove Invalsi si svolgono nelle seguenti classi della scuola secondaria di primo grado:**

A) In seconda e in terza si svolgono le prove di italiano, matematica ed inglese.
B) In seconda e in terza si svolgono le prove di italiano e matematica; in quinta, anche di inglese.
C) In prima e terza si svolgono le prove di italiano e matematica.
D) Solo in terza si svolgono le prove di italiano, matematica ed inglese.

253 **Quale dei seguenti soggetti NON è un «organo» del Sistema nazionale di valutazione (SNV)?**

A) INVALSI.
B) INDIRE.
C) Contingente ispettivo.
D) Il Ministero del lavoro.

254 **Le competenze chiave definite «irrinunciabili» nelle Indicazioni nazionali e nuovi scenari del 2018 sono:**

A) Competenze sociali e civiche, competenze digitali, imparare ad imparare.
B) Competenze digitali, imparare ad imparare, spirito di iniziativa e imprenditorialità.
C) Competenze sociali e civiche, competenze digitali, spirito di iniziativa e imprenditorialità.
D) Competenze sociali e civiche, competenze digitali, imparare ad imparare, spirito di iniziativa e imprenditorialità.

255 **Quale dei seguenti strumenti favorisce l'acquisizione di saperi nelle Indicazioni nazionali del primo ciclo nei nuovi scenari, in riferimento agli ambienti di apprendimento?**

A) Realizzare attività didattiche in forma di laboratorio.
B) La realizzazione di aree separate per materia.
C) Il ricorso al CLIL.
D) Un ambiente di apprendimento libero da ingombri.

Risposte commentate

1 Risposta esatta: B

Lo psicologo tedesco Kurt Lewin si è occupato dello studio delle atmosfere all'interno dei gruppi arrivando ad affermare che esistono tre tipologie di leadership:

- **autoritaria**, determina forte dipendenza dal leader; considerevole irritabilità e aggressività fra i membri; scarsi suggerimenti di attività e di orientamenti di gruppo; insoddisfazione per le attività del gruppo ed elevato rendimento sia dal punto di vista quantitativo che dal punto di vista qualitativo;
- **democratica**, determina scarsa dipendenza dal leader; scarsa irritabilità e aggressività fra i membri; frequenti suggerimenti di attività e orientamenti di gruppo; grande soddisfazione per le attività del gruppo e un rendimento quantitativamente moderato, ma qualitativamente superiore;
- «**lassista**» o permissiva, determina scarsa dipendenza dal leader; forte irritabilità e aggressività fra i membri; molti suggerimenti di attività e orientamenti di gruppo accompagnati da forte scontento circa i progressi e le realizzazioni; considerevole insoddisfazione per le attività del gruppo e un moderato livello di rendimento.

2 Risposta esatta: A

Si parla di stile cognitivo in riferimento al modo con cui un individuo elabora le informazioni e le fa proprie; esso riguarda l'individuo nel suo insieme, nella sua globalità, per questo motivo nell'approccio metodologico e didattico occorre tenere in considerazione il fatto che ogni individuo apprende in maniera diversa. Ecco perché occorre individuare delle strategie preferenziali efficaci per tutte le categorie di individui, finalizzate ad ottenere le migliori condizioni di studio per il raggiungimento degli obiettivi prefissati, il che può avvenire ad esempio attraverso l'individuazione dell'ambiente più favorevole, la scelta dei materiali che possano favorire al massimo lo studio, le variazioni delle modalità del processo in base ai diversi stili cognitivi individuati, l'utilizzo dello strumento del *tutoring* per la verifica costante di quanto si è appreso, la scansione dei tempi ecc.

3 Risposta esatta: C

Per apprendimento autodiretto si intende far riferimento al processo formativo che pone il soggetto adulto autenticamente al centro. Il soggetto autoregola e autogestisce l'apprendimento in funzione dei propri bisogni, ritmi, risorse ma in ogni caso avvalendosi delle competenze degli insegnanti. L'apprendimento autodiretto è uno dei modi più comuni in cui gli adulti perseguono apprendimento durante tutta la loro vita, oltre ad essere un modo in cui le persone integrano l'apprendimento ricevuto in contesti formali.

4 Risposta esatta: D

Il tutoraggio tra pari (*peer tutoring*) è un metodo di apprendimento cooperativo basato sulla creazione di coppie di studenti, con una relazione asimmetrica e un

obiettivo comune, conosciuto e condiviso che viene raggiunto attraverso una relazione pianificata dall'insegnante. In generale, in ambito scolastico, il tutor è un docente che si pone a disposizione del singolo alunno per venire incontro alle sue esigenze psichiche e cognitive.
Tuttavia, può accadere che gli **alunni più maturi e preparati** (*peer educators*) insegnino agli allievi che hanno bisogno di supporto e di tempi più lunghi per l'apprendimento. In tal modo si mette in evidenza un naturale passaggio di conoscenze, emozioni ed esperienze da parte di alcuni membri di un gruppo ad altri individui dello stesso gruppo. L'attività del docente è agevolata in quanto riesce a conoscere meglio le reali **dinamiche** e le **esigenze** del gruppo.

5 Risposta esatta: B

Il *cooperative learning* o apprendimento cooperativo è un metodo didattico che utilizza **piccoli gruppi** per far sì che gli alunni lavorino insieme migliorando reciprocamente il loro apprendimento. A ogni componente del gruppo vengono assegnati ruoli e compiti di uguale importanza e ciascuno deve coordinare i suoi sforzi con quelli altrui, per il perseguimento di comuni finalità. Il presupposto è che dalla collaborazione e dallo **scambio di idee** scaturiscono elementi utili ad agevolare l'apprendimento.
Le principali caratteristiche positive del lavoro cooperativo fanno, infatti, riferimento allo sviluppo di un **legame positivo** tra i partecipanti in quanto la percezione di lavorare insieme per un progetto comune agevola il successo dell'impresa; l'**interazione** diretta d'altra parte garantisce processi di reciproco apprendimento e di incoraggiamento.

6 Risposta esatta: B

Nella didattica collaborativa, il docente assume il ruolo di **tutor** in quanto ha il compito di favorire l'interazione tra gli studenti, stimolare la discussione, e facilitare l'apprendimento ricorrendo a continue sollecitazioni (domande, verifiche ecc.). Il docente utilizza il gruppo in cui gli alunni lavorano insieme per migliorare reciprocamente il loro apprendimento, puntando su una mediazione sociale, contrapposta alla classica mediazione dell'insegnante.
L'obiettivo che si pone l'insegnante è quello di valorizzare l'unicità e la singolarità dell'identità culturale di ogni studente e contemporaneamente l'apertura all'incontro con la diversità.

7 Risposta esatta: A

Nell'ambito del *cooperative learning* è stato elaborato un particolare metodo educativo che prende il nome di ***group investigation*** o **ricerca di gruppo**. Si tratta di un metodo di strutturazione della classe in base al quale gli studenti lavorano in collaborazione a piccoli gruppi per esaminare, sperimentare e comprendere i **propri argomenti di studio**.

La ricerca di gruppo si struttura in diverse fasi:

1. la classe relativamente all'argomento della ricerca stabilisce i sotto-argomenti e si organizza i propri gruppi di ricerca;
2. i gruppi pianificano le loro ricerche;

3. i gruppi conducono le loro ricerche;
4. i gruppi pianificano le loro presentazioni;
5. i gruppi effettuano le loro presentazioni;
6. l'insegnante e gli studenti valutano i progetti.

8 Risposta esatta: D

La **comunicazione multimediale** caratterizza un'organizzazione efficiente e produttiva, che sfrutta pienamente le potenzialità offerte dalla tecnologia per facilitare la **circolarità** delle informazioni, l'**interscambio** reciproco dei soggetti, la **visibilità** di quanto posto in essere. Nella *learning community*, dove l'apprendimento avviene in gruppo prevalentemente tramite l'interazione online, si adottano **stili comunicativi tutti-tutti**.

Si può utilizzare la *multimedialità* all'interno della didattica in modi diversi:

- come semplice **strumento di insegnamento-apprendimento** inserito nei contesti tradizionali e consolidati delle pratiche educative;
- quale oggetto di insegnamento finalizzato alla **padronanza delle strumentazioni**;
- come un ambiente entro il quale **rimodulare le forme**, le **modalità**, i **contenuti** dell'insegnamento e dell'apprendimento.

9 Risposta esatta: A

Lo ***spaced learning*** (detto anche *apprendimento intervallato*) costituisce una particolare articolazione della lezione. Si tratta di un metodo proposto per la prima volta da Paul Kellev che prevede che la lezione sia scandita da momenti di input e intervalli in considerazione delle teorie neuroscientifiche che evidenziano come l'attenzione non si può sostenere per più di un determinato tempo. Lo *spaced learning* permette di massimizzare la concentrazione e il lavoro cognitivo degli studenti, focalizzando l'attenzione su di un particolare argomento e affrontandolo da punti di vista diversi e modalità di fruizione dei contenuti diversificate.
Tra i *punti di debolezza* dello *spaced learning* si segnalano il pericolo di generare confusione nelle pause con classi numerose e la capacità partecipativa degli studenti che risulta ridotta a causa del tempo da dedicare agli intervalli.

10 Risposta esatta: D

Il **laboratorio didattico** prevede un lavoro personale attivo su un determinato tema o **problema** tramite la creazione di percorsi cognitivi, la produzione di idee rispetto a un determinato compito oppure la risoluzione di un problema o un interrogativo. Si può definire dunque «laboratorio» qualsiasi situazione didattica che presenta il carattere dell'apprendimento attivo e dell'imparare facendo.
Il *problem solving*, unitamente al *cooperative learning*, rappresenta la metodologia didattica maggiormente indicata perché consente ai discenti di apprendere con una **didattica orientata ai problemi** a cui dare una soluzione. Gli alunni sono così stimolati a porsi domande formulando ipotesi utili per risolvere problemi concreti di diverso tipo.
Oltre a essere un valido strumento utile per accrescere l'affinità di gruppo, nella didattica laboratoriale orientata ai problemi s'impara a lavorare insieme per un obiettivo comune.

11 Risposta esatta: C

La capacità di «Imparare a imparare» fa parte delle otto competenze chiave individuate nella Raccomandazione del Consiglio d'Europa del 22-5-2018. La **didattica** più adeguata all'acquisizione di questa competenza è quella **metacognitiva**. Nella didattica metacognitiva il docente ha il compito di monitorare il progresso degli studenti nell'acquisizione di conoscenze, abilità, credenze e atteggiamenti che costituiscono la competenza, fornendo al contempo un feedback *diagnostico* che tenga in considerazione non solo il prodotto finale ma anche tutto il processo di apprendimento. Con l'attività di **monitoraggio**, durante lo svolgimento del compito il ragazzo si chiede se sta raggiungendo la soluzione o deve cambiare approccio, se ha bisogno di aiuto o ha già qualche conclusione importante.

12 Risposta esatta: A

Aronson elaborò il **metodo del Jigsaw** nel 1971. È una modalità specifica di *cooperative learning* pensata soprattutto per far fronte a situazioni di conflitto e di esclusione e basata sulla ricerca, attraverso la quale ogni studente ha una parte di conoscenza. È una tecnica di lavoro di gruppo in cui alcuni studenti studiano individualmente un contenuto diverso di un dato argomento rispetto agli altri membri del gruppo; le parti devono essere poi messe insieme per l'esito finale. L'idea di base infatti è che ad ogni alunno viene assegnato un compito che è essenziale al gruppo. Questa tecnica permette all'allievo di responsabilizzarsi, sia verso l'insegnante che verso il gruppo base, imparando nel contempo a lavorare in modo cooperativo al fine di raggiungere un obiettivo comune.

13 Risposta esatta: D

Lo psicologo belga **Ovide Decroly** (1871-1932) criticò il sistema educativo tradizionale, che si basava sull'ambiente scolastico e il programma, trascurando le facoltà ricettive, elaboratrici e attive dell'allievo, o impegnandole separatamente. Nella **Scuola dell'Ermitage**, da lui fondata per sperimentare le sue teorie, ideò un ambiente educativo in cui l'edificio scolastico era circondato dalla *natura* (campo delle occupazioni attive dell'allievo). Laboratori, campi e giardini, allevamenti, spazi di gioco e di vita comune costituivano lo spazio educativo, nel quale i bambini potevano avvicinarsi con gradualità alle attività sociali e materiali. In tal modo la scuola svolgeva una duplice funzione: alfabetizzare l'alunno e promuovere la formazione dell'identità personale.
Dunque alle classiche **lezioni interne** si affiancavano **lezioni all'esterno** della scuola. L'ambiente esterno all'edificio infatti veniva visto come un nuovo spazio in cui l'alunno può coltivare tutti gli aspetti della propria individualità e facilitare l'adattamento naturale e sociale.

14 Risposta esatta: A

La L. 170/2010 all'articolo 5 prevede per gli studenti con diagnosi di DSA il diritto a fruire di misure dispensative e strumenti compensativi nel corso dei cicli di istruzione e formazione. Nello specifico, si definiscono compensativi quegli strumenti didattici e tecnologici che agevolano o sostituiscono la prestazione deficitaria nello studente con DSA certificato. Tra essi figurano: strumenti di sintesi vocale; programmi di videoscrittura con correttore automatico; calcolatrice; registratore.

Lo studente con DSA affronta diversi problemi in base al tipo di disturbo che manifesta. Egli può avere difficoltà nello scrivere sotto dettatura, nel leggere ad alta voce o nella scrittura. È opportuno, pertanto, da parte del docente, non solo valutare l'uso delle misure dispensative e degli strumenti compensativi previsti per legge, ma anche rileggere più volte il testo all'alunno che esprime difficoltà e dispensarlo da esercizi di ortografia che potrebbero risultare mortificanti, oltre che inutili.

15 Risposta esatta: D

Il *cooperative learning* (apprendimento cooperativo) prevede la modifica del setting d'aula tradizionale. Per lo svolgimento di attività di questo tipo, in genere è preferibile dividere la classe in piccoli gruppi e **disporre i banchi «a isole»**; in questo modo i singoli partecipanti possono collaborare facilmente, poiché le interazioni e gli scambi reciproci sono agevolati dalla possibilità che ognuno ha di relazionarsi con tutti gli altri.

16 Risposta esatta: B

Il sociologo e docente francese Philippe Perrenoud individua dieci «domini di competenze», divisi in tre sfere, necessari per svolgere la funzione di docente:

A) Apprendimento:

1. organizzare e animare situazioni d'apprendimento;
2. gestire la progressione dell'apprendimento;
3. ideare e fare evolvere dispositivi di differenziazione;
4. coinvolgere gli studenti nei loro apprendimenti e nel loro lavoro;
5. lavorare in gruppo;

B) Lavoro dell'insegnante fuori dall'aula:

6. partecipare alla gestione della scuola;
7. informare e coinvolgere i genitori;
8. servirsi delle nuove tecnologie;

C) Costruzione e senso della professione:

9. affrontare i doveri e i dilemmi etici della professione;
10. gestire la propria formazione continua.

17 Risposta esatta: B

Lo psicologo e pedagogista russo Lev Semënovič Vygotskij (1896-1934) ha introdotto il metodo della «doppia stimolazione» per osservare le strategie di *problem solving*. Nel dettaglio, il metodo consiste nell'affidare agli allievi **un compito di difficoltà superiore alle loro possibilità del momento**. Contestualmente, si offre loro una doppia stimolazione: oggetti di uso comune e supporti utili alla risoluzione del problema; lo scopo dello psicologo è di osservare le strategie messe in atto per arrivare alla soluzione.

18 Risposta esatta: A

Per *scaffolding* si intende un apprendimento che prevede il supporto iniziale del docente, che fornisce un appoggio allo studente per impostare e avviare l'attività. Il processo che prevede la progressiva riduzione dell'appoggio fino all'autonomia del discente si chiama *fading*. La psicologa italiana Clotilde Pontecorvo sostiene che, nel corso di attività di confronto e discussione tra gli studenti, il docente assume funzioni di *scaffolding* e *fading* per **incrementare l'autonomia del gruppo nella gestione del confronto collettivo**.

19 Risposta esatta: D

Lo psicologo americano Jere Edward Brophy (1940-2009) ha a lungo studiato i processi di insegnamento e i meccanismi che sottendono alla motivazione all'apprendimento, argomento trattato nel volume *Motivare gli studenti ad apprendere* (2003). Nel testo Brophy approfondisce il tema della motivazione ponendo il focus sugli studenti che appaiono meno interessati o sfiduciati verso le proprie capacità. Per Brophy la motivazione ottimale affonda le sue radici **nell'orientamento al risultato**, tenendo presente l'obiettivo senza lasciarsi condizionare dal timore del fallimento o dal tentativo di assecondare determinati standard di prestazione.

20 Risposta esatta: C

In ambito didattico, il «project work» si configura come una metodologia fondata sul *learning by doing*, ovvero sull'imparare facendo. Questo processo procede per fasi, a partire dalla definizione degli obiettivi all'individuazione dei partecipanti e alle pratiche di lavoro da applicare. L'apprendimento si costruisce con la realizzazione, passo dopo passo, del progetto da parte degli studenti, **dopo una serie di lezioni introduttive ed esplicative** della metodologia. Nella scuola secondaria di secondo grado il project work viene molto utilizzato nell'ambito dei *Percorsi per le Competenze Trasversali e l'Orientamento* (PCTO), attraverso la realizzazione di progetti concreti che danno vita ad una modalità di apprendimento in un contesto d'opera.

21 Risposta esatta: D

La lezione frontale appartiene ai metodi denominati espositivi, ed è un tipico esempio di «comunicazione unidirezionale», la cui principale caratteristica è un'esposizione prevalentemente verbale. Per quanto riguarda gli obiettivi formativi, possiamo affermare che, sebbene esistano diversi tipi di lezione, la lezione frontale, sia nella forma classica, sia nelle forme più recenti, può essere impiegata efficacemente solo per il **raggiungimento di obiettivi formativi** di miglioramento di conoscenze teoriche.

I metodi di lezione utilizzati quotidianamente nelle aule sono fondamentalmente di tre tipi:

- metodo puro: si basa su una concezione sostanzialmente ricettiva dell'apprendimento.
  L'insegnante spiega e gli studenti ascoltano. Benché presupponga l'ascolto attivo da parte dell'allievo, si riduce alla trasmissione unidirezionale dell'informazione;

- metodo interrogativo: detto anche attivo, si rifà in qualche modo al modello di apprendimento socratico, basato sul dialogo e sulla maieutica. In questo caso l'origine etimologica si può rintracciare nel termine latino quaestio (o disputatio), ovvero discussione tra il docente e gli allievi. Durante o dopo l'esposizione il docente formula domande agli studenti. Lo scopo fondamentale dell'interrogazione è il feedback: verificare se il messaggio è stato compreso correttamente e, in caso negativo, modificarlo e riformularlo;
- metodo partecipativo: durante la lezione gli studenti possono porre domande e intervenire secondo modalità negoziate: periodi di ascolto (fase passiva) si alternano a periodi di intervento (fase attiva). La partecipazione degli studenti si completa con esercizi applicativi o altre attività comuni.

22 Risposta esatta: A

La *peer education*, letteralmente **istruzione fra pari** (conosciuto anche come metodo peer to peer) costituisce, dunque, una tecnica didattica in cui gli alunni sono sollecitati a insegnare un determinato concetto o argomento ai loro compagni, imparando a loro volta. I coetanei sono, infatti, molto spesso più efficaci degli adulti in quanto offrono modelli di *problem solving* più semplici e più vicini a chi deve apprenderli. L'interazione comporta miglioramenti significativi tanto nello sviluppo cognitivo quanto nella sfera emotivo-relazionale.

23 Risposta esatta: D

Entrambe le tecniche sono caratterizzate dalla possibilità di **esprimere liberamente le proprie idee** senza preoccuparsi della loro validità.
Nel *problem solving*, in particolate, si individuano 5 momenti: la comprensione del problema; la previsione di bisogni, tempi e strumenti per la risoluzione; la pianificazione del processo di risoluzione; il monitoraggio durante lo svolgimento del compito e la valutazione del risultato raggiunto. Grazie a questo metodo di apprendimento è possibile sviluppare una serie di abilità fondamentali per la vita futura del ragazzo, come ad esempio la capacità di analizzare e valutare la propria attività cognitiva, di elaborare un pensiero creativo o sviluppare uno spirito critico. Se il classico processo di apprendimento prevede l'utilizzo di procedure schematiche e automatiche, acquisite precedentemente e da applicare in situazioni simili, nel *problem solving*, invece, si ha a che fare con operazioni cognitive in grado di offrire una soluzione inedita, inaspettata, mai raggiunta in precedenza. Questo approccio implica un ragionamento finalizzato alla risoluzione di una situazione complessa, che non può essere ottenuta con l'automatica applicazione di procedure già note.

24 Risposta esatta: D

Per tutte le discipline (anche in quelle più teoriche) **non esiste un'unica strategia per tutte le situazioni**, ma è sempre necessario ricorrere a metodi diversi quando si tratta di:

- sviluppare processi di apprendimento alternativi e più autonomi (non solo quello per ricezione, ma anche per scoperta, per azione, per problemi, ecc.);
- garantire un'offerta formativa personalizzabile (l'allievo che non impara con un metodo, può imparare con un altro);

- promuovere e/o consolidare l'interesse e la motivazione degli studenti (alla lunga ogni metodo annoia, soprattutto un adolescente).

25 Risposta esatta: C

Secondo Ausubel l'apprendimento è **significativo** se si basa su un processo in cui l'alunno mette in relazione le nuove informazioni con altre che già possiede nella sua struttura cognitiva. I concetti già presenti, costituiscono un ponte tra ciò che già si conosce e ciò che ci si appresta ad apprendere secondo una logica di derivazione vygostskiana.
Questo personale processo attivo può essere incoraggiato dall'insegnante grazie all'utilizzo delle mappe concettuali che, prevedendo una riflessione sulla costruzione e relazione dei concetti nuovi e vecchi, favoriscono la dimensione metacognitiva e un'assimilazione duratura del sapere. Per ottenere l'obiettivo atteso, diventa fondamentale che ogni alunno diventi, grazie a un percorso graduale, competente e autonomo nel riassumere e schematizzare un testo arrivando a creare una propria mappa. Somministrare a qualcuno una mappa già costruita non favorisce un apprendimento significativo, proprio perché essa rappresenta l'organizzazione di pensiero di chi ha scritto il testo nella mappa e selezionato le immagini.

26 Risposta esatta: D

Il ***role playing*** (gioco o interpretazione dei ruoli) consiste nella simulazione dei comportamenti e degli atteggiamenti adottati generalmente nella vita reale. Gli studenti devono assumere i ruoli assegnati dall'insegnante e comportarsi come farebbero realmente nella situazione data. Questa tecnica ha, pertanto, l'obiettivo di far acquisire la capacita di impersonare un ruolo e di comprendere in profondità ciò che il ruolo richiede. Il ***role playing*** non è la ripetizione di un copione, ma una vera e propria recita a soggetto. Riguarda i comportamenti degli individui nelle relazioni interpersonali in precise situazioni operative per scoprire come le persone possono reagire in tali circostanze. Il docente è tenuto a rispettare gli studenti nelle loro scelte e reazioni senza giudicare. Come ogni tecnica di sensibilizzazione utilizzata a scopi formativi, anche il ***role playing*** deve essere utilizzato come tale (a scopi formativi), deve avere delle sequenze strutturate e deve concludersi con una verifica degli apprendimenti.

27 Risposta esatta: D

È fondamentale che il docente analizzi gli errori del singolo studente per comprendere i processi cognitivi sottesi ad essi, pianificando in modo mirato il potenziamento dei processi cognitivi necessari. L'analisi dell'errore consente, infatti, di **capire quale confusione cognitiva** l'allievo abbia consolidato e di **scegliere la strategia didattica più efficace** per l'eliminazione dell'errore e per il rafforzamento della competenza. Riguardo agli strumenti compensativi e alle misure dispensative, è utile ricordare che la calcolatrice, la tabella pitagorica, il formulario personalizzato, etc. sono strumenti di supporto ma non di potenziamento, in quanto riducono il carico ma non aumentano le competenze. È molto rilevante, pertanto, che il docente dedichi peculiari attenzioni all'analisi dell'errore: errori di recupero di calcoli algebrici, di applicazione di formule e procedure, di scelta di strategie, visuospaziali o di comprensione semantica possono fornire al docente informazioni significative per calibrare costantemente la didattica e i suoi accorgimenti individualizzanti e personalizzanti.

28 Risposta esatta: D

La didattica che sta alla base del laboratorio si fonda su specifiche procedure metodologiche. Uno dei modelli teorici di riferimento è quello dell'apprendimento attraverso l'interazione tra pari.
Le metodologie adottate si basano su alcuni elementi essenziali e prevedono una serie di operazioni da svolgere all'interno del percorso didattico in una dimensione cooperativa: assunzione, definizione e contestualizzazione del problema; realizzazione di operazioni concrete e mentali; individuazione di soluzioni possibili e funzionali; **realizzazione di un prodotto concreto e visibile**; controllo sia del processo che porta alla realizzazione del prodotto, sia del prodotto stesso, che deve essere funzionale alla risoluzione del problema assunto, definito e contestualizzato al principio del percorso; concettualizzazione dei processi che hanno portato alla soluzione del problema; documentazione cartacea dei percorsi, dei processi attivati, dei risultati ottenuti.
Per avviare un'attività di laboratorio bisogna innanzitutto organizzare un gruppo di lavoro, assegnare e assumersi un «compito di realtà», ossia l'oggetto del lavoro stesso, e definire un prodotto che sia coerente, rispondente e funzionale ai bisogni posti dal compito dato.
A prescindere dalla scelta contingente di quest'ultimo e dalla realizzazione specifica del prodotto, l'esperienza di laboratorio ha come obiettivo lo sviluppo dell'abilità di lavorare insieme, rispettare i ruoli e apprezzare il lavoro di ogni componente del gruppo.
Ancora nella fase organizzativa dell'esperienza di laboratorio, vanno definite le aree di responsabilità, individuati i nuclei operativi relativi ad ogni ambito e selezionati i compiti di realtà propri di ciascuna area di lavoro.

29 Risposta esatta: B

L'apprendimento cooperativo (*cooperative learning*) è un metodo didattico in cui gli alunni lavorano insieme in piccoli gruppi per raggiungere obiettivi comuni, cercando di **migliorare reciprocamente il loro apprendimento**. Nei gruppi di apprendimento cooperativo gli studenti si dedicano all'attività comune, gestiscono tutte le fasi del loro lavoro, dalla pianificazione alla valutazione, mentre l'insegnante è soprattutto un facilitatore e un organizzatore dell'attività.

I cinque elementi che caratterizzano la specificità del *cooperative learning* sono:

- l'interdipendenza positiva, per cui gli alunni si impegnano per migliorare il rendimento di ciascun membro del gruppo, non essendo possibile il successo individuale senza il successo collettivo;
- la responsabilità individuale e di gruppo: il gruppo è responsabile del raggiungimento dei suoi obiettivi e ogni membro è responsabile del suo contributo;
- l'interazione costruttiva: gli studenti devono relazionarsi in maniera diretta per lavorare, promuovendo e sostenendo gli sforzi di ciascuno;

- l'attuazione di abilità sociali specifiche e necessarie nei rapporti interpersonali all'interno del piccolo gruppo: gli alunni si impegnano nei vari ruoli richiesti dal lavoro e nella creazione di un clima di collaborazione e fiducia reciproca;
- la valutazione di gruppo: il gruppo valuta i propri risultati e il proprio modo di lavorare e si pone degli obiettivi di miglioramento.

Numerosi studi hanno dimostrato che con il *cooperative learning* gli studenti ottengono risultati scolastici più elevati, più alti livelli di autostima, maggiori competenze sociali, una più approfondita acquisizione di contenuti e abilità.

30 Risposta esatta: B

Secondo i costruttivisti l'**apprendimento è un processo attivo** di costruzione delle conoscenze e l'insegnamento ha il ruolo di sostenere questo processo. In tale contesto l'insegnante è una guida per l'allievo verso la sua propria ricerca di senso tra le molteplici interazioni con il mondo esterno. Su più punti la posizione dei costruttivisti è simile a quella dei cognitivisti.

31 Risposta esatta: A

La didattica può dirsi individualizzata se finalizzata a favorire l'apprendimento seguendo le peculiarità degli studenti verso il **perseguimento di obiettivi che sono comuni alla classe**. L'individualizzazione fa riferimento, quindi, alla diversificazione dei percorsi di apprendimento, alle procedure didattiche volte a fare raggiungere a tutti gli studenti le abilità strumentali di base e le competenze comuni. *Individualizzare* significa porre in essere strategie didattiche ad hoc per le caratteristiche individuali dell'alunno veicolando il suo apprendimento verso gli stessi obiettivi fissati per tutti gli altri alunni.
La didattica è, invece, *personalizzata* se anche gli obiettivi, i contenuti e le attività sono specifiche per il singolo studente.
L'attività è individualizzata se costruita sul singolo, anziché sull'intera classe/sezione e diviene personalizzata quando è diretta ad un particolare alunno. L'intervento individualizzato pone obiettivi comuni per tutti i componenti del gruppo-classe, anche se l'azione formativa si svolge mediante l'uso e l'adattamento delle diverse metodologie alle caratteristiche individuali degli alunni. L'intervento personalizzato persegue obiettivi diversi per ciascun allievo essendo strettamente legato a quella specifica ed unica persona a cui è destinato offrendo l'opportunità di sviluppare al meglio le proprie potenzialità.

32 Risposta esatta: B

Gli **individui apprendono in maniera diversa l'uno dall'altro**, secondo le modalità e le strategie con cui ciascuno recepisce ed elabora le informazioni.
Un insegnamento che tenga conto dello stile di apprendimento dello studente facilita il raggiungimento degli obiettivi educativi e didattici.
Ciò implica la capacità, da parte dell'insegnante, di discernere i canali di apprendimento preferenziali del discente, che possono essere analitico-sequenziali piuttosto che sintetico-globali, valutare le sue modalità recettive dominanti (visive, acustiche, cinestesiche), i linguaggi in cui si esprime al meglio (verbale, corporeo-gestuale, grafico).

Ciò è significativo per l'argomento in questione, in quanto se la costruzione dell'attività didattica, sulla base di un determinato stile di apprendimento la rende più complessa, ciò sfavorisce in generale tutti gli alunni; una didattica che tenga conto dei diversi stili di apprendimento e li valorizzi facilita non solo il successo formativo, ma aiuta il singolo studente a prendere coscienza delle sue strategie metacognitive, in modo da agevolarlo nello studio e nella costruzione delle sue competenze future.
Naturalmente occorre guidare lo studente a familiarizzare anche con altri stili d'apprendimento diversi dal proprio, in modo da alternarli o combinarli in relazione al compito da svolgere.

33 **Risposta esatta:** C

Il termine «didattica» evoca l'etimologia greca didàskein ossia insegnare e, pertanto, indica l'**arte di insegnare**, consiste nel processo d'insegnamento e si traduce nelle procedure adottate per esporre i contenuti di apprendimento.
In questo senso, essa si distingue dalla pedagogia in senso stretto, il cui campo di indagine è costituito dalla riflessione teorica preliminare al processo di formazione e di istruzione.
La didattica è una vera e propria scienza dell'educazione, distinta dalle altre, rispetto alle quali, però, mantiene uno stretto collegamento, poiché non può esistere una didattica separata dalla riflessione pedagogica, dalla psicologia, dalla docimologia e, in particolare, dalla metodologia, con cui realizza un'implicazione reciproca.
In altre parole, la «didattica» concerne il complesso di interventi volti a progettare, allestire, gestire, valutare «ambienti di apprendimento», cioè speciali contesti che favoriscono particolari processi acquisitivi in soggetti inesperti.

34 **Risposta esatta:** D

La didattica metacognitiva ha il fine di **insegnare a «imparare ad imparare»**.
Secondo la *Raccomandazione del Consiglio d'Europa* del 2018, la capacità di «imparare ad imparare» è una delle competenze chiave necessarie e indispensabili per tutti gli individui, che forniscono le basi per un apprendimento che dura tutta la vita, secondo il noto principio del *lifelong learning*.
Secondo quanto indicato nei testi delle Raccomandazioni europee (del 2006 e del 2018), *imparare ad imparare* comporta che «l'alunno conosca e comprenda le proprie strategie di apprendimento preferite, i punti di forza e i punti deboli delle proprie abilità e qualifiche e sia in grado di ricercare le opportunità di istruzione e formazione e gli strumenti di orientamento e/o sostegno disponibili».
Per gli insegnanti, adottare tecniche metacognitive vuol dire attivare nei propri alunni tutte quelle abilità trasversali che hanno una positiva ricaduta nel processo di apprendimento.
La didattica metacognitiva offre un approccio utile ad ogni ambito disciplinare, in quanto fa riflettere gli studenti su aspetti riguardanti la loro capacità di apprendere, di stare attenti, di concentrarsi, di ricordare. Per il docente di psicologia dell'apprendimento Cesare Cornoldi, la metacognizione può essere definita come «l'insieme delle attività psichiche che presiedono al funzionamento cognitivo».
Più specificatamente, il docente italiano distingue tra *conoscenza metacognitiva*, ovvero le idee che un individuo possiede sul proprio funzionamento mentale e che includono le impressioni, le intuizioni, le autopercezioni, e i *processi*

metacognitivi di controllo, come tutte quelle attività cognitive che presiedono a qualsiasi funzionamento cognitivo e che includono la previsione, la valutazione, la pianificazione, il monitoraggio, etc.
Nel sistema scolastico italiano, l'approccio metacognitivo riserva un ruolo fondamentale all'insegnante: quello di facilitatore di cambiamenti strutturali nei discenti, laddove con questo termine si intende un processo complesso che non riguarda la compensazione di particolari comportamenti, singole abilità o specifiche competenze, ma qualcosa che interessa direttamente la struttura dei processi mentali e, proprio per questo, rimane stabile nel tempo.

35 Risposta esatta: A

La teoria del ***mastery learning*** (apprendimento per padronanza) è elaborata da Bloom e Carrol. Il nucleo concettuale di tale teoria è il seguente: se si offre a ciascun alunno il tempo di apprendimento che gli è necessario, sarà possibile per ciascuno di essi raggiungere la padronanza degli obiettivi proposti.
Il ***mastery learning*** mira a portare tutti gli alunni di una classe al massimo livello di apprendimento attraverso l'autocontrollo e l'autoverifica dell'apprendimento; a tale scopo definisce, in maniera minuziosa, obiettivi e contenuti dell'attività didattica e diversifica ritmi, sequenze e rinforzi del lavoro didattico, attraverso una continua verifica dei risultati raggiunti.
Il buon apprendimento è visto come risultante dell'ottimizzazione del tempo necessario per l'apprendimento di ciascun alunno, della motivazione ad apprendere, della possibilità di superare al momento giusto le difficoltà che si presentano.

36 Risposta esatta: A

L'apprendimento significativo si pone in posizione opposta rispetto a ogni forma di apprendimento meccanico e nozionistico, poiché imparando ad imparare gli studenti sono spinti a prendere le mosse da quanto hanno appreso in precedenza e dalle loro esperienze di vita per **usare e applicare conoscenze e abilità in contesti nuovi e diversi**. Apprendendo meccanicamente, invece, la nuova conoscenza può essere acquisita attraverso la pura e semplice memorizzazione e venire incorporata arbitrariamente nella struttura della conoscenza di una persona senza che ci sia reale interazione con ciò che essa già contiene.
«Imparare ad imparare» è, dunque, l'abilità di organizzare le proprie conoscenze mediante una gestione efficace delle informazioni, sia a livello individuale che di gruppo. Questo processo comprende la consapevolezza del proprio iter di apprendimento e dei propri bisogni, l'identificazione delle opportunità disponibili e la capacità di superare gli ostacoli per apprendere in modo efficace.
Questo approccio si definisce ulteriormente con la riflessione da parte di ogni alunno sul proprio stile (o cosiddetto «profilo cognitivo»), sulle proprie difficoltà di rielaborazione, sulla scelta di mediatori attivi, iconici, simbolici, verbali, analogici, sui propri atteggiamenti verso la scuola, sulle proprie strategie di apprendimento, sull'uso consapevole dei sussidi.

37 Risposta esatta: A

Nella Buona Scuola si insiste molto sull'alfabetizzazione digitale: in ogni classe, a partire dalla scuola primaria, gli alunni devono imparare a risolvere problemi

complessi applicando la logica del paradigma informatico attraverso un approccio di tipo ludico.
Questo progetto è chiamato *coding*, termine che in informatica indica la stesura di un programma, una sequenza di istruzioni per realizzare un prodotto digitale.
L'obiettivo è quello di **sviluppare il pensiero computazionale**, cioè un processo mentale per la risoluzione di problemi costituito dalla combinazione di metodi applicati solitamente nei calcolatori, nelle reti di comunicazione, nei sistemi e nelle applicazioni software. Perché, per usare un'espressione di Steve Jobs, «Tutti dovrebbero imparare a programmare un computer, perché è un'attività che ti insegna a pensare».
Con il *coding*, dunque, gli studenti sviluppano il pensiero computazionale, inteso come attitudine a risolvere problemi più o meno complessi: non imparano solo a programmare (non è questo lo scopo del *coding*) ma programmano per apprendere.

38 **Risposta esatta: B**

Letteralmente il termine *storytelling* può essere tradotto in italiano con le espressioni raccontare una storia, comunicazione narrativa o anche comunicazione creativa.
Lo *storytelling* è una tecnica di comunicazione che consiste nel raccontare una storia per attirare l'attenzione di un pubblico, veicolare ad esso il messaggio che la storia vuole raccontare e stimolare uno specifico desiderio nei lettori, persuadendoli a compiere una specifica azione.
Lo *storytelling* sviluppa le abilità di **ascolto e apprendimento in modo globale**.
Per poter attivare tutte le potenzialità didattiche dello storytelling, è necessario adottare un approccio sistematico alle tecniche di lettura, racconto e coinvolgimento creativo degli alunni.
L'insegnante, attraverso lo *storytelling*, inoltre, deve tener conto di valorizzare: le esperienze pregresse dei ragazzi; la voglia di partecipare e interagire; i tempi di attenzione; le modalità percettive del personale stile di apprendimento.
Usato nella didattica, lo *storytelling* si rivela essere una metodologia efficace per la realizzazione di un processo di insegnamento/apprendimento significativo, in grado di coinvolgere attivamente l'alunno e assicurare il suo benessere emotivo.

39 **Risposta esatta: B**

Con il termine *flipped classroom* si fa riferimento a una metodologia che, attraverso l'uso delle tecnologie didattiche, **inverte il tradizionale schema di insegnamento/apprendimento** (da *to flip*, capovolgere) e il rapporto docente/discente.
I materiali didattici vengono inseriti all'interno dell'ambiente virtuale per l'apprendimento, una sorta di piattaforma di *e-learning*, del «gruppo classe» in forme e linguaggi digitali anche molto differenziati tra loro. Nell'ambito di tale approccio, per approfondire un contenuto o un tema non si utilizzano più solo testi scritti ma anche audio, video, simulazioni e materiali disponibili su Internet.
La conoscenza di questi materiali può essere approfondita dagli studenti da soli o in gruppo «fuori dalla classe»; in aula, con l'intervento dell'insegnante, i contenuti «appresi» attraverso la tecnologia diventano oggetto di attività coopera-

tive. La classe non è più, quindi, il luogo di trasmissione delle nozioni, ma lo spazio di lavoro e discussione dove si impara ad utilizzarle nel confronto con i pari e con l'insegnante. Questi, infatti, una volta scelto un tema da approfondire e caricato il materiale relativo sulla piattaforma di *e-learning*, indica agli studenti quali temi e contenuti studiare o approfondire nei giorni precedenti l'attività in classe dedicata a quel tema. In questo modo, si realizza l'«inversione» del setting tradizionale e si può parlare di flipped classroom.

40 Risposta esatta: B

Il *brainstorming* (letteralmente: «tempesta di cervelli»; semanticamente: «tempesta di idee») è una tecnica di creatività di gruppo per far emergere idee tese alla risoluzione di un problema, creata da Osborne nel 1938. Sinteticamente consiste, dato un problema, nel **proporre ciascuno liberamente soluzioni di ogni tipo** (anche strampalate o con poco senso apparente), senza che nessuna di esse venga minimamente censurata. La critica e l'eventuale selezione intervengono solo in un secondo momento, quando la seduta di *brainstorming* è terminata.
Il risultato principale di una sessione di *brainstorming* è in genere molto produttivo: può consistere in una nuova e completa soluzione del problema, in una lista di idee per un approccio ad una soluzione successiva, o in una serie di spunti che si trasformeranno nella stesura di un programma di lavoro per trovare, in seguito, una soluzione.

41 Risposta esatta: D

Il principio «*learning by doing*» può essere ricondotto alla pedagogia della «scuola attiva» di Dewey.
Il pensiero del filosofo statunitense ebbe grande eco non solo in America, ma anche in Europa, portando ad una nuova concezione di insegnamento che vedeva l'alunno come **attivo costruttore** del proprio sapere e l'insegnante non più come «mero trasmettitore di conoscenze», ma come colui che forniva gli strumenti teorici ed empirici affinché si potesse arrivare a forme di apprendimento realmente efficaci. A partire dagli anni '70 anche in Italia, sull'onda delle scuole attive, come reazione ad una scuola nozionistica di stampo idealista, vennero ad affermarsi i principi deweyani.

42 Risposta esatta: A

Nel *circle time* gli alunni si siedono in cerchio riuscendo così a guardarsi in faccia e ad esprimersi liberamente. Esso consente, quindi, di **migliorare la vicinanza emotiva** tra gli studenti veicolando lo sviluppo delle **capacità comunicative**. Chi fa parte del cerchio, inteso come gruppo di discussione condiviso, acquista consapevolezza delle proprie emozioni e di quelle altrui e impara a gestire al meglio le relazioni sociali. Obiettivo principale dell'utilizzo del *circle time* nella pratica didattica è facilitare la comunicazione tra pari e approfondire la conoscenza reciproca tra gli alunni creando integrazione all'interno della classe.
Tale metodologia costituisce, quindi, uno strumento non solo di risoluzione dei conflitti all'interno della classe ma anche di prevenzione, permettendo anche all'insegnante di comprendere meglio i propri alunni e le dinamiche presenti all'interno del gruppo.

43 Risposta esatta: D

I mediatori didattici sono definiti da Elio Damiano come ciò che agisce da tramite tra soggetto e oggetto nella produzione di conoscenza, essi consentono di ricostruire la realtà e di trasferirla dentro la scuola.

Si distinguono quattro tipi di mediatori:

- *attivi*: sono i più vicini alla realtà, fanno ricorso alla percezione e all'esperienza diretta ovvero al ***learning by doing***: costituiscono la base per la creazione delle immagini mentali e per la formazione concettuale;
- *iconici*: le caratteristiche della realtà sono rappresentate mediante immagini, disegni, foto, carte geografiche, modellini e plastici, ma anche film, videotape, ovvero immagini dinamiche;
- *analogici*: si riferiscono alle modalità proprie del gioco, della simulazione, della drammatizzazione nel *role play*;
- *simbolici*: utilizzano lettere, cifre, simboli ovvero i codici di rappresentazione convenzionali e universali.

Caratteristica di tutti i mediatori è la relatività, in quanto ciascuno di essi ha una sua modalità di richiamare la realtà ma nessuno, di per sé, è sufficiente per comprenderla appieno. L'uso integrato di tutti i mediatori rappresenta la scelta migliore sul piano didattico.

44 Risposta esatta: B

La decodifica, ossia la decifrazione del testo, e la sua comprensione sono processi cognitivi differenti che devono essere **considerati separatamente** nell'attività didattica. La decifrazione del testo riguarda l'accesso al significato delle parole e dipende soprattutto da processi visivi e fonologici, mentre nella comprensione intervengono processi sintattici e semantici. La lettura è un'abilità complessa che coinvolge vari aspetti e il cui scopo non è solo quello di decifrare le parole scritte su un foglio, ma è quello di comprendere il significato del testo. La capacità di comprendere un testo costituisce dunque un'abilità trasversale, che richiede abilità di lettura, di ragionamento, di messa in campo di apprendimenti pregressi relativi alla scuola primaria. In merito a tali processi, anche i disturbi correlati appartengono a categorie distinte: l'alunno può manifestare disturbi della decodifica o della comprensione indipendentemente gli uni dagli altri.

45 Risposta esatta: A

In linea generale si può dire che la programmazione didattica consiste in una serie di operazioni **intenzionali**, compiute dall'insegnante (o dagli insegnanti) per organizzare il proprio lavoro didattico, in un tempo definito, all'interno della scuola in cui si opera.

Le fasi della programmazione didattica sono le seguenti:

- conoscenza della realtà scolastica ed educativa;
- scelta, definizione degli obiettivi e loro stratificazione;
- scelta degli strumenti e loro organizzazione;
- scelta dell'oggetto e dei procedimenti di verifica.

Le operazioni da compiere per la definizione degli obiettivi all'interno di una programmazione didattica sono, invece, le seguenti:

- individuazione degli obiettivi che si vogliono perseguire;
- stratificazione degli obiettivi: (generali, intermedi, immediati o operativi);
- definizione degli obiettivi in termini di comportamenti.

Quindi, dopo aver definito gli obiettivi che si vogliono raggiungere in una situazione e in un tempo determinati, si passa all'identificazione degli strumenti più idonei al loro raggiungimento, intendendo per «strumenti» quelli che sono comunemente denominati contenuti e metodi.

46 Risposta esatta: A

La didattica per progetti si inquadra all'interno delle teorizzazioni della didattica attiva e si caratterizza soprattutto per la **centralità dello studente**, per la possibilità di differenziare i percorsi didattici, per l'incremento di autonomia negli alunni.
Gli studenti sono chiamati a porsi problemi reali, a saper scegliere percorsi adeguati per risolverli e ad operare al fine di ottenere un risultato finale. La scelta del progetto e dei percorsi per la risoluzione di una situazione-problema motiva gli studenti e li supporta nell'acquisizione metacognitiva di abilità intellettuali superiori, di analisi, sintesi, intuizione e invenzione, problematizzazione.

47 Risposta esatta: A

Si **tratta della cd. progettazione a ritroso** che viene definita così in quanto si parte dalle competenze indicate negli obiettivi specifici di apprendimento previsti dalla riforma della scuola secondaria di secondo grado per giungere alla lezione.
Il punto di partenza, per il docente, è l'individuazione degli obiettivi di competenza; si passa, poi, alla definizione di prove, con compiti di breve e lunga durata, attraverso le quali gli alunni sono sfidati ad applicare a situazioni reali o di studio le conoscenze e le abilità apprese. Fanno parte di tali compiti le prove di realtà, gli esercizi di *problem solving* e le attività di *cooperative learning*.
Il terzo passaggio che il docente si trova da affrontare riguarda strettamente il processo d'insegnamento.
Esso risponde al seguente interrogativo: «Come posso insegnare agli alunni le conoscenze e le abilità di cui hanno bisogno per affrontare le verifiche o le prove di valutazione?». In questa fase, l'insegnante programma delle prove di verifica da somministrare in itinere, allo scopo di fare il punto sull'efficacia del suo lavoro e sulla qualità degli apprendimenti realizzati.
Gli obiettivi di competenza si individuano a partire dai traguardi delle competenze contenute nelle Indicazioni per il Curricolo e nei documenti relativi agli obiettivi specifici di apprendimento per la scuola secondaria di secondo grado.

48 Risposta esatta: A

La docimologia, ovvero lo **studio delle tecniche e degli strumenti di valutazione**, nel corso degli anni ha puntato sempre più a verificare la qualità degli apprendimenti e non solo la quantità.

La misura del rendimento scolastico non è più una «monade», senza porte né finestre, ma diventa l'approdo di una navigazione fatta di tanti passaggi:

- la determinazione degli obiettivi;
- la verifica dell'efficacia dei programmi e della progressività dei curricoli;
- la disamina delle interferenze sociali e ambientali, per misurare il loro peso sui livelli di rendimento del discente;
- la funzione di categorie qualitative (come la formazione e l'orientamento) che danno alla valutazione i caratteri della verifica di valori personali.

Nella sua storia, la valutazione diventa sempre meno un insieme di tecniche metriche e sempre più una disciplina al servizio della persona umana.
La docimologia si avvale di parametri che non sono solo numerici.
Una rigorosa e attenta valutazione deve essere scandita secondo parametri coerenti fra di loro:

- individuare i caratteri del contesto generale e dell'ambiente socio-familiare in cui si trova l'alunno;
- conoscere precisamente la situazione di partenza nella quale si situa il soggetto da valutare;
- esplicitare gli obiettivi e le finalità che l'educatore intende attuare;
- confrontare il progetto iniziale e il quadro terminale, rappresentato dai risultati effettivamente conseguiti, allo scopo di cogliere il grado di efficacia o gli eventuali elementi di inefficacia dell'attività educativa, ponendovi rimedio.

49 Risposta esatta: D

Le prove oggettive di profitto, di regola scritte, rispetto alle tradizionali interrogazioni presentano il vantaggio di evitare parzialità di giudizio da parte del docente e di offrire a tutti gli allievi le stesse condizioni per dimostrare la loro preparazione. Rientrano in questa categoria le cd. **prove strutturate** in cui, seppure con differenti modalità, gli alunni sono guidati nella risposta (vero o falso, quesiti a completamento etc.). Queste prove hanno il limite di non consentire una verifica della produttività e della creatività dei discenti, ma soltanto il raggiungimento degli obiettivi di conoscenza e comprensione, ma al contempo risultano, come già anticipato, altamente efficaci sul piano dell'oggettività delle valutazioni oltre che particolarmente veloci e quindi in grado di economizzare il tempo che nell'insegnamento non può dirsi mai troppo.

50 Risposta esatta: D

Si può parlare di società multiculturale, per dare una definizione dello stato di cose attuale e si deve parlare di «intercultura» come obiettivo, punto d'arrivo, meta da raggiungere per costruire una civiltà globalizzata in senso positivo.
Qual è la differenza tra i due termini? «Multiculturale» indica una semplice coesistenza, una convivenza tra persone di origine diversa che abitano uno spazio di vita, incrociandosi e condividendone degli aspetti. «Interculturale» si riferisce a una società che sia il risultato non di un semplice incrocio, non di una semplice coesistenza, bensì di una vera e propria fusione di culture e civiltà che dia vita a una cultura collettiva e condivisa, in cui non esista più la distinzione di valore tra chi ospita e chi è ospitato.

Per raggiungere un obiettivo così elevato e complesso è necessario, naturalmente, un progetto di educazione all'intercultura da attuare sia all'interno della scuola sia nel cuore della società.

51 Risposta esatta: D

La ricercatrice Diana Laurillard è nota per i suoi studi sulla progettazione in ambito didattico. Secondo la ricercatrice, la progettazione è al centro del lavoro del docente che, nella sua costruzione, deve prevedere l'uso delle nuove tecnologie, indispensabili per consentire ai giovani di affrontare con successo le sfide della vita. I modelli di progettazione di Laurillard si avvalgono di *Teaching learning activities* (TLA), ovvero di attività di supporto ai processi di apprendimento organizzate per categorie: **acquisizione, ricerca, discussione, pratica e collaborazione**. Un modello di apprendimento efficace si fonda sull'equilibrio delle diverse categorie da lei teorizzate. Importanti sono, inoltre, le interazioni che si attivano in ambito didattico: quelle tra docente e studenti, quelle interne al singolo discente, quelle tra studente e ambiente di apprendimento e, infine, le relazioni tra studenti.
Per Diana Laurillard il focus della didattica è da rintracciare **nell'interazione tra apprendimento e insegnamento**. Nel suo testo *Insegnamento come scienza della progettazione* la Laurillard definisce le pratiche dell'insegnamento centrato sulla progettazione, secondo modelli che mettono al centro il legame tra apprendimento e insegnamento senza tralasciare l'importante supporto delle nuove tecnologie alla didattica. Il modello di progettazione proposto dall'autrice, centrato sull'azione, **è flessibile e dinamico, in grado di adattarsi alle dinamiche della classe e alle relazioni che si determinano al suo interno.**

52 Risposta esatta: A

Nell'ambito delle strategie dedicate all'istruzione dall'Unione Europa, spicca, a seguito alla Risoluzione del Consiglio dell'Unione Europea sull'apprendimento **durante l'intero arco della vita** (Bruxelles, giugno 2002), la grande questione dell'apprendimento permanente, che è divenuto una sorta di principio guida per l'elaborazione della politica in materia di istruzione e formazione.
La nozione di apprendimento permanente comprende l'insieme delle opportunità educative formali (istruzione e formazione certificata) e non formali (educazione artistica, fisico motoria, sanitaria, sociale, formazione nell'ambito della vita associativa) a fini personali, civici e sociali nonché occupazionali.
L'obiettivo è offrire a persone di ogni età l'opportunità di accedere, su basi paritarie, a offerte di istruzione di alta qualità e ad un ampio ventaglio di esperienze di apprendimento non formale, cioè non strettamente scolastico.
Con l'espressione educazione degli adulti possiamo quindi fare riferimento a quell'insieme di teorie, strategie, politiche e modelli organizzativi che tendono a interpretare e gestire i processi formativi individuali e collettivi lungo tutta la durata dell'esistenza individuale (ciò che nella cultura anglosassone viene definito prospettiva del «*Life Span*», letteralmente «arco» o «ciclo» di vita).

53 Risposta esatta: D

Può accadere che lo studente, pur essendo in grado di decifrare il testo, abbia difficoltà nella sua comprensione, manifestando l'incapacità di rispondere a quesiti su di esso o a riproporlo in forma sia orale che scritta. Si tratta generalmente di allievi che presentano problemi anche nella memorizzazione, nell'organizzazione e nella pianificazione dello studio.
In questi casi, le attività da proporre saranno finalizzate a rafforzare la capacità di individuare le componenti significative del testo, riducendo al minimo le interferenze e favorendo la concentrazione sul nucleo essenziale dell'elaborato.
Per facilitare la comprensione, soprattutto per gli studenti con difficoltà linguistiche e cognitive, può essere, inoltre, opportuno semplificare il testo di studio, attraverso la **riduzione della complessità lessicale e sintattica**.
Evidenziare le parole chiave, ad esempio, risulta particolarmente utile ad insegnare allo studente una modalità di lettura che consenta di cogliere il significato generale del testo, all'interno del quale poi, eventualmente, avviare una lettura più analitica.

54 Risposta esatta: C

La didattica pone al centro della propria riflessione teorica e operativa l'interazione tra il soggetto che apprende e i contenuti di apprendimento, riferita sia alle conoscenze, sia a modelli di comportamento socio-emotivo. In altre parole, mette in comunicazione le dimensioni di sviluppo delle diverse età generazionali (gli stadi cognitivi e socio-affettivi delle singole età evolutive) con gli oggetti simbolico-culturali del processo formativo (le strutture della conoscenza e i modelli di vita sociale da questa generati).
In quanto **scienza della relazione educativa**, valorizza l'intero repertorio dei codici di trasmissione della cultura: suono, immagine, lingua scritta e orale, alfabeto elettronico e multimediale, ecc. **La natura intenzionale dell'intervento didattico**, la sua coerenza con le dimensioni dello sviluppo del soggetto in apprendimento, la correttezza epistemologica dei saperi che si ritiene indispensabile debbano essere appresi, sono le esigenze imprescindibili del processo di insegnamento, gli elementi costitutivi della struttura della didattica.

55 Risposta esatta: D

Secondo il dettato normativo del D.Lgs. 96/2019, il PEI è elaborato e approvato dal Gruppo di lavoro operativo per l'inclusione tenendo conto dell'accertamento della condizione di disabilità in età evolutiva ai fini dell'inclusione scolastica, e del Profilo di funzionamento, *avendo particolare riguardo all'indicazione dei facilitatori e delle barriere, secondo la prospettiva bio-psico-sociale alla base della classificazione ICF* dell'OMS. Già in precedenza il D.Lgs. 66/2019 aveva previsto l'utilizzo della classificazione ICF per la redazione del Profilo di funzionamento e per la successiva elaborazione del PEI.
Tale innovazione impone la scrittura del progetto di inclusione secondo un diverso modello culturale, quello fondato sulla *concezione bio-psico-sociale dell'OMS*, in cui la parola chiave è rappresentata dal **contesto**. La presa in carico dell'alunno riguarderà, infatti, non l'individuo singolarmente considerato ma in

relazione ai contesti familiari, scolastici e in generale all'ambiente sociale di riferimento.
Collegare l'ICF al PEI significa valorizzare non più soltanto l'aspetto medico ma *prendere in considerazione la persona nella sua interezza*, il *funzionamento umano* e non solo la condizione di disabilità. Con l'ICF si introduce, quindi, una mediazione tra il modello medico e quello sociale riconoscendo i *fattori ambientali contestuali e personali* come un aspetto rilevante dello stato di salute di una persona.

56 Risposta esatta: C

Nella logica tradizionale, la lezione frontale, svolta e controllata in ogni sua parte dal docente, costituisce la struttura più idonea a trasferire agli allievi l'universo dei saperi e delle conoscenze. Si tratta di una struttura caratterizzata dalla **netta separazione del momento dell'insegnamento dal momento dell'apprendimento**, a vantaggio del primo, in quanto l'agito, l'appreso, l'assimilato degli studenti è relegato in altri spazi e tempi della loro vita.
La lezione frontale, per poter rispondere alle esigenze di interazione e dialogo formativo, deve poter superare l'unidirezionalità della comunicazione e creare forme di scambio, mantenere viva l'attenzione mediante accurate tecniche di coinvolgimento, disponibilità alle domande e attenzione nel mettere in relazione i nuovi oggetti della conoscenza con quelli già preesistenti negli alunni.

57 Risposta esatta: C

La LIM è una **lavagna interattiva** (consente cioè l'interazione strumento/utente) e **multimediale** (sfrutta più media e codici: testo, immagini, video, audio). Tecnicamente è una periferica del computer.
Si tratta di una grande superficie su cui si visualizza lo schermo del computer grazie ad un proiettore che vi è collegato: ne risulta che tutto quello che può essere visualizzato ed utilizzato sul computer può esserlo anche sulla LIM. Non si tratta però solo di un grande spazio di visualizzazione, ma di una superficie interattiva sensibile al tocco di una penna e/o delle dita (a seconda del tipo di tecnologia utilizzata). Sulla LIM, i contenuti visualizzati non sono semplici proiezioni da guardare passivamente, ma oggetti attivi che possono essere editati, cliccati, spostati, operando direttamente sulla sua superficie interattiva.

58 Risposta esatta: C

Il blog consiste in una pagina virtuale in cui sono elencati post e articoli che possono essere organizzati cronologicamente, secondo l'ordine che si preferisce o per categorie. Didatticamente consente di potenziare simultaneamente due abilità linguistiche fondamentali ovvero la lettura e la scrittura. È, infatti, uno spazio in cui **è possibile raccontarsi, quasi una sorta di diario**. I visitatori della pagina hanno la possibilità di dialogare con l'amministratore del blog mediante i commenti che postano. In tal senso il blog diviene uno strumento capace di far elaborare documenti di scrittura collaborativa o creativa.
È possibile, inoltre, usarlo come interfaccia per comunicare con studenti e famiglie: per dialogare con gli studenti in merito ad alcune discipline oppure comu-

nicare esternamente le attività svolte dalla classe durante l'anno scolastico attraverso il sito della scuola, affinché sia visibile tutto ciò che viene fatto in classe.

59 Risposta esatta: A

L'*e-learning* è una **modalità di apprendimento a distanza** basata sull'uso delle nuove tecnologie informatiche e telematiche (computer, Tv interattiva, Internet). La più diffusa tipologia di *e-learning* è quella ricettiva, sequenziale e a scoperta guidata, finalizzata all'acquisizione di contenuti i quali, secondo il modello comportamentista, sono unità predisposte in sequenze. Il tutor interagisce con i partecipanti secondo un'interazione mittente – ricevente o in maniera asincrona. L'altra tipologia di *e-learning* è quella a scoperta in collaborazione finalizzata all'acquisizione di competenze e abilità piuttosto che all'acquisizione di conoscenze. In questo caso il tutor ha funzioni di facilitatore: presenta le procedure e condivide le piste di lavoro, successivamente, il suo ruolo diventa sempre meno centrale pur aggiungendo periodicamente qualcosa per incentivare la motivazione o per reindirizzare il processo nella classe virtuale.

60 Risposta esatta: A

Attraverso una piattaforma *e-learning* (il cd. *learning management system*) i docenti possono creare una classe virtuale alla quale iscrivere i propri studenti. Questo permette agli studenti di avere un luogo alternativo in cui comunicare in modo sincrono e/o asincrono tra di loro e/o con il docente, di scambiarsi messaggi, di scaricare materiali didattici che l'insegnante o loro stessi inseriscono sulla piattaforma. Il docente prepara la lezione impostandone uno schema che poi gli studenti integrano secondo le indicazioni previste, progetta le esercitazioni da far svolgere loro individualmente o in modo collaborativo, inserisce test di valutazione/autovalutazione: di fatto, monitora online l'accesso degli studenti e il loro processo di apprendimento. Può, ovviamente, anche valutarlo.
Il materiale didattico viene organizzato in cartelle, corrispondenti a unità didattiche o modulari, all'interno delle quali trovano posto test, wiki, blog o quant'altro permetta una condivisione di conoscenze. In questo modo, oltre alle competenze disciplinari gli studenti acquisiscono utili competenze in ambito tecnologico, abituandosi a usare in maniera più strutturata gli strumenti che già usano nella loro quotidianità.

61 Risposta esatta: B

Quando si parla di orientamento in realtà si può fare riferimento a diversi aspetti:

- orientamento educativo: serve per spingere gli individui alla conoscenza di sé attraverso la consapevolezza delle proprie attitudini e la somministrazione di test che fanno emergere gli interessi personali;
- orientamento formativo: serve per sviluppare le competenze orientative di base quali, per esempio, l'analisi del contesto, la ricerca autonoma delle fonti di informazione, le strategie che servono per prendere decisioni, le tecniche di risoluzione di problemi (*problem solving*), la capacità di elaborare progetti;
- orientamento informativo: è quello più diffuso e praticato e che si concretizza con la distribuzione di materiali informativi, con le informazioni fornite da

insegnanti ed esperti, con le visite a strutture di vario genere (scuole, istituzioni, aziende, mostre, fiere etc.);

- orientamento personale: è quello che aiuta nelle **scelte individuali** attraverso uno stretto rapporto interpersonale fra chi richiede un aiuto e un esperto. Si tratta, in pratica, di un rapporto a due nel quale ci si rivolge a qualcuno di cui si ha fiducia (non necessariamente un insegnante o una figura istituzionale) per condividere le proprie incertezze e per ottenere un aiuto che a volte può risolversi in un semplice scambio di idee.

62 Risposta esatta: D

L'**orientamento** oggi è considerato un diritto del cittadino in ogni età e in ogni situazione intendendosi tutte quelle attività tese a mettere un individuo in grado di gestire e pianificare il proprio apprendimento e le proprie esperienze di lavoro in coerenza con i personali obiettivi di vita, in modo da sfruttare appieno le competenze e gli interessi individuali, per poter raggiungere un pieno soddisfacimento personale.
L'**orientamento** deve essere un'attività che accompagna ogni persona lungo l'intero arco della vita (lifelong learning), in quanto la complessità della società attuale riguarda tutti i campi, da quello sociale a quello del lavoro, ed è soprattutto determinata dalla continua variabilità delle situazioni.
L'orientamento, quindi, non si esaurisce con la scelta di un percorso scolastico, né con l'avviamento dei giovani al mondo del lavoro, ma deve rappresentare la centralità della fase formativa a qualunque età.

63 Risposta esatta: B

Sono i modelli didattici contraddistinti in cui l'azione didattica è rivolta all'organizzazione dei contesti e degli **ambienti di apprendimento**. La creazione della conoscenza avviene tramite la partecipazione attiva dei destinatari dell'apprendimento. La funzione dell'insegnante è di supporto. Tra i diversi strumenti maggiormente adoperati in tali modelli ci sono le mappe concettuali e l'*e-learning*.

64 Risposta esatta: A

Il modello didattico del WebQuest fu ideato alla fine degli anni Novanta del secolo scorso presso l'Università di Stato di San Diego da Bernie Dodge.
Tale strategia consiste nell'**integrazione delle nuove tecnologie nell'insegnamento**, per creare un ambiente di apprendimento sufficientemente semplice da poter essere utilizzato da tutti.
Si tratta di indirizzare gli studenti verso una ricerca guidata di risorse Web con le quali svolgere autonomamente una serie di attività finalizzate all'elaborazione di un prodotto finale.
Il ruolo del docente consiste nell'assegnare il compito e fornire le indicazioni utili allo svolgimento della ricerca, in modo che l'allievo non rischi di perdersi nel Web o di incappare in materiali fuorvianti.
La strategia del WebQuest prevede un ambiente di apprendimento e una metodologia di matrice costruttivista, basati sull'uso estensivo di Internet e di altre risorse off line e progettati con strategie di lavoro cooperativo e di *problem solving*.

I WebQuests permettono attività di ricerca da realizzare prevalentemente o totalmente su Internet e favoriscono un apprendimento significativo ed efficace.

65 Risposta esatta: B

Il *focus group* può essere utilizzato come metodologia didattica nei percorsi che pongono problemi da risolvere. La presenza del docente, con funzioni di moderatore, deve essere discreta per consentire al gruppo di operare liberamente, ma anche mirata a evitare inutili protagonismi, polemiche o conflitti e per favorire gli interventi dei più timidi.
Si può procedere partendo da associazioni libere di idee come avviene nel *brainstorming*, ma successivamente il moderatore deve attivare un processo di discussione dei pensieri esposti, basato sul ragionamento.

66 Risposta esatta: D

Gli apprendimenti che il docente si propone di trasmettere alla classe devono poter essere misurati, al fine di elaborare un punteggio o un giudizio. Per far ciò occorre fare riferimento alla tassonomia, ovvero alla scienza che si occupa delle classificazioni. La **tassonomia** (cioè la classificazione) degli **obiettivi educativi** più nota è quella elaborata nella metà del secolo scorso dallo psicologo americano Benjamin S. Bloom (1913-1999), secondo il quale gli apprendimenti cognitivi vanno dai più semplici a quelli più complessi, articolati in sei categorie fondamentali:

1. **conoscenza**. Concerne l'apprendimento delle competenze più elementari e riguarda in primo luogo la memoria, ovvero la capacità di ricordare le informazioni;
2. **comprensione**. Si manifesta nella capacità, da parte dell'alunno, di rielaborare le informazioni acquisite. Ciò avviene quando si espone a parole proprie un argomento letto o ascoltato, quando si traduce un testo o si estrapola un'informazione dal contesto originario per utilizzarla in un ambito diverso;
3. **applicazione**. Lo studente mostra di essere in possesso di questa abilità quando riesce ad applicare le nozioni teoriche ai casi pratici;
4. **analisi**. Attiene alla capacità di individuare i rapporti e le gerarchie tra gli elementi che formano un insieme;
5. **sintesi**, ovvero riuscire a far convergere dati e informazioni in maniera mirata, estrapolando ciò che serve dall'insieme e ristrutturandolo in una nuova configurazione;
6. **valutazione**. È la capacità di esprimere giudizi e formarsi delle opinioni sulla base delle informazioni apprese.

67 Risposta esatta: D

Il *Capability Approach*, tradotto come «modello delle capacità» è stato formulato dal premio Nobel per l'economia 1998 **Amartya Sen** nella metà degli anni Ottanta del Novecento. Si tratta di un approccio che prevede la rimodulazione dei parametri con cui si valuta lo sviluppo, per analizzarlo sulla base di valori non meramente economici ma fondati sulle *capabilities*, ovvero sulla promozione delle opportunità delle persone. Per Sen al centro dei modelli di sviluppo deve

porsi la possibilità di fornire alle persone occasioni concrete di realizzazione del proprio progetto di vita, così che ciascuno possa essere protagonista attivo dei contesti di vita e delle istituzioni. Nell'ambito di tale modello, la diversità viene considerata come una peculiarità del genere umano, che entra a pieno titolo nei processi di welfare al cittadino. Per il *Capability Approach*, quindi, lo sviluppo non riguarda esclusivamente la crescita economica, bensì il miglioramento delle condizioni di vita degli individui, in termini di salute, benessere psico-fisico, eguaglianza sociale e libertà.
Secondo l'approccio delle *Capabilities* il superamento della disabilità è un obiettivo che passa attraverso la **promozione della capacità di autodeterminazione dell'individuo**. Nell'ambito di un modello sociale orientato alle *capability*, l'individuo con disabilità è al centro delle politiche di welfare, che mirano alla riabilitazione e all'inclusione sociale.

68 Risposta esatta: D

Lo stile sistematico/intuitivo considera il modo in cui un soggetto giunge all'individuazione di una regola o di un criterio di classificazione. Il soggetto sistematico procede gradualmente prendendo in esame le variabili una ad una, in modo elaborato, lento, consapevole. Il soggetto intuitivo procede per ipotesi che cerca di confermare o di confutare, è più rapido ed immediato.

69 Risposta esatta: D

Metacognizione significa letteralmente «oltre la cognizione» e indica la capacità di **riflettere sulle proprie capacità cognitive**.
Da alcune ricerche in ambito psicologico è emerso che, trovandosi di fronte a un problema, ciò che crea difficoltà non è tanto non avere le risorse per risolverlo, ma non sapere dove cercarle. La metacognizione si riferisce a quelle attività della mente che hanno per oggetto la mente stessa, sia nel momento della riflessione, sia nel momento del controllo. Questa capacità funziona come «acceleratore cognitivo», cioè migliora l'efficacia dei processi cognitivi attraverso il monitoraggio dell'andamento del pensiero.
L'approccio metacognitivo rappresenta una modalità privilegiata per trasmettere contenuti e strategie, a qualsiasi età, poiché mira alla costruzione di una mente aperta. Esso privilegia non cosa l'alunno apprende, ma come l'alunno apprende e attiva la propensione a far riflettere gli studenti su aspetti riguardanti la propria personale capacità di apprendere, di stare attenti, di concentrarsi, di ricordare.

70 Risposta esatta: C

L'UDL (*Universal Design for Learning*) **è un approccio pedagogico-didattico che pone l'accessibilità al centro dei processi di apprendimento.** Tale approccio prevede la progettazione di ambienti di apprendimento privi di barriere, che siano cioè fruibili da tutti senza necessità di sussidi o supporti specifici. L'obiettivo è di creare un sistema educativo inclusivo, all'interno del quale gli studenti possano beneficiare di una pluralità di mezzi di coinvolgimento, espressione e rappresentazione dei contenuti.

Per realizzare l'obiettivo di una scuola **dell'inclusione e delle pari opportunità**, l'approccio UDL (*Universal Design for Learning*) prevede la realizzazione di ambienti favorevoli alla didattica attraverso **adattamenti didattici curricolari che possano accogliere tutte le diversità negli stili di apprendimento**.

71 Risposta esatta: D

Il ciclo di apprendimento esperienziale enunciato da J. William Pfeiffer e John E. Jones, di tipo sequenziale, si basa su cinque passaggi:

1. *Esperienza*: ad esempio il compito proposto dal docente o un problema nuovo da risolvere;
2. *Comunicazione*: consiste nella condivisione dell'esperienza e nel confronto reciproco;
3. *Analisi*: è il momento in cui si riflette sulle possibili soluzioni;
4. *Generalizzazione*: le soluzioni elaborate vengono analizzate da un punto di vista generale, che allarga lo sguardo dal particolare della situazione specifica a contesti più ampi:
5. *Applicazione*: valutazione dell'applicabilità della soluzione individuata ad altri problemi e a situazioni nuove.

Questo modello di costruzione delle competenze prevede un ruolo attivo dello studente, che partecipa, insieme ai compagni, alla ricerca di **soluzioni ai problemi, ciascuna delle quali portatrice di punti di forza e punti di debolezza**.

72 Risposta esatta: D

Il comportamentismo (o behaviorismo) è un approccio alla ricerca psicologica secondo cui l'unico oggetto di studio possibile, a livello scientifico, è il comportamento osservabile delle persone. Le forti influenze esercitate dal behaviorismo sulla cultura didattica e pedagogica sono state motivate soprattutto dall'interesse dimostrato nei confronti delle dinamiche cognitive e dell'**utilizzo di tecnologie** nei processi di apprendimento.

73 Risposta esatta: A

L'educazione è un **processo intenzionale**, connesso a uno specifico proposito di formazione dell'individuo. È correlata ai concetti di mutamento, evoluzione, sviluppo, dal momento che l'azione educativa mira proprio a uno sviluppo equilibrato e compiuto dell'uomo. Inoltre, poiché l'essere umano è sempre passibile di ulteriore evoluzione, sviluppo e perfezionamento, il processo educativo è inesauribile. Una delle migliori definizioni del concetto è stata data da Pestalozzi, per il quale educare significa «preparare l'essere umano all'uso libero e integrale di tutte le facoltà e indirizzare tali facoltà al perfezionamento integrale dell'essere umano».

74 Risposta esatta: A

Le metodologie didattiche innovative rivolgono una particolare attenzione ai **molteplici aspetti della soggettività, quali: le diverse intelligenze, i vissuti emotivo-affettivi, la qualità dell'interazione**.

Il ruolo del docente è quello di progettare un ambiente di apprendimento che collochi al centro l'alunno con i suoi bisogni e le sue potenzialità intellettive ed emotive. L'obiettivo è l'interazione: attività di gruppo, di ricerca, di laboratorio, dinamiche di peer to peer, sono alla base delle impostazioni metodologiche innovative e degli strumenti che consentono allo studente di imparare a usare le strategie specifiche che ogni compito richiede, strutturando gradualmente questa competenza attraverso il feedback che riceve dal docente.

75 **Risposta esatta:** B

Dal punto di vista pedagogico, il termine «formazione» viene usato come sinonimo di «educazione»: il processo formativo investe, infatti, il **complesso delle operazioni dirette a promuovere lo sviluppo dell'individuo**. La formazione rappresenta il risultato positivo del processo di educazione che porta all'acquisizione di competenze e abilità.

76 **Risposta esatta:** D

Secondo lo psicologo **Carl Rogers** (1902-1987), l'apprendimento dipende in buona parte dal comportamento dell'insegnante, che deve favorire un clima positivo di accettazione e assenza di tensioni.
Rogers menziona in tal senso l'insegnamento «centrato sullo studente» e suggerisce all'insegnante di raggiungere una serie di mete educative: dall'atteggiamento flessibile alla capacità di sostenere conflitti; dall'osservazione delle proprie azioni all'accettazione di sé; dalla propensione di comunicare agli altri le proprie esperienze alla capacità di promuovere un comportamento collaborante e creativo. La realizzazione di queste mete educative consente di sviluppare in maniera armonica e globale la personalità degli alunni.
Nella società attuale, sottoposta a un'incessante evoluzione, il compito dell'insegnante non può esaurirsi nel mero istruire; piuttosto, si concretizza nell'educare, nel saper rendere gli allievi protagonisti attivi delle proprie esistenze. Ciò implica da parte dell'insegnante capacità di consulenza, affiancamento, sostegno, incoraggiamento per promuovere personalità mature e autonome, capaci, nel futuro, di autoeducarsi.

77 **Risposta esatta:** B

Il risponditore di una Lavagna Interattiva Multimediale è uno strumento funzionale all'interazione che permette un maggiore coinvolgimento diretto dell'utente agevolando anche la valutazione e la raccolta di feedback di un intervento formativo. Il risponditore **permette** allo studente **di rispondere simultaneamente** ad un questionario didattico. Le risposte dei partecipanti possono giungere in tempo reale al software per la valutazione dei risultati o, in alternativa, memorizzando le risposte per una loro successiva correzione.

78 **Risposta esatta:** C

La **collocazione ottimale** della **Lavagna Interattiva Multimediale** è su una **parete a muro**, possibilmente accanto alla cattedra e, sopratutto, lontano dalla luce del sole. È importante che la Lavagna Interattiva Multimediale sia posta ad un'altezza adeguata tale da consentirne l'utilizzo anche da parte degli studenti.

È necessario che, davanti alla lavagna, ci sia uno spazio adeguato per poter compiere con scioltezza i movimenti e le azioni sulla superficie della lavagna stessa.

79 **Risposta esatta: D**

Un ***firewall*** è uno **strumento** (sia software che hardware) che **permette di filtrare le connessioni in entrata o in uscita di una rete collegata ad Internet**. È uno strumento che aumenta la sicurezza di una rete impedendo, ad esempio, che dalla rete possano essere raggiunti siti non graditi e che, dall'esterno, alla rete avvengano connessioni con programmi non sicuri.

80 **Risposta esatta: C**

Il **SIDI è il portale del Ministero dell'istruzione e del merito** cui possono accedere i Dirigenti scolastici e il personale amministrativo per la gestione delle risorse umane e dei processi amministrativi.

81 **Risposta esatta: D**

La **lavagna con proiezione frontale** funziona con un videoproiettore ed un computer collegati esternamente fra loro. La dimensione di una lavagna con proiezione frontale è tecnicamente illimitata ma una semplice interposizione di una persona o di un oggetto tra il fascio di luce del proiettore e la superficie della lavagna potrebbe creare un cono d'ombra.
La **lavagna con retroproiezione**, ideata appositamente per gli educatori, integra il proiettore al suo interno. L'immagine proviene dalla parte posteriore dello schermo, consentendo sia all'insegnante che agli studenti di posizionarsi di fronte alla lavagna per eseguire le normali attività didattiche senza creare fastidiose ombre sulla superficie.

82 **Risposta esatta: C**

Nei corsi cd. *blended* i processi di insegnamento e di apprendimento avvengono tramite un bilanciamento **tra momenti in presenza e momenti in rete**. In un corso *blended*, in altri termini, si ha un'alternanza tra lezioni frontali e attività che avvengono a distanza all'interno degli ambienti di discussione e di pubblicazione dei contenuti. La differenza rispetto ai corsi completamente online è che in quest'ultimo caso il processo di insegnamento e di apprendimento avviene in rete anche se con l'integrazione di alcuni incontri in presenza; nei corsi on line, **le attività online**, la pubblicazione di contenuti su un sito web e interazione nei *forum* di discussione, **sono sostitutive della didattica in aula**.

83 **Risposta esatta: B**

Un *Learning Content Management System* (LCMS) è un modulo software presente nelle piattaforme di *e-learning* che **riunisce tutte le funzionalità necessarie alla gestione dei contenuti per l'insegnamento on-line**. Tramite un LCMS è possibile, ad esempio, creare, gestire e memorizzare contenuti didattici; comporre le unità didattiche fondamentali, tracciare e memorizzare le interazioni degli studenti con i contenuti.

84 Risposta esatta: D

Il Wiki è una pagina che è aggiornata dai suoi utilizzatori e i cui **contenuti** sono **sviluppati in collaborazione da tutti coloro che vi hanno accesso**. Lo scopo del Wiki è quello di condividere, scambiare, immagazzinare e ottimizzare la conoscenza in modo collaborativo. La modifica dei contenuti può essere realizzata da tutti gli utenti. Ogni modifica è, però, registrata in una cronologia che permette in caso di necessità di riportare il testo alla versione precedente.

85 Riposta esatta: D

La tecnologia *e-ink* (o **electronic paper** - *carta elettronica*) è la tecnologia progettata per imitare l'aspetto dell'inchiostro su un normale foglio di carta. A differenza di un normale schermo, che usa una luce posteriore al display per illuminare i pixel, l'*e-paper* riflette la luce ambientale come un qualsiasi foglio di carta. Questa tecnologia, inventata nel 1996, è attualmente la più utilizzata per i più diffusi lettori *e-book*.

86 Risposta esatta: A

La cd. **WebQuest**, letteralmente «Ricerca via web» è una metodologia didattica che si basa sull'uso del computer e di Internet. Tale metodologia ha lo scopo di sviluppare nell'allievo delle capacità di analisi, sintesi e valutazione. L'allievo, infatti, attraverso una ricerca «guidata» in Internet su siti preselezionati dal docente, deve svolgere una ricerca che parte dalla rielaborazione delle informazioni raccolte per arrivare alla realizzazione di un prodotto finale, che può essere un «oggetto multimediale», un testo, una presentazione o qualsiasi altra elaborazione.

87 Risposta esatta: C

L'**allineamento** è la fase di «**calibrazione**» della lavagna e consiste nel toccare con il dito, o con una penna digitale, alcuni punti indicati sulla lavagna dal software. Il driver trasforma il contatto con la superficie del pannello in un click del mouse o in « inchiostro digitale»: in questo modo il computer diviene gestibile attraverso la lavagna.

88 Risposta esatta: C

Utilizzando una **tavoletta interattiva**, chiunque, e da qualunque posizione all'interno dell'aula, può interagire con il materiale proposto dal relatore/insegnante durante la sua proiezione sulla lavagna digitale o su di un maxi-schermo.
Se utilizzata dal docente la tavoletta permette di svolgere la lezione muovendosi all'interno della classe, coinvolgendo i presenti e invitandoli a partecipare attivamente alla lezione. Scambiandosi la tavoletta, gli allievi e/o partecipanti possono aggiungere delle annotazioni, evidenziare dei concetti, inserire delle immagini. Impiegando contemporaneamente tavoletta e lavagna, è possibile realizzare attività di tipo collaborativo e totalmente interattive.

89 Risposta esatta: D

Lo studio di caso è l'analisi di un fatto concreto e verificabile che può denotare un fenomeno disfunzionale da risolvere o un successo. Un'indagine di questo tipo può essere condotta su un singolo caso scelto in base a criteri più o meno rigidi da un certo spazio campionario oppure sull'analisi di più casi presi da quello stesso spazio che andranno comparati tra loro. La premessa di questo tipo di ricerca è che una specifica situazione può fornire indicazioni utili per la comprensione di un più ampio quadro problematico o virtuoso relativo a un determinato universo statistico. Lawrence Stenhouse (1926-1982) ha mutuato il concetto di studio di caso dall'economia traslandolo in ambito educativo e definendo il caso come spia di una sistematicità di cui il quadro pedagogico deve tenere conto.

90 Risposta esatta: A

Secondo la sequenza sperimentale teorizzata da Kurt Lewin (1890-1947) in psicologia sociale, l'esperimento consiste nell'introduzione di azioni all'interno di un contesto per poi osservarne gli effetti. Estendendo il concetto alla sperimentazione educativa, è necessario che l'educatore introduca azioni sperimentali coerentemente ad una progettualità didattica basata su determinate finalità. Articolando variazioni misurabili, al variare di certi parametri, sarà possibile individuare le risorse da potenziare e i contesti su cui intervenire.

91 Risposta esatta: C

Gli «underachiever» sono studenti con normali potenzialità che costituiscono una fetta di popolazione scolastica e universitaria che rende meno di quanto potrebbe. Il «sottorendimento» rispetto al lavoro e agli obiettivi didattici potrebbe essere dovuto a una partecipazione limitata e condizionata da fattori strutturali esterni all'ambiente scolastico, oppure a fattori psicologici personali di stress e ansia. Tali fattori condizionanti possono essere temporanei o permanenti e possono determinare una situazione di Bisogno Educativo Speciale.

92 Risposta esatta: D

L'apprendimento auto-regolato dello studente è una modalità di studio basato sulla capacità di portare avanti il lavoro riflettendo su se stessi e su ciò che si sta studiando rispetto a un quadro più generale. Per la pedagogista Monique Boekaerts il «self-regulated learning» può essere incentivato da una dimensione cognitiva e motivazionale che porti lo studente a imparare a gestire le metodologie e le forme di studio più adatte alla propria individualità. In una società in cui l'ambito professionale valorizza sempre di più la capacità di autoapprendimento diventa essenziale che la scuola di ogni ordine e grado stimoli tali capacità negli studenti.

93 Risposta esatta: C

La DAD (**didattica a distanza**) si fonda sul supporto di piattaforme che consentono la creazione di classi virtuali in cui gli studenti e il docente possono condividere messaggi, file audio e video, fare video-lezioni, inviare assegni, compiti, verifiche e feedback rispetto al lavoro fatto. Tali piattaforme permettono la comunicazione fra tutti i partecipanti e del singolo studente con il docente, così da preservare anche la relazione interpersonale dell'alunno con il suo insegnante.

94 Risposta esatta: D

Alla base del *coding* c'è il **pensiero computazionale**, ovvero il processo mentale mirato alla risoluzione di problemi seguendo metodi specifici e strumenti cognitivi atti all'elaborazione di strategie risolutive dei problemi dati.

95 Risposta esatta: B

L'alfabetizzazione ai media è meglio conosciuta come *Media Literacy*; essa riguarda la competenza che deriva dal lavoro di educazione svolto sui contenuti digitali. Si può dunque affermare che, in ambito didattico, l'**alfabetizzazione ai contenuti mediali** quali pubblicità, testi fruibili online, film, audio, video musicali ecc, si affianca a pieno titolo all'alfabetizzazione tradizionale, allo scopo di formare un individuo tout court e lungo l'intero arco di vita.

96 Risposta esatta: C

Nel corso degli ultimi anni si è discusso a lungo circa la possibilità di fare lezione a distanza, attraverso diverse metodologie di lavoro in grado di sfruttare la valenza didattica delle TIC, ovvero delle **tecnologie di informazione e di comunicazione**. Si tratta di tutti gli strumenti tecnologici utili alla progettazione, alla gestione e alla valutazione delle attività didattiche.

97 Risposta esatta: C

La **docimologia** è la scienza che **studia la valutazione** e tutto ciò che ne consegue. Sul piano etimologico, «valutare» vuol dire assegnare un valore a fatti, cose e comportamenti, ai fini di un giudizio e di una classifica. La **valutazione** si configura come l'atto con cui si definisce il valore di un progetto, di un processo, di un *curriculum* e riguarda anche il **profitto**, che indica il progressivo miglioramento cui può giungere il discente quando sono «efficaci» ed «efficienti» le metodologie adottate dal docente.

98 Risposta esatta: D

Un progetto didattico può essere definito come un percorso che si pone obiettivi specifici da realizzare nell'ambito di un contesto educativo. Si tratta di un progetto dinamico, soggetto a revisioni in corso d'opera sulla base delle verifiche in itinere e dei feedback raccolti dal docente. I suoi elementi costitutivi sono: **identificazione dei bisogni, definizione delle finalità e degli obiettivi, definizione dei tempi, scelta dei contenuti, individuazione dei metodi, fissazione dei criteri di valutazione dei risultati attesi**.

99 Risposta esatta: D

Con la **videoconferenza di gruppo** studenti e docente (o docenti) si riuniscono in via telematica in un certo ambiente digitale e si simula ciò che accade in classe. Una videolezione in diretta consente un interscambio didattico reciproco istantaneo ed agevola il meccanismo del «domanda-risposta», consentendo un apprendimento partecipato degli studenti. Si tratta di uno strumento comunicativo di tipo **sincrono** atteso che permette la compresenza virtuale di due o più soggetti che parlano in tempo reale.

100 **Risposta esatta: A**

Nell'ambito delle prove di verifica, le prove strutturate si caratterizzano per essere composte da **quesiti che prevedono due o più risposte chiuse** tra cui individuare l'alternativa corretta. Si tratta di prove definite oggettive, poiché la risposta va individuata tra le opzioni già codificate dal docente come giuste o sbagliate. L'alunno deve dunque limitarsi ad indicare l'item corretto tra quelli proposti.
Le prove oggettive sono definite tali perché, prevedendo risposte predeterminate chiuse, mettono al riparo dal rischio di parzialità di giudizio da parte di colui che effettua la correzione. Sono prove oggettive: le prove strutturate, come quesiti a risposta multipla chiusa, i test vero o falso, le sequenze logiche, le corrispondenze tra domande e risposte, ecc.
Le prove oggettive vengono utilizzate per vari scopi, come test di idoneità, selezione del personale e, in ambito scolastico, per la misurazione dei risultati attraverso la somministrazione di **verifiche scritte con risposte e punteggi fortemente standardizzati**.

101 **Risposta esatta: B**

La comunicazione aumentativa-alternativa (CAA) è **un insieme di tecniche e strategie finalizzate a semplificare e incrementare la comunicazione nelle persone che hanno difficoltà a usare i canali comunicativi più comuni (oralità e scrittura)**. La CAA non sostituisce il linguaggio verbale, ma si affianca ad esso utilizzando l'ausilio di simboli e immagini, gesti e contenuti multimediali. La comunicazione aumentativa-alternativa ha l'obiettivo di rendere il messaggio quanto più fruibile al destinatario.

102 **Risposta esatta: A**

Il **comportamentismo**, anche detto *behaviorismo* (dall'inglese *behaviour*, «comportamento»), è una delle *grandi tendenze di pensiero della psicologia moderna*, particolarmente vivace tra il 1915 e il 1950 negli Stati Uniti, dove in origine la teoria fu studiata. Esso si basa sui principi del condizionamento classico e operante: considera, quindi, **lo sviluppo come una serie di condizionamenti esercitati dall'ambiente**.

103 **Risposta esatta: A**

La caratteristica principale del *focus group* è costituita dall'**interazione tra i partecipanti**. Esso consiste in un'intervista ad un gruppo più o meno ristretto di persone, quale può essere ad esempio una classe di alunni o un gruppo di questa, in cui il docente (intervistatore o moderatore), conduce una discussione interattiva. Risulta accentuata l'interazione tra i partecipanti che si svolge all'interno di un contesto dinamico e fortemente reciproco. Proprio per tale motivo, il focus group è spesso impiegato per svolgere *attività di laboratorio*.

104 **Risposta esatta: A**

Nel quadro dei metodi euristico-partecipativi si realizza una **condivisione** di risorse intellettive ed una **cooperazione** tale da creare un **ambiente di lavoro comune** per la risoluzione di un determinato *problema* o per l'analisi di un *feno-*

meno. La **ricerca-azione** è un metodo per costruire la conoscenza partendo da un problema: non si parte da un sapere già codificato, ma si agisce (sia i docenti che i discenti), si riflette sull'azione e poi la si formalizza.

105 Risposta esatta: C

Il puerocentrismo rappresenta una prospettiva del processo di formazione e maturazione della personalità che colloca in primo piano le implicanze individuali di tipo cognitivo, emotivo, culturale, sociale. È uno dei caratteri fondamentali dell'attivismo pedagogico, ossia di quel vasto movimento culturale che all'inizio dell'Ottocento affermò un nuovo modo di concepire il rapporto tra docente e allievi.
La **didattica attiva** pone al centro l'allievo considerato nella sua struttura biopsicologica e i caratteri connessi alla sfera motivazionale. Fondamentali sono le sue capacità e potenzialità ma anche i suoi bisogni nelle varie fasi del processo di crescita. Per tale motivo si avvale di metodologie e strategie in grado di favorire l'operatività degli studenti, il confronto, lo spirito critico, in un clima motivazionale e di partecipazione.

106 Risposta esatta: A

L'insegnamento individualizzato costituisce una metodologia didattica molto attenta alle diversità individuali, ai ritmi e ai tempi di apprendimento di ciascun alunno. Tale procedura metodologica è nata a seguito degli studi sui meccanismi della mente umana e sui processi attraverso cui si realizza l'apprendimento. Le modalità di apprendimento degli individui variano, infatti, sia in rapporto al «tempo» che ciascuno impiega per pervenire all'acquisizione di determinate nozioni, sia in rapporto alla «modalità», in quanto ogni persona utilizza in maniera predominante una delle «vie d'ingresso, ossia uno dei recettori sensoriali che rendono possibile il contatto tra il mondo esterno e la mente dell'individuo.
L'individualizzazione dell'insegnamento comporta un adattamento del processo di insegnamento/apprendimento alle esigenze, agli interessi e alle motivazioni degli allievi, favorendo il **perseguimento di obiettivi comuni alla classe**.

107 Risposta esatta: A

Solo alla fine degli anni Settanta, gli studi sulla metacognizione hanno gradualmente assunto un significato più ampio riferendosi **non solo alla consapevolezza dei processi cognitivi utilizzati ma anche alla capacità di controllarli e gestirli per rispondere efficacemente alle richieste esterne**.
Il riconoscimento della valenza delle componenti metacognitive nei processi di apprendimento ha condotto all'elaborazione di modelli didattici attraverso i quali sviluppare e potenziare la capacità di verificare l'andamento della propria attività mentale.
La didattica metacognitiva favorisce lo sviluppo di relazioni tra i diversi modi di operare della mente umana, permettendo allo studente di imparare ad organizzare le informazioni ricevute dall'ambiente e riflettere sulle abilità cognitive da impiegare per affrontare situazioni nuove. Punta, infatti, non alla semplice esecuzione di un compito ma alla formazione della capacità di autoregolazione, in quanto interviene sia sulle conoscenze del proprio funzionamento cognitivo, sia sulle abilità di pianificazione, monitoraggio e autovalutazione.

108 Risposta esatta: C

Il lavoro di gruppo costituisce una metodologia didattica ampiamente utilizzata nelle scuole di ogni ordine e grado. Sicuramente ha una matrice costruttivista in quanto si fonda sull'interazione tra alunni e rappresenta un'importante occasione didattica per la costruzione di conoscenze, abilità e competenze. Il gruppo, infatti, non è semplicemente un insieme di persone vicine tra loro, ma un insieme di persone, in *interazione* psico-sociale che agiscono svolgendo ruoli specifici, con l'obiettivo di realizzare fini o interessi comuni. Il gruppo, dunque, moltiplica le occasioni di attività e diventa anche un contesto variabile che si compone e si ricompone a seconda delle attività e degli argomenti da realizzare. Di conseguenza, affinché un gruppo esista, è necessario che tra i suoi partecipanti ci sia *un'influenza reciproca* che, cioè, i singoli individui interagiscano tra di loro e che il gruppo come tale incida, a sua volta, sul comportamento di ogni individuo.
Vari sono i criteri utilizzati per la costituzione dei gruppi, in relazione alle diverse esigenze educative: i «**gruppi omogenei**», da adottare durante lo svolgimento di percorsi educativi più complessi, consentono di differenziare gli obiettivi, i contenuti e di prevedere più approcci a una medesima tematica in relazione al livello conoscitivo degli allievi di ciascun gruppo; i «**gruppi eterogenei**», preferibili nel corso di attività che richiedono collaborazione e scambio di esperienze, rendono possibili *forti dinamiche di tutorage e di scambio.*

109 Risposta esatta: D

Con la **personalizzazione** si persegue l'obiettivo di creare itinerari differenziati, attenti alle esigenze ma anche alle capacità personali, al fine di ridurre gli insuccessi e rendere più significativa e produttiva l'esperienza di apprendimento. Tale strategia implica la messa a punto di nuove forme di organizzazione didattica e di sviluppo di processi del «sapere» e del «saper fare» coerenti con le capacità, i ritmi e i tempi di sviluppo degli alunni. Si tratta, dunque, di garantire il passaggio dagli «obiettivi generali del processo educativo» e dagli «obiettivi specifici di apprendimento», individuati dalle Indicazioni nazionali, agli indicatori formativi adatti e significativi per i singoli allievi.
Il principio di personalizzazione ribadisce, dunque, la centralità della persona, indipendentemente dalle sue condizioni personali, familiari, sociali, culturali, e delinea un modello di didattica che fa riferimento a tre elementi fondamentali: gli **obiettivi formativi di apprendimento personalizzati**, cioè adattati ai ritmi evolutivi di ciascun allievo; il **pluralismo delle metodologie**, ossia l'integrazione e la differenziazione degli interventi didattici; il **processo di orientamento del soggetto in apprendimento**, teso a svilupparne le potenzialità cognitive, incoraggiando le prime manifestazioni attitudinali e la progressiva strutturazione del progetto personale di vita.

110 Risposta esatta: B

Il *tutoring* o tecnica di aiuto reciproco costituisce una modalità di gestione responsabile della classe che garantisce: sul piano educativo, lo sviluppo del senso di solidarietà fattiva; sul piano dell'insegnamento, lo sviluppo di una più efficace comunicazione didattica.

Il tutoring è una tecnica di lavoro individualizzato che si fonda **sull'organizzazione di un contesto di apprendimento in cui gli alunni, con ruolo scambievole, esercitano la funzione di guida e di allievo**.
Concorre fortemente al processo di formazione etico-sociale degli studenti, motivandoli ed orientandoli a mettersi a disposizione dei compagni. La collaborazione tra alunni crea opportunità straordinarie per l'educazione di tutti, in particolare di coloro che evidenziano bisogni educativi speciali.

111 Risposta esatta: D

La metodologia del *problem solving* si colloca nell'ottica costruttivista del miglioramento del processo di apprendimento in quanto favorisce l'approccio alla ricerca e potenzia il pensiero critico e il ragionamento. Il docente ha il compito di far leva **sulla motivazione, l'attenzione, la ricerca e la discussione**, proponendo gli argomenti mediante situazioni problematiche, fornendo ipotesi e sollecitando la partecipazione degli studenti nell'individuazione delle possibili soluzioni, confrontandole e selezionando quella ritenuta corretta.

112 Risposta esatta: D

La didattica per concetti nasce dagli studi condotti nell'ambito della psicologia cognitivista, in particolare dall'idea che l'apprendimento sia un processo di rielaborazione, trasformazione e collegamento di conoscenze in cui il soggetto svolge un ruolo attivo di riorganizzazione originale del sapere. Lo strumento principale della didattica per concetti è la **mappa concettuale che non costituisce una trama predefinita su cui costruire itinerari didattici.** Gli aspetti metodologicamente più caratteristici della mappa concettuale sono: il trasferimento dell'organizzazione delle conoscenze dal piano linguistico a quello grafico; la rappresentazione di una rete di informazioni riguardanti la struttura della conoscenza; la possibilità di connettere esperienze e collegare nuove e pregresse conoscenze.

113 Risposta esatta: A

Il *cooperative learning* o apprendimento cooperativo è un metodo didattico che utilizza **piccoli gruppi** in cui gli studenti lavorano insieme per migliorare reciprocamente il loro apprendimento. A ogni componente del gruppo vengono assegnati ruoli e compiti di uguale importanza e ciascuno deve coordinare i suoi sforzi con quelli altrui, per il perseguimento di comuni finalità.
Nel *cooperative learning* assumono importanza sia le abilità cognitive richieste dal compito che quelle sociali, necessarie per far funzionare bene il lavoro di gruppo dal punto di vista emotivo. Il risultato finale è dato dall'efficacia complessiva del gruppo, decisamente superiore alla somma di quella dei singoli componenti. Gli alunni, infatti, lavorando insieme forniscono prestazioni scolastiche migliori di quelle che avrebbero dato lavorando da soli.

114 Risposta esatta: B

È definita «*flipped classroom*» la metodologia che consente di invertire il tradizionale schema di insegnamento e apprendimento, **collocando al centro l'alunno e le sue competenze** piuttosto che il docente e le mere conoscenze trasmesse in maniera univoca. Le attività avvengono in modalità blended (cioè mista) e, di conseguenza, è fondamentale l'uso delle nuove tecnologie per fornire adeguate risorse agli allievi al di fuori del contesto classe. L'idea è quella di «capovolgere» la classe, rendendo l'aula non più il luogo di trasmissione di conoscenze da parte del docente ma lo spazio di discussione in cui si impara a utilizzarle grazie al confronto con i compagni e con il docente. Nasce dall'esigenza di rendere il tempo scolastico più funzionale e rispondente alle esigenze formative degli studenti, rapidamente mutate negli ultimi anni, e di soddisfare le nuove richieste della società, del mondo del lavoro e dell'impresa. Il ruolo del docente è quello del facilitatore, della guida nell'elaborazione attiva, nella ricerca e nel graduale passaggio dall'ampliamento delle conoscenze alla costruzione di competenze.

115 Risposta esatta: A

Si tratta di una metodologia didattica fondata sul presupposto che tutti gli studenti possono imparare una materia qualora venga garantito loro un **tempo necessario** e un'adeguata **motivazione**. Secondo Bloom, nel corso della lezione l'insegnante deve procedere all'analisi e alla scomposizione del compito o del contenuto da comunicare alla classe, o al gruppo degli studenti «più lenti».
La comunicazione migliore è costituita da un flusso di informazioni ordinato in piccoli «frammenti» di conoscenza. Procedendo per piccoli passi, lo studente acquisisce, elabora e, infine, restituisce a modo suo gli elementi appresi. L'insegnante, prima di introdurre nuove conoscenze, deve *orientare* e *motivare* psicologicamente l'allievo, suscitando la sua «naturale» curiosità, nonché controllare i prerequisiti (le conoscenze di base) necessari per affrontare il successivo stadio di apprendimento.

116 Risposta esatta: C

Il ricercatore statunitense Ausubel ha distinto **due diverse dimensioni fondamentali dell'apprendimento**:

- l'**apprendimento significativo**, con cui la nuova acquisizione viene efficacemente collegata con l'insieme delle strutture di conoscenza già in possesso dell'individuo, eventualmente procedendo ad una loro più articolata riorganizzazione; la nuova acquisizione si integra in tal modo nella struttura cognitiva preesistente;
- l'**apprendimento meccanico**, con il quale la nuova acquisizione non trovando alcun collegamento con la struttura cognitiva preesistente, viene assimilata isolatamente, con l'inevitabile conseguenza di dover ricorrere a procedimenti meramente ripetitivi per memorizzarla.

117 Risposta esatta: B

L'istruzione tra pari indentifica una strategia educativa volta ad attivare un processo spontaneo di passaggio di conoscenze, di emozioni e di esperienze tra i componenti del medesimo gruppo classe.
È, dunque, un tipo di apprendimento in cui gli alunni si supportano reciprocamente nell'apprendimento. Rientrano nell'apprendimento tra pari il *peer tutoring* e il *cooperative learning*.

118 Risposta esatta: B

Con il termine *brainstorming*, letteralmente «tempesta cerebrale» si indica una tecnica di gruppo finalizzata alla produzione di nuove idee e alla **risoluzione dei problemi** in modo creativo.
Nata nel campo della pubblicità aziendale nella prima metà del Novecento, è impiegata a livello didattico per favorire la produzione di idee su una tematica posta alla classe e giungere, attraverso più fasi, alla definizione condivisa della soluzione. L'insegnante svolge la funzione di facilitatore in quanto deve favorire il più ampio coinvolgimento dei partecipanti e raccogliere le idee prodotte.

119 Risposta esatta: B

L'esperienza educativa dell'aula decentrata si realizza al di **fuori dell'ambiente intenzionalmente attrezzato per rispondere alle esigenze formative**, sulla base dei principi del sistema formativo integrato, un sistema cui partecipano tutti i contesti in cui si realizza la formazione.
L'aula decentrata può riferirsi ad una molteplicità di contesti: *non formali*, come l'associazionismo culturale o sportivo, i centri teatrali o ludici, i musei, i gruppi di scout, l'oratorio, etc.; *informali* tra i quali si annoverano tutti i luoghi di vita degli studenti: il cortile, la piazza, il quartiere, il cinema, etc. Tale metodologia prevede che l'aula si «sposti» all'esterno della scuola, permettendo, attraverso le uscite didattiche sul territorio, un'integrazione tra le attività svolte a scuola e quelle realizzate nell'ambiente esterno, favorendo l'esplorazione di fonti di informazioni diverse e offrendo la possibilità di imparare ad autoregolare comportamenti e a rafforzare la partecipazione responsabile e attiva.

120 Risposta esatta: C

Lo *storytelling* è una tecnica che si **fonda sull'arte del raccontare**; è impiegata nella didattica in quanto stimola la comunicazione, la comprensione del testo, la rielaborazione dei contenuti a partire da una fase narrativa. Utilizzata nei diversi ordini e gradi d'istruzione, consente non solo di esplorare il mondo della fiaba, della leggenda, del mito e di tutta la letteratura giovanile (romanzo, teatro, cinema, etc.) ma anche di costruire conoscenze che passano attraverso brani e testi di vario tipo (storico, scientifico, geografico, artistico, etc).

121 Risposta esatta: A

Il *brainstorming* ha inizio con la proposta di un problema all'interno di una **fase detta «divergente»** in quanto i partecipanti sono invitati ad esprimere le idee su un argomento dato, in forma libera, senza filtri e senza commenti. In tale fase, connotata dunque da un'elevata creatività, è opportuno dare evidenza alle idee, che via via vengono formulate, trascrivendole su un tabellone o sulla LIM, in modo da stimolarne di nuove.

122 Risposta esatta: B

Il ***problem-posing* (porre problemi)** è un metodo d'insegnamento che, attraverso la **formulazione di problemi** e la messa in discussione di dati, ipotesi e ragionamenti, alimenta lo sviluppo del pensiero divergente, critico e analitico, implicando ascolto e confronto. Non va confuso con il *problem solving* che costituisce un approccio didattico teso a sviluppare la capacità di risolvere problemi. La strategia d'intervento si articola in diverse fasi mediante le quali vengono raccolte e organizzate le informazioni significative, consolidate le conoscenze sulla questione trattata, evidenziate e proposte tutte le possibili alternative di risposta o soluzione.

123 Risposta esatta: D

Il «laboratorio» rappresenta un importante luogo di espressività, creatività, ricerca e occasione d'incontro operativo in cui gli studenti, sotto la guida dell'insegnante, socializzano, mettono in campo le competenze di cui sono in possesso per la realizzazione di un lavoro condiviso e di tipo collaborativo. Esso risponde alle esigenze di formazione che emergono dalla società poiché **favorisce il pensiero divergente, contro il conformismo, la partecipazione attiva, contro la staticità e il mero trasferimento di conoscenze.**
La didattica laboratoriale, nata a seguito degli studi realizzati nell'ambito dell'attivismo pedagogico, consente di coniugare teoria ed esperienza concreta in un contesto di ricerca e progettazione. Fondamentale è il ruolo del docente che deve approntare con cura il setting d'aula, prevedere gli eventi possibili, organizzare le attività.

124 Risposta esatta: D

La ricerca-azione è una strategia adottata nel mondo della scuola a partire dagli anni Ottanta. Mira a fornire risposte efficaci ed efficienti ad un problema percepito dagli operatori in un dato contesto e ad introdurre cambiamenti migliorativi. Si contrappone, quindi, alla ricerca accademica calata dall'alto in quanto prende avvio dall'individuazione di criticità nell'attività di chi opera sul campo, delineando e sperimentando linee di intervento adeguate allo specifico contesto.
La ricerca-azione si affida a una comunicazione simmetrica fra i protagonisti e **il ricercatore non può essere staccato dalla realtà che studia.**

125 Risposta esatta: C

Il *focus group* costituisce una tecnica utilizzata per avviare all'interno di un **gruppo discussioni su argomenti specifici.** La presenza del docente, con funzioni di moderatore, deve essere discreta per consentire al gruppo di operare liberamente, ma anche mirata per evitare inutili protagonismi, polemiche o conflitti e per favorire gli interventi degli studenti più timidi. Si può procedere a partire da associazioni libere di idee come avviene nel *brainstorming*, ma successivamente il moderatore deve attivare un processo di discussione e confronto sui pensieri esposti.

126 Risposta esatta: D

Il *circle time* è un metodo di lavoro ideato con lo scopo di proporre, per tutti i gruppi che debbano perseguire uno scopo comune, uno strumento efficace per **aumentare la vicinanza emotiva e per risolvere i conflitti**. Il *circle time* consente quindi di realizzare un gruppo di discussione su argomenti di diversa natura ed è finalizzato a: migliorare la comunicazione e potenziare nei partecipanti le principali abilità comunicative; creare un clima di serenità e di reciproco rispetto; imparare a discutere insieme, ad esprimere le proprie opinioni ad alta voce, a riassumere ciò che è stato detto, ad ascoltare e a chiedere l'ascolto. Si rivela particolarmente efficace per stimolare ad acquisire conoscenza e consapevolezza delle proprie ed altrui emozioni, per gestire le relazioni sociali sia con i pari sia con gli adulti.

127 Risposta esatta: D

L'**obiettivo principale** di un *focus group* in campo didattico è **formulare idee**, considerazioni e suggerimenti espressi da un gruppo di studenti, invitati a discutere **in modo libero** e spontaneo su un tema ritenuto di rilevanza educativa. L'obiettivo è stimolare l'interazione fra i partecipanti che devono sentirsi a proprio agio per riuscire a intervenire liberamente. Il docente svolge l'importante funzione di moderatore e animatore della discussione.

128 Risposta esatta: C

La fase convergente del *brainstorming* consiste nel vagliare una ad una e **selezionare le idee proposte** dai partecipanti nella fase divergente. Si propone, dunque, di ridurne la complessità, rivedendone la fattibilità e scegliendo le soluzioni più efficaci per il raggiungimento degli obiettivi.
Si articola nei seguenti punti: rivedere le idee raccolte, una per una; analizzarle, ampliarle, costruire soluzioni partendo da esse; discuterle per scegliere le migliori; rielaborarle, approfondirle per renderle più realistiche.

129 Risposta esatta: A

La **mediazione didattica** è la funzione di congiungimento tra studenti e cultura, anche un genitore è un mediatore dell'apprendimento ma il docente, da mediatore esperto applica i principi della mediazione in maniera esperta e consapevole attraverso strumenti definiti mediatori didattici. Durante tutto il processo di apprendimento, il docente è il professionista che media tra il sapere esperto e lo studente che si sta formando favorendo l'acquisizione di concetti e contenuti. È la **fase in cui si mettono in essere con gli alunni le azioni progettate**, creando un'interazione circolare: la progettazione orienta l'azione, l'azione arricchisce e precisa la progettazione. È questa, in qualche modo, la parte più importante perché bisogna dimostrare non solo di conoscere i contenuti ma anche di saperli porgere in modo che i ragazzi siano catturati dall'argomento.

130 Risposta esatta: A

In ambito didattico, per progettazione si intende l'insieme di tutte le strategie formative messe in atto dalla scuola nel suo complesso e dal singolo docente, consistenti nella elaborazione di una programmazione finalizzata a raggiungere determinati obiettivi educativi prefissati.

La **programmazione didattica** consiste in una serie di operazioni compiute dagli insegnanti per organizzare il proprio lavoro didattico. Essa si articola nelle seguenti fasi:

- conoscenza della realtà scolastica ed educativa;
- scelta, definizione degli obiettivi e loro stratificazione;

- scelta degli strumenti e loro organizzazione;
- scelta dell'oggetto e dei modi di verifica.

Il **Consiglio di classe** è l'organo che meglio può attendere a questa attività, in quanto ad esso compete un'analisi più realistica della situazione di partenza della classe e dei singoli alunni.

131 **Risposta esatta: D**

La classe capovolta, in inglese flipped classroom, è una differente modalità didattica che comporta il coinvolgimento attivo degli studenti nella lezione e la possibilità di personalizzare maggiormente i percorsi di apprendimento.
L'idea-base della «flipped classroom» è che la lezione **diventa compito a casa mentre il tempo in classe è usato per attività collaborative**, esperienze, dibattiti e laboratori. In questo contesto, il docente non assume il ruolo di attore protagonista, diventa piuttosto una sorta di facilitatore, il regista dell'azione didattica. Nella flipped classroom le azioni didattiche, anche se organizzate dal docente, rendono i discenti protagonisti del loro apprendimento in quanto, da soli e grazie alle proprie abilità intellettive, riflettono e imparano. L'importanza di questa dinamica d'apprendimento intende valorizzare le esperienze didattiche condotte al di fuori delle tradizionali aree deputate alla formazione. La scuola non può ignorare l'importanza del sapere acquisito in ambiti extra scolastici (sia reali che virtuali), così come non può prescindere, nella sua attività, dall'importanza del confronto diretto tra pari.
Le tradizionali lezioni cattedratiche hanno oggi l'obbligo di **interagire con altre «nuove» forme di istruzione**, per un miglior completamento della persona. La didattica non formale e informale, bacino in continua crescita ed evoluzione, è una valida chiave d'accesso alla complessità del mondo odierno. Gli studenti di oggi hanno bisogno di imparare con modalità differenti rispetto a quelli di anni fa e una fusione delle **diverse tipologie di apprendimento** (e, quindi, insegnamento) è l'unica risposta a questa esigenza.

132 **Risposta esatta: C**

Il ***digital storytelling*** è un tipo di narrazione realizzata attraverso l'utilizzo di strumenti digitali, esso consiste nell'organizzazione di contenuti preselezionati dal web in un sistema logico e coerente, con un filo conduttore per cui la narrazione avviene attraverso l'utilizzo di strumenti e formati diversi che devono seguire un processo ben preciso: l'individuazione di un'idea di partenza e la stesura – individuale o di gruppo – di un testo; la ricerca, raccolta e produzione del materiale necessario (testi, audio, disegni, immagini ecc.). A questo punto, infatti, la narrazione tradizionale è sostituita da un apparato testuale e iconografico diverso, utilizzando mezzi digitali con tecniche come la scansione, il fotoritocco, la modellazione 3D o la registrazione digitale. Tutto ciò richiede comunicazione, collaborazione e *cooperazione*.

133 **Risposta esatta: D**

La competenza si presenta come un *costrutto sintetico, nel quale confluiscono diversi contenuti di apprendimento* – formale, non formale ed informale – insieme a una varietà di fattori individuali che attribuiscono alla competenza un carattere squisitamente personale.

Secondo M. Pellerey, gli elementi fondamentali che compongono una competenza sono almeno tre:

- **le conoscenze**, cioè l'organizzazione dei concetti direttamente o indirettamente;
- coinvolti nel compito o nei compiti da affrontare, *il sapere cosa*;
- **le abilità**, cioè la capacità di utilizzare strumenti operativi, *il sapere come*;
- **gli atteggiamenti** o disposizioni interne che coinvolgono convinzioni, atteggiamenti, motivazioni, che permettono non solo di dare senso e valore all'attività da svolgere, ma anche di sostenere la volontà nello svolgerla, *il sapere verso dove*.

In una competenza *«si possono distinguere tre dimensioni fondamentali: la prima è di natura cognitiva e riguarda la comprensione e l'organizzazione dei concetti che sono direttamente coinvolti; la seconda è di natura operativa e concerne le abilità che la caratterizzano; la terza è di natura affettiva e coinvolge convinzioni, atteggiamenti, motivazioni ed emozioni, che permettono di darle senso e valore personale»*.

134 **Risposta esatta: C**

La didattica laboratoriale consiste in una metodologia didattica, adottata durante tutto l'arco dello svolgimento del curricolo o anche solo in una parte di essa, che **favorisca la partecipazione attiva** degli studenti alle attività.
Gli studenti, utilizzando pratiche di attività laboratoriale, sono maggiormente stimolati a sviluppare le loro abilità, si aprono al confronto, assumono atteggiamenti propositivi e critici invece di limitarsi al semplice ascolto e memorizzazione di contenuti proposti dal docente.
La metodologia laboratoriale non necessita necessariamente del ricorso ad un laboratorio attrezzato, quello che è importante è il ricorso a strumenti e attività tali da favorire l'interazione tra docente e discenti.

135 **Risposta esatta: B**

Le **Avanguardie educative** possono essere definite come un movimento di innovazione finalizzato a contribuire alla trasformazione del modello organizzativo e didattico della scuola. Esse intendono sfruttare le opportunità e potenzialità offerte dalle ICT e dai nuovi linguaggi digitali per cambiare gli ambienti di apprendimento.
Il movimento parte dal presupposto che un modello scolastico che si limiti alla trasmissione dei saperi dalla cattedra agli allievi è ormai anacronistico, occorre invece privilegiare un sistema **basato sul modello laboratoriale** in cui il docente regista lascia spazio alla didattica collaborativa e inclusiva, al *brainstorming*, alla ricerca, all'insegnamento tra pari; che diviene il riferimento fondamentale per il singolo e per il gruppo, guidando lo studente attraverso processi di ricerca e acquisizione di conoscenze e competenze che implicano tempi e modi diversi di impostare il rapporto docente/studente.
Le nuove tecnologie sono lo strumento fondamentale di questo modello scolastico, il loro uso consapevole potenzia, arricchisce e integra l'attività didattica,

motiva e coinvolge gli studenti, stimola la partecipazione e l'apprendimento attivo, contribuisce allo sviluppo delle competenze trasversali.
Da ciò ne consegue un necessario **ripensamento degli «spazi scuola» e dei «tempi scuola»** attraverso l'adozione di soluzioni flessibili, polifunzionali, modulari e facilmente configurabili in base all'attività svolta, e in grado di soddisfare contesti sempre diversi, sia dal punto di vista fisico che temporale.

136 **Risposta esatta: D**

La **didattica metacognitiva** è un metodo didattico che si basa sul concetto di metacognizione per rendere l'alunno consapevole delle modalità di studio per lui ottimali. Più che concentrarsi sui contenuti, le nozioni e i saperi, seguendo un approccio metacognitivo l'attenzione si sposta sulle modalità di apprendimento e sulla rielaborazione dei contenuti stessi.
L'**apprendistato cognitivo** è una metodologia didattica sviluppata dai ricercatori americani Allan Collins, John Seely Brown e Susan Newman, sostenitori della teoria pedagogica del costruttivismo sociale, della «concettualizzazione della pratica» e si concretizza in un approccio che riserva maggiore attenzione agli aspetti metacognitivi e ai diversi contesti di applicazione del processo di apprendimento.
L'**apprendimento collaborativo**, secondo la definizione di Kaye, si ha quando esiste una reale interdipendenza tra i membri del gruppo nella realizzazione di un compito, un impegno nel mutuo aiuto, un senso di responsabilità verso il gruppo e i suoi obiettivi. Questa modalità di apprendimento si basa su tecniche di comunicazione asincrona (es. scambio di e-mail o l'uso di aree on-line per la discussione e il lavoro di gruppo con cui possono collaborare allo svolgimento di compiti assegnati o progetti, con una certa libertà rispetto a quando e dove occuparsene), con un docente che funge da facilitatore, e sincrona che permette invece un contatto simultaneo tra docenti e studenti oltre al contemporaneo accesso ai contenuti messi a disposizione.
Non è corretto parlare di didattica empirica, in quanto la didattica è una vera e propria scienza, della comunicazione e della relazione empirica.

137 **Risposta esatta: D**

La comunicazione didattica è una comunicazione tipicamente verbale. Il docente deve prestare particolare attenzione al **canale** (la sua voce) nonché alle **notazioni della voce** (il modo in cui si dicono le cose): intonazione, enfasi, ritmo, tutti elementi indispensabili per tenere viva l'attenzione degli alunni. La comunicazione verbale utilizza principalmente il linguaggio, che ovviamente deve essere inteso dagli interlocutori, nel nostro caso gli alunni.
Una comunicazione verbale corretta deve tenere presente poche regole base: evitare discorsi troppo lunghi; attenersi all'argomento di cui si vuole parlare; evitare di leggere passi troppo lunghi da un libro di testo; cercare il coinvolgimento anche emotivo dei ragazzi; ascoltare e prestare attenzione alle domande; usare la voce per tenere desta l'attenzione del gruppo.
La comunicazione non verbale, invece, fa riferimento a tutto ciò che non ha a che vedere con il parlato, come i gesti, le espressioni del volto, l'aspetto fisico, la postura, l'orientamento e le distanze nello spazio. Occorre, in questo tipo di co-

municazione fare attenzione allo sguardo, alla gestualità, alla postura e a tanti altri segnali.

138 Risposta esatta: A

La **lezione frontale** appartiene ai metodi denominati espositivi, ed è un tipico esempio di «comunicazione unidirezionale», la cui principale caratteristica è un'esposizione prevalentemente verbale.

I metodi di lezione utilizzati quotidianamente nelle aule sono fondamentalmente di tre tipi:

- **metodo puro**: si basa su una concezione sostanzialmente ricettiva dell'apprendimento. L'insegnante spiega e gli studenti ascoltano;
- **metodo interrogativo**: detto anche attivo, durante o dopo l'esposizione il docente formula domande agli studenti; lo scopo fondamentale è il *feedback*, verificare cioè se il messaggio è stato compreso correttamente e, in caso negativo, modificarlo e riformularlo;
- **metodo partecipativo**: durante la lezione gli studenti possono porre domande e intervenire secondo modalità negoziate: periodi di ascolto (fase passiva) si alternano a periodi di intervento (fase attiva). La partecipazione degli studenti poi si completa con esercizi applicativi o altre attività comuni.

Il ***peer tutoring*** è una delle modalità con cui si sostanzia la didattica relazionale, una strategia educativa volta ad attivare un naturale passaggio di conoscenze, emozioni ed esperienze da parte di alcuni membri di un gruppo ad altri individui dello stesso gruppo.

139 Risposta esatta: C

Storicamente si riconoscono **tre diversi livelli generazionali** di formazione a distanza (**FAD**):

- la FAD di **prima generazione** (cd. didattica per corrispondenza) si sviluppa verso la metà dell'800 e utilizza lo scambio di **corrispondenza postale** per agevolare gli studenti che, altrimenti, non avrebbero potuto raggiungere le sedi scolastiche. L'interazione tra docente e studente avveniva tramite lo scambio di lezioni e verifiche a mezzo lettera. Il **materiale cartaceo** rappresentava il pilastro di una tale forma comunicativa;
- la FAD di **seconda generazione** nasce durante gli Anni 60 con l'avvento della radiocomunicazione e dei dispositivi audiovisivi e si sviluppa tramite la diffusione della cultura nazionale. Tra i maggiori strumenti adoperati rientravano le **videocassette** (VHS) e la **radio**;
- la FAD di **terza generazione** (cd. ***e-learning***), infine, nasce verso la fine degli Anni '80 tramite l'ideazione delle tecnologie informatiche che rendono possibile attività formative a distanza sia tramite *supporti durevoli* riproducibili in differita, come ad esempio CD-ROM, floppy disk, sia tramite reti telematiche e *Internet*.

La formazione a distanza di terza generazione si è sviluppata poi fino ad arrivare all'ideazione di nuove e sempre più attuali forme di comunicazione idonee ad erogare insegnamenti di vario tipo, al punto che – alcuni autori – segnalano la presenza di una «*quarta generazione*» di livello avanzato. La disciplina della FAD è demandata a specifiche **normative di settore**.

140 Risposta esatta: A

Le attività di didattica a distanza, come ogni attività didattica, per essere tali, prevedono la costruzione ragionata e guidata del sapere attraverso un'interazione tra docenti e alunni. Si tratta comunque di creare un «ambiente di apprendimento», per quanto inconsueto nella percezione e nell'esperienza comuni, da creare, alimentare, abitare, rimodulare di volta in volta.
Il collegamento diretto o indiretto, immediato o differito, attraverso videoconferenze, videolezioni, chat di gruppo; la trasmissione ragionata di materiali didattici, attraverso il caricamento degli stessi su piattaforme digitali e l'impiego dei registri di classe in tutte le loro funzioni di comunicazione e di supporto alla didattica, con successiva rielaborazione e discussione operata direttamente o indirettamente con il docente, l'interazione su sistemi e *app* interattive educative propriamente digitali.
Il solo invio di materiali o la mera assegnazione di compiti, che non siano preceduti da una spiegazione relativa ai contenuti in argomento o che non prevedano un intervento successivo di chiarimento o restituzione da parte del docente, dovranno essere abbandonati, perché privi di elementi che possano sollecitare l'apprendimento (Nota 388/2000).

141 Risposta esatta: C

Una comunità di apprendimento è composta da soggetti che condividono obiettivi, uno spazio fisico o virtuale, evidenziando un forte senso di appartenenza. I componenti hanno ruoli diversi e interagiscono con compiti e responsabilità differenti. La durata è **dipendente dal percorso didattico** in quanto strettamente connessa ai tempi che rendono possibile il raggiungimento degli scopi.

142 Risposta esatta: B

Il concetto di «ambiente di apprendimento» si è affermato nell'ultimo trentennio, con il cambiamento di prospettiva del processo educativo ossia con il passaggio da un paradigma incentrato sull'insegnamento ad una visione focalizzata sul soggetto che apprende. Conseguentemente **uno degli espetti che maggiormente caratterizza l'ambiente di apprendimento è l'interazione** tra i soggetti che ne condividono lo spazio di azione, riferito non unicamente al contesto fisico ma anche a quello cognitivo, sociale ed emotivo, caratterizzato da scopi e interessi comuni.

143 Risposta esatta: A

La cooperazione è il processo mediante il quale ogni singolo componente di un gruppo realizza una parte del lavoro assegnato. Conseguentemente il successo del singolo trova significato solo nel risultato raggiunto dal gruppo rispetto al traguardo prefissato. In campo educativo la cooperazione utilizza il coinvolgimento emotivo e cognitivo del gruppo come strumento di apprendimento.

L'insegnante assume il ruolo di facilitatore e organizzatore delle attività, strutturando «ambienti di apprendimento» in cui gli alunni, favoriti da un clima relazionale positivo, conseguono obiettivi con il contributo personale di tutti.

144 Risposta esatta: B

Il carattere specifico dello stile di apprendimento, tendente ad utilizzare le informazioni e le conoscenze disponibili per **elaborare soluzioni originali**, è la **divergenza**. Il pensiero divergente, infatti, opera al di fuori degli schemi, e consente di giungere a soluzioni non convenzionali.

145 Risposta esatta: A

Per Bruner insegnare significa **insegnare strategie**, ossia proporre agli studenti compiti che comportino la ricerca di modalità esecutive e di soluzioni operative. Le strategie rappresentano i punti di incontro tra le capacità soggettive e gli esiti dell'apprendimento, dunque tra soggetto e ambiente.

146 Risposta esatta: C

La metodologia delle classi aperte consente di organizzare attività per **gruppi di alunni appartenenti a classi diverse**, favorendo processi di socializzazione e inclusione. Dal punto di vista normativo è possibile rintracciarne la fonte nell'art. 7 della L. 517/1977 «*Al fine di agevolare l'attuazione del diritto allo studio e la piena formazione della personalità degli alunni, la programmazione educativa può comprendere attività scolastiche di integrazione anche a carattere interdisciplinare, organizzate per gruppi di alunni della stessa classe o di classi diverse, ed iniziative di sostegno, anche allo scopo di realizzare interventi individualizzati in relazione alle esigenze dei singoli alunni*».

147 Risposta esatta: B

La **didattica per competenze** si propone non solo di favorire lo sviluppo di conoscenze e abilità ma anche di modificare comportamenti e di utilizzare conoscenze, capacità e abilità in contesti diversi, sviluppando la capacità di affrontare e padroneggiare i problemi.
La **didattica per competenze** si fonda sul presupposto che gli studenti apprendono con maggiore successo quando partecipano attivamente alla costruzione del loro sapere. Si avvale di attività cooperative, compiti autentici, esperienze laboratoriali. Dal punto di vista ordinamentale, i documenti nazionali per il curricolo delle scuole di ogni ordine e grado collocano al centro il concetto di «competenza» con riferimento alle Competenze chiave per l'apprendimento permanente.

148 Risposta esatta: D

Nell'ambito di un'attività che coinvolge un gruppo, il processo di collaborazione è quello mediante il quale **ciascun componente lavora su ciascuna delle parti in cui si articola il lavoro assegnato**.

149 Risposta esatta: A

Il ricercatore statunitense Ausubel esamina una dimensione fondamentale dell'apprendimento relativa alle modalità di acquisizione dell'informazione cioè ai canali attraverso i quali una nuova unità di contenuto perviene all'individuo. Questa dimensione contrappone due distinti canali di apprendimento:

- l'**apprendimento per ricezione**, con cui l'informazione già strutturata viene trasmessa all'individuo da altre persone e quindi recepita in modo passivo;
- l'**apprendimento per scoperta**, con cui il soggetto viene a diretto contatto con una nuova informazione in modo attivo e totalmente autonomo.

150 Risposta esatta: C

L'interdisciplinarità è l'approccio metodologico che consente di esaminare la realità nelle interrelazioni dei diversi saperi, superando la visione settoriale delle discipline e offrendo allo studente una conoscenza globale, ampia e significativa. La definizione concettuale del termine «interdisciplinarità», concepita come «collaborazione fra discipline diverse» è stata formulata da J. Piaget nell'opera «*L'épistémologie des relations interdisciplinaires*».

151 Risposta esatta: C

Il *role playing* è il gioco del «far finta di» secondo istruzioni da seguire e un copione da interpretare liberamente. Tale metodologia si colloca a metà fra la drammatizzazione e il gioco e richiede, da parte del docente, l'introduzione di *personaggi verosimili* e l'indicazione di informazioni utili per rappresentare il proprio ruolo in un dato periodo o contesto di cui si conoscono bene le coordinate. L'obiettivo è di **simulare**, per quanto possibile, una situazione reale, allo scopo di far conoscere agli studenti le relazioni che si stabiliscono in un'attività caratterizzata da un processo di comunicazione attraverso l'esperienza pratica.

152 Risposta esatta: C

La tecnica dello «studio di caso» consente agli studenti di **esaminare una situazione reale o verosimile, esaminandone i diversi aspetti per giungere ad una più approfondita conoscenza e comprensione.** Con essa si sviluppano le capacità analitiche necessarie per affrontare sistematicamente una situazione complessa.

153 Risposta esatta: C

Con la locuzione «outdoor training» s'intende il «**trasportarsi all'esterno»,** ossia la capacità di sviluppare negli allievi la capacità di pensare e agire al di fuori dai normali schemi di azione. Tale metodologia, che stimola l'apprendimento attraverso l'esperienza, risulta molto efficace non solo per simulare contesti esterni, ad esempio nel caso di attività lavorative simulate, ma anche per sviluppare il pensiero divergente e la creatività.

154 Risposta esatta: C

Una delle principali strategie che consentono di **sviluppare il pensiero divergente**, creare concetti e nuove idee, attraverso obiettivi e interessi condivisi, confronti, attivi scambi di opinioni è il *problem solving*.

L'attenzione dell'insegnante che intenda sviluppare nei suoi studenti il pensiero divergente o creativo deve essere rivolta ad un approccio metodologico tendente alla risoluzione di problemi, promuovendo e valorizzando la diversità di opinioni, la capacità di associare idee per giungere alla loro trasformazione, dando vita ad un pensiero nuovo e originale.

155 Risposta esatta: D

Lo psicologo statunitense Jerome Bruner ha elaborato una concezione fondata sul dinamismo della mente nell'atto del percepire e un approccio pedagogico alla scoperta che consente di ampliare le conoscenze individuali, sollecitando **la ricerca di soluzioni in modo autonomo.**
Tale finalità si consegue quando lo studente è messo nelle condizioni di organizzare autonomamente le proprie conoscenze.

156 Risposta esatta: B

L'**insegnamento espositivo** consiste nella trattazione da parte del docente di contenuti e concetti della materia, organizzati secondo schemi personali. Lo studente, invece, si limita ad ascoltare, comprendere e memorizzare le informazioni. Si tratta dunque di un modello trasmissivo che prevede una modalità di apprendimento prevalentemente ricettiva.

157 Risposta esatta: D

La metodologia che struttura lo spazio aula in relazione alle diverse esigenze degli studenti è denominata scuola scomposta. Gli ambienti sono organizzati per dare vita ad una didattica innovativa, con laboratori per competenze, postazioni per attività multimediali, ambienti per attività linguistiche o iconico-espressive.
La metodologia della scuola scomposta nasce dalla convinzione che l'ambiente scolastico è fondamentale per l'apprendimento. Se il processo di insegnamento/apprendimento prevede una serie di attività, l'ambiente deve essere organizzato in maniera da permettere agli studenti di utilizzare i diversi spazi in funzione dei percorsi da realizzare. Tra i pedagogisti che con le loro teorie ne costituiscono le premesse scientifiche possiamo evidenziare M. Montessori (la Casa dei bambini), Claparède (la scuola su misura) Dewey (la scuola laboratorio).

158 Risposta esatta: D

La didattica per scenari è un approccio metodologico che introduce nella pratica didattica attività centrate sull'alunno e che si avvalgono delle potenzialità offerte dalle nuove tecnologie. Il concetto centrale è costituito dallo «scenario», ovvero da un contesto di insegnamento/apprendimento innovativo che promuove lo sviluppo di determinate competenze, lasciando agli studenti lo spirito d'iniziativa, la scelta di creare gruppi di lavoro. Il docente svolge un ruolo decentrato, accompagnando e orientando i gruppi, promuovendo l'autonomia di ogni studente. La didattica per scenari trae fondamento dalla sperimentazione europea del progetto iTEC (*Innovative Technologies for an Engaging Classroom*).

159 Risposta esatta: A

Il Project Based Learning (**PBL**) è un modello di insegnamento e apprendimento **basato su progetti che si concludono con la realizzazione di compiti autentici.** I progetti sono compiti complessi, basati su domande stimolanti o problemi che coinvolgono collaborativamente gli studenti nel processo di analisi, confronto, decisione e ricerca interdisciplinare.
Mediante i progetti gli allievi acquisiscono autonomia e responsabilità, sviluppano competenze e applicano conoscenze, apprendendo in modo significativo dalle esperienze che realizzano. I progetti culminano con la realizzazione di prodotti autentici. Il ruolo dell'insegnante è quello di facilitatore e supporto.

160 Risposta esatta: D

Un contesto di apprendimento è un ambiente complesso, formato dai soggetti che apprendono, dai docenti, dal luogo in cui si verifica la relazione, dalle risorse e dagli strumenti utilizzati. Al centro del processo c'è la componente relazionale, che riguarda più dimensioni: docente-studenti; studenti tra di loro; studente con sé stesso, nel momento in cui riflette sul suo processo di apprendimento; docente autoriflessivo. Si tratta, inoltre, di un contesto dinamico, nell'ambito del quale l'apprendimento non è di tipo trasmissivo ma procede in maniera attiva, costruttiva e consapevole. In questo scenario, **comunicare in modo chiaro obiettivi e aspettative nei confronti dell'individuo e del gruppo è un elemento fondamentale per stimolare il successo formativo degli studenti coinvolti**.

161 Risposta esatta: B

Il metodo dell'analisi del compito (Task Analysis) consiste nello scomporre in sequenze un'attività da svolgere; nel caso di un comportamento complesso, ad esempio, questo viene sequenziato in una serie di **step più semplici**.

162 Risposta esatta: A

Il modello dell'apprendistato cognitivo, sviluppato soprattutto da Allan Collins, da John Seely Brown e da Susan Newman, è caratterizzato dal fatto che l'insegnante mette il discente/apprendista in un contesto concreto in cui mostra «come si deve fare», come si usa uno strumento o come si applica una procedura.
Tradizionalmente l'apprendistato si articola in quattro fasi:

- modellamento (*modeling*) l'esperto esegue il compito, l'allievo assiste;
- allenamento (*coaching*) l'esperto sta al fianco dell'allievo nell'esecuzione del compito;
- assistenza (*scaffolding*) l'esperto sta alle spalle dell'allievo;
- allontanamento (*fading*) l'esperto si allontana gradualmente indebolendo via via la sua azione.

L'apprendistato cognitivo si differenzia, però dall'apprendistato tradizionale per la maggiore attenzione alla dimensione metacognitiva cioè alla consapevolezza sulle proprie strategie cognitive. Sono previste perciò altre strategie, quali: *articolazione* (articulation) (si incoraggiano gli studenti a verbalizzare la loro esperienza); *riflessione* (riflection) (si spinge a confrontare i propri problemi con quelli di un esperto); *esplorazione* (exploration) (si spinge a porre e risolvere problemi in forma nuova).

163 Risposta esatta: A

Duccio Demetrio, conosciuto per il metodo autobiografico come strumento per migliorare l'efficacia dell'azione formativa, sostiene che: «il pensiero autobiografico risveglia immagini, emozioni e ricordi, ma ci spinge anche ad interrogarci e a porci domande ed è adatto innanzitutto laddove «lo riconduciamo all'introspezione, a quei processi di auto-indagine, di auto-esplorazione intorno al nostro essere come donne, uomini, ragazzi».

164 Risposta esatta: D

Al fine di costruire una relazione educativa di tipo empatico con i propri studenti, è utile che il docente sviluppi competenze di **autoanalisi e autovalutazione** dei propri atteggiamenti e del lavoro fatto. Ciò prevede, naturalmente, un percorso di crescita interiore continuo, una motivazione profonda a stabilire una vera comprensione empatica, intesa come la condizione di efficacia più potente all'interno della relazione educativa. L'essere in grado di comprendere, cognitivamente ed emotivamente, i propri vissuti personali e quelli degli altri, in questo caso degli allievi, permette di coglierne la dimensione profonda, e di far emergere competenze nascoste.

165 Risposta esatta: B

L'insegnamento creativo si fonda su diverse metodologie e tecniche didattiche. Fra esse, si distinguono il *brainstorming*, **il lavoro di gruppo, l'attività creativa individuale**. Il *brainstorming* (letteralmente: «tempesta di cervelli»; semanticamente: «tempesta di idee») è una tecnica di creatività di gruppo per far emergere idee tese alla risoluzione di un problema, creata da Osborne nel 1938. Sinteticamente consiste, dato un problema, nel proporre ciascuno liberamente soluzioni di ogni tipo (anche strampalate o con poco senso apparente), senza che nessuna di esse venga minimamente censurata. La critica e l'eventuale selezione intervengono solo in un secondo momento, quando la seduta di *brainstorming* è terminata. Il risultato principale di questa tecnica è, in genere, molto produttivo: può consistere in una nuova e completa soluzione del problema, in una lista di idee per un approccio ad una soluzione successiva, o in una serie di spunti che si trasformeranno nella stesura di un programma di lavoro per trovare, in seguito, una soluzione.

166 Risposta esatta: B

I «6 cappelli per pensare» è un metodo ideato da Edward de Bono per favorire l'attivazione di differenti settori della mente. Per applicare questa tecnica occorre immaginare di vestire un cappello di diverso colore, che rappresenta la concentrazione su determinati aspetti del pensiero. I sei cappelli sono:

- Cappello bianco: analisi dei dati, raccolta di informazioni;
- Cappello rosso: emotività, espressione istintiva e liberatoria di intuizioni, emozioni e sentimenti;

- Cappello giallo: rileva gli aspetti positivi, i vantaggi, le opportunità;
- Cappello nero: rileva gli aspetti negativi, le ragioni per cui un evento può andar male;
- Cappello verde: indica sbocchi creativi, nuove idee, analisi e proposte migliorative, visioni insolite;
- Cappello blu: stabilisce priorità, metodi, sequenze funzionali; pianifica il pensiero, stabilisce le regole e conduce il gioco.

167 Risposta esatta: D

Il *brainstorming* è forse la più conosciuta tra le tecniche di creatività; fu ideata tra gli anni '40 e '50 da Alex Osborn e applicato dapprima in campo pubblicitario e aziendale e poi in altri ambiti tra cui la scuola. Osborne distinse due fasi:

- prima fase o del **semaforo verde** in cui si procede liberamente alla produzione di idee è quella del *brainstorming* vero e proprio, in questa fase è vietato valutare e criticare ciò che viene detto; si possono raccogliere tutte le proposte anche trascrivendole per renderle ben visibili e assegnando un tempo limite per lavorare sui problemi;
- seconda fase definita **semaforo rosso** è quella critica e analitica, e subentra quando tutte le idee proposte in precedenza vengono setacciate e valutate in maniera critica, esaminando possibili vantaggi o punti deboli.

168 Risposta esatta: D

Il termine *scaffold* in inglese significa «impalcatura», «ponteggio» e fa dunque riferimento ai concetti di sostegno e supporto. Lo scaffolding, in psicologia delle emozioni, indica il **supporto** materno al bambino nel suo sviluppo emotivo. In ambito didattico, con questo termine si indicano le strategie di aiuto utilizzate nelle prime fasi dell'apprendimento e che vengono poi progressivamente ridotte, fino ad essere eliminate, man mano che si procede con l'acquisizione dei contenuti. **Bruner** utilizzò il termine in un articolo del 1976 per fare riferimento alle strategie di sostegno offerte da una persona più esperta ad un'altra che è in fase di apprendimento.

169 Risposta esatta: B

Il programma PATHS *Promoting Alternative Thinking Strategies* (strategie per promuovere un pensiero alternativo) è un programma di **educazione socio-emotiva** implementato negli USA che ha lo scopo di promuovere negli studenti le competenze emotive e sociali. Esso è utilizzato anche con l'obiettivo di contenere l'aggressività e i comportamenti-problema facendo leva sull'alfabetizzazione emotiva, l'empatia e le abilità sociali.
I docenti impegnati in tali programmi, opportunamente formati, lavorano sul controllo degli impulsi, sul linguaggio non verbale, sulla condivisione emotiva e sulla consapevolezza delle proprie e delle altrui emozioni.

170 Risposta esatta: A

Il CASEL (*Collaborative for Academic, Social and Emotional Learning*) individua cinque macroaree di competenze emotive e sociali: *consapevolezza di sé* (o autoconsapevolezza che consiste anche nel saper riconoscere i punti di forza e di debolezza in se stessi), *gestione di sé* (o autogestione è la capacità di regolare emozioni, pensieri e comportamenti efficacemente in diverse situazioni controllando gli impulsi, automotivandosi e perseguendo nel raggiungimento degli obiettivi); *consapevolezza sociale* (capacità di assumere la prospettiva degli altri, di comprendere le norme sociali ed etiche di comportamento, di riconoscere la scuola, la famiglia e la comunità come risorse); *abilità relazionali* (capacità di intrattenere relazioni serie e gratificanti e attitudine alla comprensione, all'ascolto e alla negoziazione) e *capacità di prendere decisioni responsabili* (capacità di prendere decisioni tenendo presenti aspetti etici, norme sociali e possibili conseguenze anche emotive degli altri, capacità di contribuire al benessere della scuola e della comunità).

171 Risposta esatta: B

La metodologia del *problem solving* si colloca nell'ottica costruttivista del miglioramento del processo di apprendimento in quanto favorisce l'approccio alla ricerca e potenzia il pensiero critico e **divergente**. Il docente ha il compito di far leva sulla motivazione, l'attenzione, la ricerca e la discussione, proponendo gli argomenti mediante situazioni problematiche, fornendo ipotesi e sollecitando la partecipazione degli studenti nell'individuazione delle possibili soluzioni, confrontandole e selezionando quella ritenuta corretta.

172 Risposta esatta: C

Gli studi di Stronge, Tucker e Hindman si inseriscono nell'ambito del *pedagogical caring*, che attribuisce al buon docente una serie di caratteristiche, tra cui il saper prendersi cura dello studente, l'essere coinvolto in maniera proattiva nel proprio lavoro, nutrire aspettative positive nei confronti degli alunni, avere adeguate capacità di ascolto e di restituzione di feedback congruenti e puntuali. Nei primi anni del Duemila, Stronge, Tucker e Hindman hanno approfondito le ricerche in questo ambito, tratteggiando il profilo del docente efficace, tra le cui peculiarità figura la capacità di *caring*, ovvero **un atteggiamento di interesse, di vicinanza, di sollecitudine e di recettività verso gli altri**. Altri tratti importanti per esercitare al meglio la professione sono l'imparzialità, la positività, l'avere buone capacità relazionali e comunicative, abilità di riflessione sul proprio operato e capacità di motivare gli studenti.

173 Risposta esatta: A

Il credito scolastico viene attribuito agli alunni delle classi degli ultimi tre anni della scuola secondaria di secondo grado, nello scrutinio di fine anno scolastico. Il Consiglio di classe lo calcola tenendo conto della **media dei voti**, della **frequenza scolastica**, dell'**interesse alle attività complementari e integrative** e al **dialogo educativo**, nonché degli eventuali crediti formativi con i quali i crediti scolastici possono essere integrati.
La valutazione del comportamento concorre alla determinazione dei crediti scolastici e dei punteggi utili per beneficiare delle provvidenze in materia di diritto allo studio.

174 **Risposta esatta:** B

Il Consiglio di classe ha la possibilità di deliberare, **con adeguata motivazione**, la non ammissione alla classe successiva o all'esame conclusivo del primo ciclo, nel caso di parziale o mancata acquisizione dei livelli di apprendimento in una o più discipline (**art. 6, comma 2, D.Lgs. 62/2017**).

175 **Risposta esatta:** D

La valutazione, periodica e finale, degli apprendimenti è effettuata dal **Consiglio di classe**, presieduto dal Dirigente scolastico o da suo delegato, **con deliberazione assunta, ove necessario, a maggioranza** (art. 4, comma 1, D.P.R. 122/2009)

176 **Risposta esatta:** C

In base al **D.Lgs. 62/2017** in materia di valutazione, in caso di carenze negli apprendimenti degli alunni, la scuola attiva **strategie per il miglioramento** (artt. 2, 3 e 6).
In particolare, la C.M. 1865/2017, attuativa del decreto, precisa che si tratta di «specifiche strategie e azioni che consentono il miglioramento dei livelli di apprendimento» che la scuola primaria e secondaria di primo grado «attiva nell'ambito della propria autonomia didattica e organizzativa» a seguito della «valutazione periodica e finale» segnalando «tempestivamente ed opportunamente alle famiglie delle alunne e degli alunni eventuali livelli di apprendimento parzialmente raggiunti o in via di prima acquisizione». Tali strategie non prevedono oneri aggiuntivi in quanto verranno effettuati da ciascuna scuola attraverso l'organico dell'autonomia.
Nel PTOF vanno indicate le modalità utilizzate per la valutazione e per il recupero; tali attività poste in essere per il miglioramento dei livelli di apprendimento entrano a far parte del Rapporto di autovalutazione (RAV), di conseguenza sono funzionali alla valutazione della scuola e del Dirigente scolastico.

177 **Risposta esatta:** D

Con il D.Lgs. 13/2013 sono state definite **le norme generali e dei livelli essenziali delle prestazioni per l'individuazione e validazione degli apprendimenti non formali e informali e degli standard minimi di servizio del sistema nazionale di certificazione delle competenze**.
Inoltre, con il decreto citato:

- sono stati definiti in maniera condivisa gli standard minimi di riferimento per la regolamentazione e l'erogazione dei servizi di validazione e certificazione delle competenze;
- è stato istituito il repertorio nazionale dei titoli di istruzione e formazione e delle qualificazioni professionali (accessibile anche per via telematica);
- sono stati anche definiti gli standard degli attestati e dei certificati spendibili a livello europeo;
- è stato introdotto un sistema di monitoraggio e valutazione dell'attuazione di quanto previsto nel decreto legislativo.

In tal modo l'Italia risponde agli input dell'Unione europea agli Stati membri affinché questi adottino gli opportuni provvedimenti normativi per consentire ai cittadini ed in particolare ai giovani in cerca di occupazione di puntare anche su quel capitale umano che è rappresentato dalle competenze che si sono acquisite nei diversi contesti, dal lavoro, alla vita quotidiana, al tempo libero.

178 **Risposta esatta: B**

La valutazione, periodica e annuale, degli apprendimenti e del comportamento degli studenti del sistema educativo di istruzione e di formazione, e la certificazione delle competenze da essi acquisite, sono affidate **ai docenti delle istituzioni di istruzione e formazione frequentate** (art. 3, comma 1, lett. *a)*, L. 53/2003). Agli stessi docenti, inoltre, è affidata la valutazione dei periodi didattici ai fini del passaggio al periodo successivo; il miglioramento dei processi di apprendimento e della relativa valutazione, nonché la continuità didattica, sono assicurati anche attraverso una congrua permanenza dei docenti nella sede di titolarità.

179 **Risposta esatta: B**

Secondo il **D.M. 742/2017**, la certificazione delle competenze descrive i risultati del processo formativo al termine della scuola primaria e secondaria di primo grado, **secondo una valutazione complessiva**, infatti, le Linee guida per la certificazione delle competenze (Nota n. 312/2018) confermano che tale operazione, più che come semplice trasposizione degli esiti degli apprendimenti disciplinari, va intesa come valutazione complessiva in ordine alla capacità degli allievi di utilizzare i saperi acquisiti per affrontare compiti e problemi, complessi e nuovi, reali o simulati.

180 **Risposta esatta: A**

Nell'ambito dell'esame di Stato conclusivo della scuola secondaria di secondo grado, in particolare durante lo svolgimento del colloquio, la commissione d'esame deve tener conto anche del ***curriculum* dello studente** (art. 1, comma 28, L. 107/2015).
Lo scopo è, dunque, quello di garantire una personalizzazione del percorso di studi adeguandolo alle attitudini e agli interessi degli allievi, così da potenziare l'elemento orientativo dell'istruzione.
Il **D.Lgs. 62/2017** attuativo, dispone infatti che al diploma sia allegato il *curriculum* in cui sono riportate le discipline ricomprese nel piano di studi, con l'indicazione del monte ore e in una sezione specifica sono indicati i livelli di apprendimento nelle prove scritte a carattere nazionale.
Sono indicate anche le competenze acquisite in ambito extra-scolastico e le attività svolte in alternanza scuola-lavoro (art. 21).

181 **Risposta esatta: B**

L'art. 6 del **D.Lgs. 62/2017** in materia di valutazione delle competenze del primo ciclo e di esami di Stato, interviene sulle modalità di ammissione alla classe successiva per le alunne e gli alunni della scuola secondaria di primo grado. L'**ammissione** alle classi seconda e terza di scuola secondaria di primo grado è disposta **in via generale, anche nel caso di parziale o mancata acquisizione dei livelli di apprendimento in una o più discipline**.

Pertanto, l'alunno viene ammesso alla classe successiva anche se in sede di scrutinio finale gli viene attribuita una valutazione con voto inferiore a 6/10 in una o più discipline da riportare sul documento di valutazione.
La generalizzazione dell'ammissione viene «temperata» dalla possibilità conferita al Consiglio di classe presieduto dal Dirigente scolastico, in sede di scrutinio finale, di non ammettere l'alunna o l'alunno alla classe successiva nel caso di parziale o mancata acquisizione dei livelli di apprendimento in una o più discipline (voto inferiore a 6/10) *con adeguata motivazione* e tenuto conto dei criteri definiti dal Collegio dei docenti.
La non ammissione viene deliberata **a maggioranza** (vedi **Nota MIUR 1865/2017**).

182 Risposta esatta: A

La *continuità didattica* mira alla conoscenza approfondita dell'alunno, così che il team docenti possa programmare le attività educative e didattiche, scegliere i metodi e i materiali e stabilire i tempi più adeguati alle esigenze di tutti gli alunni del gruppo classe. La continuità è *verticale* quando riguarda la continuità tra i diversi ordini di scuola e tra classi dello stesso istituto. Si definisce, invece, **orizzontale quando si riferisce alla comunicazione e allo scambio tra le diverse agenzie educative coinvolte nel processo formativo: scuola, istituzioni, famiglie, territorio.**

183 Risposta esatta: A

Ai sensi del D.Lgs. 14-1-2008, n. 22, spetta al **Consiglio di classe** individuare gli obiettivi delle azioni e le modalità di svolgimento delle azioni di orientamento e delle *iniziative finalizzate alla conoscenza delle opportunità formative offerte dai percorsi di istruzione e formazione tecnica superiore, nonché alle professioni* e *al lavoro*, come pure programmare le attività relative e valutare l'efficienza e l'efficacia dell'intervento proposto.

184 Risposta esatta: C

L'abolizione degli esami di riparazione negli istituti e scuole di istruzione secondaria superiore è stata disposta dalla L. 8-8-1995, n. 352.
In luogo degli esami di riparazione, la L. 352/1995 prevede l'attivazione di interventi *ad hoc* per l'efficace inserimento nella programmazione di classe di alunni il cui profitto, nel corso dell'anno scolastico, sia risultato insufficiente in una o più materie.
Tali interventi si attuano nella forma di **corsi di sostegno o di recupero** (più propriamente detti «IDEI», ovvero interventi didattici-educativi integrativi), dei quali il D.M. 22-5-2007, n. 42 e il D.M. 3-10-2007, n. 80 indicano modalità, strumenti e risorse.

185 Risposta esatta: D

Nel Piano dell'offerta formativa le scuole inseriscono il **curricolo obbligatorio** per gli alunni, **nel rispetto degli standard stabiliti dal Ministero (art. 8, D.P.R. 275/1999)**, in modo da integrare la **quota definita a livello nazionale** con la quota loro riservata, comprendente le discipline e le attività da esse liberamente scelte. In ogni caso, nell'integrare la quota nazionale del curricolo con quella riservata alle scuo-

le, deve essere sempre garantito «il carattere unitario del sistema di istruzione», così come deve essere valorizzato «il pluralismo culturale e territoriale», con la precisazione di dover rispettare le diversità finalità dei diversi gradi di scuola.
Così in ogni curricolo c'è una *quota obbligatoria* di attività e discipline stabilite a livello nazionale e una *quota definita autonomamente* (cd. *riservata*) ad ogni istituto come ampliamento dell'offerta formativa (art. 9, D.P.R. 275/1999).

186 Risposta esatta: B

Il D.Lgs. 297/1994, all'art. 74, comma 4, stabilisce che: «L'anno scolastico può essere suddiviso, ai fini della valutazione degli alunni, in due o tre periodi su deliberazione del Collegio dei docenti da adottarsi per tutte le classi».
Ai fini della valutazione periodica degli studenti l'anno scolastico viene suddiviso in periodi precisi come durata e collocazione temporale.
Tale suddivisione può essere differente a seconda delle decisioni e delibere adottate dalle diverse istituzioni scolastiche.
Le scelte possibili sono le seguenti: **3 Trimestri, 2 Quadrimestri, 1 Trimestre o 1 Pentamestre**.
La scelta viene effettuata da ogni scuola in piena autonomia decisionale, in base alla normativa vigente che in materia è rappresentata dal D.P.R. 275/1999 nel quale si sottolineano **l'autonomia didattica (art. 4) e l'autonomia organizzativa (art. 5) delle scuole**, secondo quanto previsto dall'art. 21, comma 8 e 9, della L. 59/1997, improntate a criteri di flessibilità.
In relazione all'autonomia organizzativa, all'art. 5, comma 3, del medesimo decreto viene disposto che «l'orario complessivo del curricolo e quello destinato alle singole discipline e attività sono organizzati in modo flessibile, anche sulla base di una programmazione plurisettimanale, fermi restando l'articolazione delle lezioni in non meno di cinque giorni settimanali e il rispetto del monte ore annuale, pluriennale o di ciclo previsto per le singole discipline e attività obbligatorie».

187 Risposta esatta: C

In base all'**autonomia organizzativa** delle scuole prevista dall'**art. 5 del D.P.R. 275/1999**, esse godono di libertà progettuale delle attività che esprimono anche attraverso la **possibilità di modificare il calendario scolastico**, adattandolo a specifiche esigenze ambientali. Gli adattamenti del calendario sono in ogni caso stabiliti dalle scuole in relazione alle esigenze derivanti dal Piano triennale dell'offerta formativa (PTOF), *nel rispetto della delibera regionale*.

188 Risposta esatta: B

Tutti i percorsi liceali hanno durata quinquennale. Si sviluppano in **due periodi biennali e in un quinto anno** che completa il percorso disciplinare.
Il primo biennio è finalizzato all'iniziale approfondimento e sviluppo delle conoscenze e delle abilità e a una prima maturazione delle competenze caratterizzanti le singole articolazioni del sistema liceale, nonché all'assolvimento dell'obbligo di istruzione, di cui al D.M. 139/2007.
Il secondo biennio è finalizzato all'approfondimento e allo sviluppo delle conoscenze e delle abilità e alla maturazione delle competenze caratterizzanti le singole articolazioni del sistema liceale.

Nel quinto anno si persegue la piena realizzazione del profilo educativo, culturale e professionale dello studente, il completo raggiungimento degli obiettivi specifici di apprendimento e si consolida il percorso di orientamento agli studi successivi e all'inserimento nel mondo del lavoro.

189 **Risposta esatta:** D

Il libro di testo è lo strumento didattico privilegiato per il tramite del quale gli studenti costruiscono il loro percorso di conoscenza e di apprendimento.
L'adozione dei libri di testo costituisce un momento particolarmente significativo dell'attività della scuola, disciplinato dall'art. 4 del D.P.R. 275/1999, il quale stabilisce che la scelta, l'adozione e l'utilizzazione delle metodologie e degli strumenti didattici, ivi compresi i libri di testo, debbono essere coerenti con il Piano triennale dell'offerta formativa e attuate con criteri di trasparenza e tempestività.
L'adozione dei libri di testo rientra nei compiti attribuiti al **Collegio dei docenti**, sentito il parere dei Consigli di interclasse o di classe.

190 **Risposta esatta:** C

Nella legge della Buona scuola il riferimento con il territorio è presente in più punti. Infatti, con la «novella» dell'art. 3 del D.P.R. 275/1999, completamente sostituito ad opera dell'art. 1, comma 14, della L. 107/2015, il POF, diventa Piano triennale dell'offerta formativa (PTOF); **si conferma strumento di dialogo della scuola con il contesto territoriale**.
Infatti, il Dirigente scolastico è chiamato a promuovere «i necessari rapporti con gli enti locali e con le diverse realtà istituzionali, culturali, sociali ed economiche operanti nel territorio (...)».
Al comma 2 dello stesso articolo novellato, viene ribadito che «Il piano è coerente con gli obiettivi generali ed educativi dei diversi tipi e indirizzi di studi, determinati a livello nazionale a norma dell'art. 8, e riflette le esigenze del contesto culturale, sociale ed economico della realtà locale, tenendo conto della programmazione territoriale dell'offerta formativa».
Viene dunque esplicitamente richiamato il regolamento del 1999 sul quale la Buona scuola si fonda per ampliare l'autonomia scolastica e ne costituisce prova il fatto che il riferimento al contesto territoriale è presente anche nelle enunciazioni di principio a base della stessa. Infatti, al comma 2, art. 1, si legge che «Per i fini di cui al comma 1, le istituzioni scolastiche garantiscono la partecipazione alle decisioni degli organi collegiali e la loro organizzazione è orientata [...] al coordinamento con il contesto territoriale. In tale ambito, l'istituzione scolastica effettua la programmazione triennale dell'offerta formativa per il potenziamento dei saperi e delle competenze delle studentesse e degli studenti e per l'apertura della comunità scolastica al territorio con il pieno coinvolgimento delle istituzioni e delle realtà locali».

191 **Risposta esatta:** A

Il Piano dell'offerta formativa (POF) predisposto per ciascun anno scolastico, viene sostituito dal **Piano triennale dell'offerta formativa (PTOF)**, rivedibile annualmente (il comma 14, art. 1, L. 107/2015 sostituisce l'art. 3 del D.P.R. 275/1999).

Il Piano è elaborato dal **Collegio dei docenti**, sulla base degli indirizzi e delle scelte di gestione e amministrazione definiti dal *Dirigente scolastico*, che a tal fine tiene conto, tra l'altro, delle proposte formulate dalle associazioni dei genitori e, per le scuole secondarie superiori, degli studenti.

192 Risposta esatta: D

Il PTOF è approvato dal **Consiglio di circolo o di istituto** ed è pubblicato sul sito della scuola. In tal modo cambiano rispetto al passato le attribuzioni delle competenze relativamente alla redazione del documento più rappresentativo dell'identità dell'istituzione scolastica. Le linee di indirizzo sono dettate dal Dirigente, diversamente dal passato in cui erano dettate dal Consiglio di istituto, che oggi ha il compito dell'approvazione finale del documento.

193 Risposta esatta: A

Con il contratto formativo, detto anche Patto formativo, il **Dirigente scolastico e i docenti rispondono dell'offerta formativa**, dinanzi agli allievi maggiorenni e ai genitori dei minorenni; gli utenti, per parte loro, s'impegnano a valorizzare le opportunità dell'offerta formativa, in merito alla quale possono esprimere valutazioni e proposte. La locuzione «contratto formativo» era presente già nella C.M. 167/1993 (disponeva che le finalità educative devono essere «oggetto di una sorta di *contratto formativo» stipulato, di fatto, tra la società, gli insegnanti e gli utenti*), e la sua connotazione è presente altresì in importanti provvedimenti successivi, quali: il D.P.R. 24-6-1998, n. 249 lo «Statuto delle studentesse e degli studenti»; il D.P.R. 8-3-1999, n. 275 «Regolamento recante norme in materia di autonomia delle istituzioni educative»; la L. 53/2003 (la Riforma Moratti) che enuncia il principio del «coinvolgimento attivo e partecipato» delle famiglie nella definizione dei percorsi formativi dei propri figli, «anche attraverso la scelta degli insegnamenti e delle attività educative».

194 Risposta esatta: B

L'assegnazione di un debito formativo comporta la **sospensione dell'assegnazione del punteggio** incrementale, che tuttavia può essere assegnato qualora il debito venga superato.

195 Risposta esatta: A

Il D.P.R. 235/2007 ha apportato *modifiche e integrazioni allo Statuto delle studentesse e degli studenti della scuola secondaria* e ha introdotto, con l'art. 3, il **Patto educativo di corresponsabilità**, denominato anche «contratto formativo» o «patto formativo» nella normativa precedente, all'art. 5bis del D.P.R. 249/1998.

196 Risposta esatta: D

Come è intuibile le attività di orientamento sono di fondamentale importanza nei percorsi di studio di secondo grado; nella Buona scuola, il *curriculum* dello studente è funzionale anche all'orientamento scolastico, in particolar modo nelle scuole secondarie di secondo grado. Il comma 28, art. 1, della L. 107/2015, infatti, prevede che insegnamenti opzionali attivati nelle scuole secondarie di secondo grado, attivati nell'ambito dei posti di organico dell'autonomia assegnati sulla base dei piani triennali dell'offerta formativa, sono parte del percorso dello studente e sono inseriti nel *curriculum* dello studente, che tra gli altri, raccoglie tutti i dati utili **anche ai fini dell'orientamento e dell'accesso al mondo del lavoro**, relativi al percorso degli studi, alle competenze acquisite, alle eventuali scelte degli insegnamenti opzionali, alle esperienze formative anche in alternanza scuola-lavoro e alle attività culturali, artistiche, di pratiche musicali, sportive e di volontariato, svolte in ambito extrascolastico.

197 Risposta esatta: A

L'orientamento permanente ha lo scopo non solo di ridurre la dispersione scolastica e l'insuccesso formativo, ma anche di favorire l'occupazione attiva, la crescita economica e l'inclusione sociale. Esso è dunque esteso ad ogni cittadino ed è diretto a fornire ad ogni individuo gli strumenti necessari per fare consapevolmente le migliori scelte per il suo sviluppo e la sua realizzazione.
Un definizione di orientamento permanente dunque può essere quella di un *insieme degli interventi strategici attuati sulla formazione dei cittadini atti a favorire non solo la transizione fra scuola, formazione e lavoro ma ad assumere un «valore permanente» nella vita di ogni individuo garantendone lo sviluppo e il sostegno in tutti i processi di scelta e di decisione.*

198 Risposta esatta: A

Nelle Indicazioni nazionali per il curricolo dell'infanzia e del primo ciclo di istruzione del 2012, relativamente all'italiano nella scuola del primo ciclo, si esplicita che gli allievi devono acquisire **gli strumenti necessari ad una alfabetizzazione funzionale**: essi *devono ampliare il loro patrimonio orale e devono imparare a leggere e scrivere correttamente e con crescente arricchimento di lessico, e cioè, da un lato, devono padroneggiare le tecniche di lettura e scrittura, dall'altro devono imparare a comprendere e produrre significati attraverso la lingua scritta. A tal fine, lo sviluppo della strumentazione per la lettura e la scrittura e gli aspetti legati al significato devono procedere parallelamente per tutto il percorso del primo ciclo di istruzione.*

199 Risposta esatta: C

La struttura del processo valutativo definita da Jean-Marie Barbier considera l'atto valutativo composto da una «rappresentazione fattuale» e da una «rappresentazione codificata» di un oggetto. La fase rilevativa consiste nella raccolta di dati che permettono una conoscenza empirica dell'oggetto. La fase di espressione del giudizio propone un'interpretazione dei dati basata su criteri scelti a monte dal valutatore. Categorie concettuali e modalità investigative confluiscono in un'idea di qualità in base alla quale si esprime un giudizio di valore.

200 Risposta esatta: A

Le prove di valutazione non strutturate si basano su domande e risposte di tipo aperto come, ad esempio, interrogazioni orali. L'esito è utile per valutare la capacità di costruire nessi logici, ragionamenti complessi o soluzioni creative a problemi concreti. Le abilità espressive e la creatività non sono rilevabili con prove strutturate o semi-strutturate. Le criticità di questo metodo sono nella difficoltà in fase di misurazione e nel dispendio di tempo in fase esecutiva.

201 Risposta esatta: D

La didattica modulare costituisce una modalità di lavoro flessibile, altamente strutturata, in cui l'organizzazione del percorso formativo supera il modello lineare e cumulativo dell'insegnamento tradizionale e rende possibile la scomposizione e ricomposizione personalizzata di segmenti di insegnamento/apprendimento connotati da contenuti e ampiezza variabili. Ciascun modulo, concepito come «parte significativa di un più ampio percorso formativo», rimanda ad alcune idee di fondo, quali ad esempio: l'**unitarietà**, riferita alla completezza e compattezza del suo contenuto; la **flessibilità**, ossia la possibilità di scomporre e ricomporre i diversi elementi in cui si articola, in maniera flessibile ed adeguata alle esigenze di chi apprende. Il concetto di modularità si è affermato nel nostro sistema scolastico a partire dagli anni Novanta ed è stato recepito nel regolamento dell'autonomia scolastica, D.P.R. 275/1999 che, all'art. 4, prevede l'articolazione modulare del monte ore annuale di ciascuna disciplina.

202 Risposta esatta: B

Il compito autentico, o compito di realtà, rientra nelle modalità di lavoro attive e tese a porre in relazione il mondo dello studio con quello reale. Consentendo allo studente di mettere in pratica le sue conoscenze si ottiene un duplice risultato: permettergli di utilizzare il suo sapere per ottenere uno scopo concreto e **valutare l'efficacia del suo apprendimento**. L'alunno stesso, mediante il compito di realtà, arriva a sviluppare un suo feedback rispetto allo studio fatto, lavorando, quindi, anche sulla metacognizione.

203 Risposta esatta: D

Per dirsi autentica, la valutazione deve accertare non solo ciò che lo studente sa, ma anche **ciò che sa fare con ciò che sa**. Questo significa che valutare non è un atto di semplice acquisizione di dati, bensì un lavoro che mette insieme più informazioni: conoscenze, abilità e competenze; il sapere e il saper fare come parte di un unico processo di apprendimento.

204 Risposta esatta: A

La procedura di valutazione prevede la presenza di un valutatore che, in quanto tale, si trova in una posizione per forza di cose diversa rispetto all'utenza che viene valutata. Si tratta, dunque, di una **relazione strutturalmente asimmetrica** che, in ambito scolastico, vede coinvolto il docente da un lato e, dall'altro, la platea dei suoi studenti.

205 Risposta esatta: B

La strategia cosiddetta autovalutativa si basa sull'intento di incentivare lo studente a riflettere sui propri apprendimenti e sulle strategie messe in campo per realizzarli. In questo modo, l'alunno diviene sempre più competente rispetto alle sue abilità metacognitive. L'autovalutazione, ovvero la sollecitazione offerta all'allievo di **riflettere sulla propria esperienza di apprendimento**, mira anche a fargli comprendere qual è il suo stile cognitivo e la metodologia di lavoro più funzionale a raggiungere il risultato sperato.

206 Risposta esatta: C

Con la verifica delle competenze **non si conclude l'azione valutativa**. I risultati di una prova di verifica sono punteggi grezzi da **interpretare** e **comprendere**. Essi rappresentano la base concreta, i dati di fatto, analitici e prevalentemente quantitativi, non ancora letti in chiave formativa. Cosa diversa è la **valutazione**, che non è un semplice aggregato o somma delle misure emerse e neppure della loro media per l'attribuzione di un voto.

207 Risposta esatta: C

Il **parere del docente** è l'elemento per eccellenza che caratterizza le prove soggettive, connotate dall'intuizione e della soggettività dell'insegnante. A seconda dei loro elementi costitutivi infatti, le prove di verifica possono suddividersi in due tipologie: prove **oggettive** e prove **soggettive**. Mentre le prime si basano su elementi empiricamente verificabili, le seconde riguardano un più diretto coinvolgimento del docente nell'attività di verifica e valutazione.

208 Risposta esatta: A

Una prova è scientificamente corretta se è:

- **universale,** quando ha il medesimo valore per tutti gli insegnanti;
- **oggettiva**, quando il risultato non dipende solamente dall'insegnante che corregge;
- **necessaria**, per costruire nuovi interventi;
- **feconda**, perché aggiunge alla valutazione intuitiva dell'insegnante elementi nuovi.

209 Risposta esatta: D

I processi di verifica e di valutazione, seppure distinti, possono essere considerati **connessi**, poiché sono posti su piano di continuità. La verifica consiste nella raccolta di dati da parte del docente il quale, attraverso la successiva valutazione, attribuirà a tali informazioni un determinato valore. Dopo le operazioni di verifica, quindi, l'insegnante procede al lavoro di attribuzione di significato ai dati relativi ai propri studenti secondo i parametri da lui individuati come funzionali a una corretta valutazione dei processi di apprendimento.

210 Risposta esatta: B

Un docente che incentiva un approccio allo studio di tipo creativo analizza l'errore in chiave **interpretativa**, valutando le cause che lo hanno generato e i processi messi in atto dall'alunno per arrivare a fornire una data risposta. Se l'errore viene «punito» con l'attribuzione di un valore negativo, si corre il rischio che lo studente possa sentirsi censurato nella sua libertà di espressione, a danno della potenziale creatività delle sue risposte future.

211 Risposta esatta: A

Per promuovere la fluidità di pensiero e la produzione di **risposte originali** e creative il docente può progettare attività che attraversano, in maniera trasversale, diversi ambiti disciplinari o differenti aspetti di un determinato argomento. In questo modo, lo studente si sentirà incentivato a esplorare la situazione da più punti di vista e ad allargare il campo di possibilità rispetto alle risposte da fornire o alle soluzioni da dare a un problema.

212 Risposta esatta: D

L'intervento didattico è individualizzato quando punta a raggiungere gli **obiettivi comuni** alla classe mettendo in atto tutti gli strumenti atti a diversificare i percorsi e le strategie di lavoro in funzione delle peculiarità dei bambini e dei loro differenti stili di apprendimento.

213 Risposta esatta: C

L'intelligenza emotiva riguarda la capacità di riconoscere le proprie ed altrui emozioni. Tale abilità può essere incrementata e allenata anche in ambito scolastico, mediante attività che consentono lo scambio di ruolo, l'immedesimazione nell'altro, la condivisione di esperienze ed esperimenti sul campo. Rientrano in queste attività le **drammatizzazioni, i giochi di ruolo, gli studi di caso**, ovvero le esperienze didattiche che permettono la circolazione di emozioni, la condivisione di vissuti dal contenuto emotivo, l'empatia.

214 Risposta esatta: D

La pedagogia contemporanea si è a lungo soffermata sulla necessità del passaggio da una didattica di tipo trasmissivo, che vede lo studente come passivo ricettore di informazioni, a una didattica attiva, comunicativa e interattiva. Una figura importante nel panorama educativo italiano di fine Novecento è quella di **Danilo Dolci**, molto impegnato in attività di formazione rivolte a giovani e adulti e basate sull'ascolto, il dibattito e la partecipazione attiva.

215 Risposta esatta: A

Nel contesto dei documenti europei, la definizione di competenze riguarda una serie di aspetti; esse «indicano la comprovata capacità di utilizzare conoscenze, abilità e capacità personali, sociali e/o metodologiche, in situazioni di lavoro o di studio e nello sviluppo professionale e/o personale; le competenze sono descritte in termini di **responsabilità e autonomia**».

216 Risposta esatta: B

L'autovalutazione permette al docente di valutare l'efficacia dell'azione didattica e allo studente di riflettere sulle proprie tecniche di apprendimento e sulla loro efficacia. Questo lavoro dello studente su se stesso rafforza le sue **competenze metacognitive**, perché gli permette di rivedere le sue conoscenze, le strategie messe in atto per realizzarle e considerare il tutto alla luce del risultato ottenuto.

217 Risposta esatta: D

Il pedagogista italiano Daniele Novara sostiene che «sulla base delle odierne teorie dell'apprendimento, la conferma che un alunno conosca o non conosca un determinato contenuto in realtà non ci dice nulla rispetto al suo processo di apprendimento. L'apprendimento non funziona per tutti allo stesso modo, e non è nemmeno un percorso lineare». Ciò rafforza l'idea che, in fase di verifica di un apprendimento individuale, il docente presterà attenzione al **progresso compiuto** dallo studente piuttosto che concentrarsi sul numero degli errori effettuati o sul risultato, in termini numerici, raggiunto.

218 Risposta esatta: B

Il docente americano **Donald Schön** ha tratteggiato il profilo del docente riflessivo, ovvero di colui che elabora in corso d'opera e, all'occorrenza, ristruttura la propria progettazione in base ai feedback raccolti e alle riflessioni che questi gli inducono. Le fasi di pensiero, dunque, sono molteplici: c'è una riflessione che precede l'azione, un'altra che avviene agendo e le successive che intervengono nei diversi momenti in cui si ristruttura l'agire stesso.

219 Risposta esatta: B

Si parla di stile cognitivo in riferimento al modo con cui un individuo elabora le informazioni e le fa proprie; esso riguarda l'individuo nel suo insieme, nella sua globalità, per questo motivo nell'approccio metodologico e didattico occorre tenere in considerazione il fatto che ogni individuo apprende in maniera diversa. Ecco perché **occorre individuare delle strategie preferenziali efficaci** per tutte le categorie di individui, finalizzate ad ottenere le migliori condizioni di studio per il raggiungimento degli obiettivi prefissati, il che può avvenire ad esempio attraverso l'individuazione dell'ambiente più favorevole, la scelta dei materiali che possano favorire al massimo lo studio, le variazioni delle modalità del processo in base ai diversi stili cognitivi individuati, l'utilizzo dello strumento del *tutoring* per la verifica costante di quanto si è appreso, la scansione dei tempi ecc.

220 Risposta esatta: D

L'unità di apprendimento presenta una *struttura modulare, di tipo globale*, che assume il percorso didattico nella sua complessità (Baldacci). Si configura come parte di un percorso altamente omogenea e unitaria che tiene presente la complessità ma è autonoma rispetto alla complessità stessa.
Essa tiene conto non solo degli aspetti contenutistici della disciplina, ma anche del contesto specifico in cui essa verrà calata: capacità cognitive degli allievi, contesto logistico-organizzativo della scuola, potenzialità interdisciplinari dell'argomento oggetto di studio.
L'Unità di apprendimento (UdA) tendendo ad affermare la centralità della persona, dei suoi bisogni, delle sue motivazioni, aumenta la flessibilità della programmazione aprendosi alla **personalizzazione dei percorsi formativi**.
In questo nuovo quadro, la programmazione didattica si organizzerà in un processo di apprendimento delineato in *percorsi autoconsistenti* (*Moduli*) che affrontano temi specifici delle discipline o porzioni autonome di contenuti disciplinari.

I Moduli si articolano, al loro interno, in Unità di apprendimento (Uda) che individuano un argomento e organizzano l'attività didattica in vista del conseguimento di obiettivi formativi e operativi che si suddividono in base all'appartenenza a una delle aree del sapere (le conoscenze), saper fare (le abilità), saper essere (gli atteggiamenti o, più in generale, le competenze).

221 Risposta esatta: B

Quando si parla di **progettazione didattica** ci si riferisce sostanzialmente a due scuole di pensiero. Una vede la progettazione come un momento meramente burocratico e amministrativo, a volte purtroppo prevalente nella pratica scolastica quotidiana, e un altro più professionale e moderno che considera la progettazione didattica come uno strumento al servizio dell'azione del docente.
In questa seconda concezione (CASTOLDI), i tre momenti del progettare, dell'agire e del valutare sono posti in una circolarità, in cui si instaura tra loro un continuo dialogo e una continua interazione reciproca. Non è più quindi il processo che si adegua al progetto iniziale ma è il progetto che si adegua al processo, o meglio alle caratteristiche contestuali entro cui si sviluppa l'azione didattica.

I diversi modelli di progettazione in cui si concretizzano le due logiche progettuali che abbiamo richiamato, quella della razionalità tecnica e quella della progettazione sono:

- la programmazione per **obiettivi**: espressione fedele della logica della razionalità tecnica;
- la programmazione per **concetti**: modelli progettuali più attenti ai modi in cui il soggetto apprende e ai caratteri distintivi dei diversi saperi;
- la programmazione per **sfondo integratore**: identificare uno sfondo che faccia da contenitore ad un determinato percorso didattico orientato allo sviluppo di specifici traguardi formativi.

222 Risposta esatta: C

È definita «**compito di realtà**» o «prova esperta» quella prova con la quale agli studenti viene chiesta **la soluzione di situazioni problematiche vicine al mondo reale** o in contesti di simulazione, da affrontare **impiegando le abilità e le conoscenze già acquisite**, agendo in modo pertinente. Il compito di realtà consente di confrontarsi con situazioni autentiche e di rilevare il livello di competenze maturato da ogni alunno. Il docente ha un'importante funzione di pianificazione in quanto deve definire le situazioni di apprendimento, direttamente connesse al mondo reale, nelle quali gli studenti possano riprodurre azioni e strategie risolutive.

223 Risposta esatta: C

La **progettazione**, in ambito educativo, è connotata dai principi di:

- razionalizzazione dell'intervento didattico, in quanto consente di condurre un'azione che abbia i connotati dell'obiettività e nella quale sia evidente il legame tra obiettivi e strategie adottate;
- contestualizzazione delle finalità formative, tenendo conto dei bisogni individuali e collettivi degli studenti e dell'ambiente socio-culturale ed economico di riferimento;

- intenzionalità, definendo finalità, obiettivi, strumenti organizzativi, strategie di verifica e valutazione.

224 Risposta esatta: B

Il compito autentico permette agli studenti di affrontare situazioni reali o che possono sperimentare nell'ambiente di vita. Un efficace compito autentico costituisce un'opportunità di apprendimento spendibile in contesti diversi, come, ad esempio, la stesura di un'autobiografia, la preparazione di un evento culturale o la **redazione dell'itinerario di un viaggio d'istruzione.**

225 Risposta esatta: B

La progettazione didattica dei percorsi dell'istruzione professionale si basa sull'Unità di apprendimento (UdA). Nelle Linee guida viene esplicitato che per la prima volta, rispetto ai precedenti ordinamenti, il decreto legislativo 61/2017 e il Regolamento, contenuto nel decreto 92/2018, contengono indicazioni «prescrittive» sugli strumenti da utilizzare. Il Regolamento riporta, all'art. 2, la seguente definizione di Unità di apprendimento (UdA): «insieme autonomamente significativo di competenze, abilità e conoscenze in cui è organizzato il percorso formativo della studentessa e dello studente; costituisce il necessario riferimento per la valutazione, la certificazione e il riconoscimento dei crediti, soprattutto nel caso di passaggi ad altri percorsi di istruzione e formazione. Le UdA partono da obiettivi formativi adatti e significativi, sviluppano appositi percorsi di metodo e di contenuto, tramite i quali si valuta il livello delle conoscenze e delle abilità acquisite e la misura in cui la studentessa e lo studente hanno maturato le competenze attese».

226 Risposta esatta: B

La definizione di UdA, nelle Linee guida viene descritta come una definizione di tipo «funzionale», che richiama diverse accezioni di UdA presenti in letteratura, tra cui sono segnalate: a) una prima impostazione intende l'UdA come un **«pacchetto didattico» frutto di una segmentazione ragionata di determinati contenuti di insegnamento** (learning object) in cui è articolabile il curricolo dello studente; questa impostazione è forse la più vicina alla didattica «modulare»; b) una seconda intende l'UdA come un **micro-percorso pluridisciplinare finalizzato a perseguire determinati risultati di apprendimento** (learning outcome), organizzabile per «assi culturali» oppure per «competenze» (più o meno collegate a «compiti di realtà» o all'«agire in situazione»), impostazione che richiede generalmente una progettazione strutturata e trasversale ai vari insegnamenti (per Consiglio di classe, dipartimenti,...); c) una terza intende l'UdA come un **insieme integrato di processi di apprendimento attivati dagli/con gli studenti** e orientati alla soluzione di problemi a livello crescente di autonomia e responsabilità, impostazione orientata a farsi carico e gestire le progressioni degli studenti e richiede una progettazione su base personalizzata.

227 Risposta esatta: A

Le Linee guida per l'istruzione professionale stabiliscono che la progettazione didattica richiesta dal nuovo ordinamento dell'istruzione professionale è basata **su UdA costruite attorno a compiti di realtà**; essa necessita di un coordinamento con le tradizionali modalità di valutazione scolastica degli studenti. Si suggerisce perciò di sviluppare procedimenti di valutazione basati su «evidenze» che risultino tali sia ai docenti (in quanto valutatori) che agli studenti (in quanto valutati). Tali procedimenti si basano generalmente su «rubriche di valutazione» il cui impiego dovrebbe essere fatto conoscere in anticipo agli studenti o, meglio ancora, tali rubriche andrebbero sviluppate con la partecipazione degli studenti stessi, così da dare un fortissimo impulso anche allo sviluppo delle capacità di autovalutazione ed attivare i processi metacognitivi che sono alla base dell'imparare ad imparare.

228 Risposta esatta: A

Nelle Linee guida per gli istituti professionali si analizza il rapporto tra valutazione degli insegnamenti e valutazione delle competenze, esaminando che nel nostro sistema, «le due valutazioni, pur condividendo il medesimo riferimento (le prestazioni degli studenti), ne costituiscono due rappresentazioni diverse, che hanno anche finalità differenti. La *valutazione per competenze è, infatti, finalizzata soprattutto alla certificazione*, mentre **la valutazione degli insegnamenti è legata principalmente alla progressione della carriera scolastica sulla base di decisioni periodiche, all'attribuzione di voti numerici per insegnamento e all'attribuzione di crediti numerici annuali che contribuiscono al punteggio finale del diploma».**

229 Risposta esatta: C

Le Linee guida predispongono uno schema di piano annuale o biennale che suggeriscono alle scuole di adottare al fine di realizzare un impianto di progettazione coerente con le indicazioni del Regolamento, con una funzione di riepilogo delle varie attività e delle UdA previste, secondo una logica integrata e con un filo conduttore progressivo. Esso richiederebbe anzitutto – da parte del Consiglio di classe (con gli opportuni passaggi a livello di Collegio docenti e di Dipartimenti, se esistenti) – un quadro di riferimento strutturato. Lo schema suggerito prevede dei passi essenziali, tra i quali la definizione di un canovaccio delle UdA, in coerenza con la progressione curriculare prevista e in corso d'opera e funzionale alla personalizzazione dei percorsi. Secondo le note di compilazione, il canovaccio *serve anche da check-list per verificare se il livello di padronanza atteso per il gruppo classe e/o per i singoli studenti copre quanto previsto nella progettazione poliennale e/o se sono necessarie delle modifiche/integrazioni sul piano didattico.*

230 Risposta esatta: D

Nelle Indicazioni nazionali per il sistema dei licei si legge che esse **non dettano alcun modello didattico-pedagogico**. Ciò significa favorire la sperimentazione e lo scambio di esperienze metodologiche, valorizzare il ruolo dei docenti e delle autonomie scolastiche nella loro libera progettazione e negare diritto di cittadinanza, in questo delicatissimo ambito, a qualunque tentativo di prescrittivismo. La libertà del docente dunque si esplica non solo nell'arricchimento di quanto previsto nelle Indicazioni, in ragione dei percorsi che riterrà più proficuo mettere in particolare rilievo e della specificità dei singoli indirizzi liceali, ma nella scelta delle strategie e delle metodologie più appropriate, la cui validità è testimoniata non dall'applicazione di qualsivoglia procedura, ma dal successo educativo.

231 Risposta esatta: B

Le Indicazioni per il sistema dei licei sono fondate su alcuni criteri costitutivi. Tra questi è citata, al punto 3 di «Obiettivi, competenze e autonomia didattica», l'enfasi sulla necessità di costruire, attraverso il **dialogo tra le diverse discipline**, un profilo coerente e unitario dei processi culturali. Se progettare percorsi di effettiva intersezione tra le materie sarà compito della programmazione collegiale dei dipartimenti disciplinari e dei consigli di classe, le **Indicazioni sottolineano tuttavia i punti fondamentali di convergenza**, i momenti storici e i nodi concettuali che **richiedono l'intervento congiunto di più discipline** per essere compresi nella loro reale portata.

232 Risposta esatta: C

Nelle Indicazioni nazionali per il primo ciclo di istruzione, specificamente, nella integrazione attuata con il documento del 2018 definito «nuovi scenari», relativamente alla *progettazione didattica e l'ambiente di apprendimento*, si legge che «L'integrazione delle discipline per spiegare la complessità della realtà, la costruzione di conoscenze e abilità attraverso l'analisi di problemi e la gestione di situazioni complesse, la cooperazione e l'apprendimento sociale, la sperimentazione, l'indagine, la contestualizzazione nell'esperienza, la laboratorialità, sono tutti fattori imprescindibili per sviluppare competenze, apprendimenti stabili e significativi, dotati di significato e di valore per la cittadinanza».

233 Risposta esatta: A

Nel documento del 2018 sui nuovi scenari delle indicazioni nazionali si affronta il tema del ruolo dell'educazione e si cita un brano del documento, in un frammento del quale si cita l'intercultura: «Una molteplicità di culture e di lingue sono entrate nella scuola. L'intercultura è già oggi il modello che permette a tutti i bambini e ragazzi il riconoscimento reciproco e dell'identità di ciascuno. (...) sono presenti, al contempo, **vecchie e nuove forme di emarginazione culturale e di analfabetismo. Queste si intrecciano con analfabetismi di ritorno, che rischiano di impedire a molti l'esercizio di una piena cittadinanza**. (...) Dunque il «fare scuola» oggi significa mettere in relazione la complessità di modi radicalmente nuovi di apprendimento con un'opera quotidiana di guida, attenta al metodo, ai nuovi media e alla ricerca multi-dimensionale. Al contempo significa curare e consolidare le competenze e i saperi di base, che sono irrinunciabili perché sono le fondamenta per l'uso consapevole del sapere diffuso e perché rendono precocemente effettiva ogni possibilità di apprendimento nel corso della vita. (...) In tale scenario, alla scuola spettano alcune finalità specifiche: offrire agli studenti occasioni di apprendimento dei saperi e dei linguaggi culturali di base; far sì che gli studenti acquisiscano gli strumenti di pensiero necessari per apprendere a selezionare le informazioni; promuovere negli studenti la capacità di elaborare metodi e categorie che siano in grado di fare da bussola negli itinerari personali; favorire l'autonomia di pensiero degli studenti, orientando la propria didattica alla costruzione di saperi a partire da concreti bisogni formativi.(...)».

234 Risposta esatta: D

Nelle Indicazioni per il primo ciclo di istruzione 2012, in riferimento alla progettazione didattica nella scuola del primo ciclo, mentre continua a valorizzare le esperienze con approcci educativi attivi, è finalizzata a guidare i ragazzi lungo percorsi di conoscenza progressivamente **orientati alle discipline e alla ricerca delle connessioni tra i diversi saperi.**

235 Risposta esatta: B

Nelle Indicazioni nazionali per il primo ciclo del 2012, laddove si tratta dell'organizzazione del curricolo, si chiarisce che nella scuola del primo ciclo i *traguardi costituiscono criteri per la valutazione delle competenze* attese e, nella loro scansione temporale, **sono prescrittivi**, impegnando così le istituzioni scolastiche affinché ogni alunno possa conseguirli, a garanzia dell'unità del sistema nazionale e della qualità del servizio. Le scuole hanno la libertà e la responsabilità di organizzarsi e di scegliere l'itinerario più opportuno per consentire agli studenti il miglior conseguimento dei risultati.

236 Risposta esatta: C

La progettazione dei PCTO deve contemperare: **1. la dimensione curricolare; 2. la dimensione esperienziale; 3. la dimensione orientativa.** Le tre dimensioni sono integrate in un percorso unitario che miri allo sviluppo di competenze sia trasversali che tecnico-professionali, utili allo studente negli studi e nelle scelte di vita, spendibili nel mondo del lavoro e dell'eventuale formazione superiore. In particolare, le scuole progettano percorsi personalizzati allo sviluppo di specifiche competenze trasversali, individuate quali traguardi formativi, in modo da contribuire ad orientare i giovani nelle scelte successive al conseguimento del diploma quinquennale, anche sviluppando capacità di autovalutazione delle proprie attitudini e aspettative. In tale prospettiva è importante che l'esperienza del percorso si fondi su un sistema organico di orientamento che, a partire dalle caratteristiche degli studenti, li accompagni gradualmente al pieno sviluppo delle proprie potenzialità.

237 Risposta esatta: C

La certificazione delle competenze, che accompagna il documento di valutazione degli apprendimenti e del comportamento degli alunni, **rappresenta un atto educativo** legato ad un processo di lunga durata e aggiunge informazioni utili in senso qualitativo in quanto descrive i risultati del processo formativo, quinquennale e triennale, anche in vista della ulteriore certificazione delle competenze al termine dell'obbligo di istruzione del secondo ciclo. Tale operazione, pertanto, più che come semplice trasposizione degli esiti degli apprendimenti disciplinari, va intesa come valutazione complessiva in ordine alla capacità degli allievi di utilizzare i saperi acquisiti per affrontare compiti e problemi, complessi e nuovi, reali o simulati. Con la certificazione si vuole richiamare l'attenzione sul nuovo costrutto della competenza, che impone alla scuola di ripensare il proprio modo di procedere, suggerendo di utilizzare gli apprendimenti acquisiti nell'ambito delle singole discipline all'interno di un più globale processo di crescita individuale. I singoli contenuti di apprendimento rimangono i mattoni con cui si costruisce la competenza personale. Non ci si può quindi accontentare di accumulare conoscenze, ma occorre trovare il modo di stabilire relazioni tra esse e con il mondo al fine di elaborare soluzioni ai problemi che la vita reale pone quotidianamente. Progettare l'attività didattica in funzione delle competenze e della loro certificazione richiede una professionalità docente rinnovata e attenta alle domande, anche e soprattutto implicite, che possono venire dagli alunni.

238 Risposta esatta: C

Secondo le teorie scientifiche più accreditate, il pensiero computazionale è l'attività dei processi mentali coinvolti nella formulazione di problemi e nella loro soluzione.
Il termine deriva dal latino «computare» che significa calcolare sulla base di dati certi.
Da alcuni anni, il **pensiero computazionale** è impiegato in ambito scolastico come strategia d'azione che consente agli studenti di **affrontare una situazione problematica suddividendola in problemi più piccoli,** adottando una sequenza di fasi e precisi passaggi.Tale innovazione metodologica è stata introdotta formalmente con la L. 107/2015: il pensiero computazionale è parte integrante degli obiettivi prioritari indicati nell'art. 1 comma7 che integrano l'offerta formativa delle istituzioni scolastiche di ogni ordine e grado per il raggiungimento dei traguardi formativi.

239 Risposta esatta: B

L'avanguardia metodologica «**scuola senza zaino**» si basa su **una diversa configurazione dell'ambiente educativo e prevede che tutto il materiale didattico venga auto-prodotto**.
Gli aspetti fondamentali che la caratterizzano sono: l'organizzazione degli spazi, in modo da creare aree di lavoro dedicate e favorire l'attività di gruppo; la modifica dell'assetto della classe, al fine di promuoverenegli alunni l'autonomia operativa e la sperimentazione; l'organizzazione degli strumenti di lavoro, realizzati da docenti e alunni; l'attenzione alla modalità di apprendimento di ogni studente; l'importanza attribuita alla relazione educativa e alla condivisione di regole, rese sempre visibili.
La metodologia, diffusasi a partire dal 2002 sull'intero territorio nazionale, trae ispirazione dalla pedagogia attiva di Dewey, Montessori, Freinet e dalle teorie cognitiviste di Bruner e Gardner.

240 Risposta esatta: D

La metodologia CLIL (Content language integrated learning) promuove l'apprendimento integrato di una lingua e di un contenuto disciplinare. È stata introdotta negli ordinamenti scolastici italiani dalla legge di riforma della scuola secondaria di secondo grado avviata nel 2010. Essa **prevede che una disciplina non**

linguistica, come la matematica, la fisica, sia insegnata da un docente competente **in lingua straniera**.
Il profilo del docente CLIL è caratterizzato, dunque, dal possesso di competenze linguistico-comunicative nella lingua straniera veicolare di livello C1e da competenze metodologico-didattiche acquisite al termine di un corso di perfezionamento universitario di 20 CFU.

241 Risposta esatta: D

La lavagna interattiva multimediale è uno strumento creato alla fine degli anni Ottanta, introdotto nelle scuole di ogni ordine e grado prima in forma sperimentale poi con un'azione sistematica prevista dal Piano Nazionale Scuola Digitale. Dotata di uno schermo interattivo, permette a chi lo utilizza di interagire direttamente con i contenuti che vi sono proiettati.
Questa interazione può avvenire con degli appositi strumenti (penne o puntatori a distanza) e, in alcuni modelli di LIM, anche direttamente con le dita della mano. Gli strumenti di cui si avvale sono: **computer, proiettore, schermo digitale e penna elettronica.**

242 Risposta esatta: D

Nelle **Indicazioni Nazionali 2012**, tra i principi metodologici che contraddistinguono un'efficace azione formativa, sono citate«*l'**esplorazione** e la **scoperta**, al fine di promuovere il gusto per la ricerca di nuove conoscenze. In questa prospettiva, la problematizzazione svolge una funzione insostituibile: sollecita gli alunni a individuare problemi, a sollevare domande, a mettere in discussione le conoscenze già elaborate, a trovare appropriate piste d'indagine, a cercare **soluzioni originali***».
Superando ogni concezione unilaterale del processo di insegnamento/ apprendimento, si assume che la formazione sia un'esperienza situata in uno specifico contesto in cui il soggetto, spinto dai propri interessi, costruisce attivamente una propria concezione della realtà attraverso un processo di indagine e di elaborazione delle conoscenze mediante la scoperta.

243 Risposta esatta: A

Il secondo ciclo d'istruzione, come delineato dai documenti di riforma, presenta numerosi elementi innovativi. Dal punto di vista didattico le norme introdotte hanno come obiettivo la creazione di un raccordo più stretto con il mondo del lavoro e delle professioni, attraverso la più ampia diffusione di stage, tirocini, esperienze in azienda. A tal fine è previsto il potenziamento di metodologie innovative basate sulla **didattica laboratoriale**, che fa leva: sul ruolo attivo dello studente, sull'autonomia e l'assunzione di responsabilità rispetto al risultato, sull'esercizio integrato di conoscenze e abilità operative e sui processi di collaborazione e di condivisione.

244 Risposta esatta: D

L'**impresa formativa simulata** (IFS) costituisce un modo nuovo e stimolante di approfondire contenuti ed avvicinarsi al mondo del lavoro, **riducendo la distanza tra l'esperienza teorica e quella pratica.** La metodologia dell'**impresa forma-**

tiva simulata (IFS) consente l'apprendimento di processi di lavoro, attraverso la simulazione della costituzione e gestione di imprese virtuali, assistite da aziende reali. Il modello più diffuso viene realizzato all'interno della struttura scolastica dove, con l'ausilio dei docenti, e in qualche caso di rappresentanti del mondo delle professioni, si riproducono le funzioni di un'impresa reale in tutti i suoi aspetti. Sono realizzati anche modelli più innovativi che prevedono **l'interazione con aziende che operano nel mercato della rete telematica**, con le quali avviene lo scambio virtuale di servizi e prodotti.

245 Risposta esatta: B

Da alcuni anni lo sviluppo a livello internazionale della qualità dei processi di insegnamento e di apprendimento ha determinato: la partecipazione dei singoli Paesi a progetti internazionali di misurazione degli apprendimenti;l'individuazione di aree chiave del curricolo da presidiare, valutare e certificare;il focus sull'acquisizione da parte degli alunni di competenze funzionali;l'impulso all'innovazione didattica e alla diffusione di modelli di buone pratiche.
Il Progetto PISA (Programma per la valutazione internazionale dello studente), promosso nel 1997 da parte dei Paesi aderenti all'OCSE (Organizzazione per la coöperazione e lo sviluppo economico), testimonia l'impegno nel monitoraggio dell'efficacia dei sistemi scolastici, vagliandone con periodicità triennale i risultati ottenuti in termini di apprendimento degli studenti quindicenni scolarizzati, all'interno di un quadro di riferimento condiviso a livello internazionale. In particolare mira a verificare in che misura i giovani, prossimi all'uscita dalla scuola dell'obbligo, abbiano acquisito competenze giudicate essenziali per svolgere un ruolo consapevole ed attivo nella società e per continuare ad apprendere. Il progetto PISA si svolge con periodicità triennale (prima indagine 2000) e coniuga la valutazione delle competenze negli ambiti disciplinari della lettura, matematica e scienze, con quella riferita ad importanti competenze trasversali, arricchite, a partire dalla rilevazione del 2003, dalla valutazione delle prestazioni di «***problem solving***», utilizzando prove scritte strutturate.

246 Risposta esatta: B

Il D.P.R. 122/2009 prevede, al comma 4 dell'articolo 4, lasciato in vigore dal **D.Lgs. 62/2017**, che i «periodi di apprendimento mediante esperienze di lavoro» devono essere «parte integrante dei percorsi formativi personalizzati ai sensi (...) del decreto legislativo 15 aprile 2005, n. 77», ed essere sottoposti a valutazione, certificazione e **riconoscimento dei crediti** «secondo le disposizioni di cui all'articolo 6 del medesimo decreto legislativo». Tale comma, alla lettera *d)*, prevede che le competenze acquisite dagli studenti «costituiscono crediti, sia ai fini della prosecuzione del percorso scolastico o formativo per il conseguimento del diploma o della qualifica, sia per gli eventuali passaggi tra i sistemi, ivi compresa l'eventuale transizione nei percorsi di apprendistato».

247 Risposta esatta: D

In relazione alla valutazione del rendimento nella scuola secondaria di secondo grado, il D.P.R. 122/2009, all'art. 4, dispone che essa sia espressa in decimi con eccezione della valutazione dell'insegnamento della religione cattolica, mentre

il voto di educazione fisica concorre, al pari delle altre discipline, alla valutazione complessiva. Nello scrutinio finale il Consiglio di classe **sospende il giudizio degli alunni** che non hanno conseguito la sufficienza in una o più discipline, senza riportare immediatamente un giudizio di non promozione.
A conclusione dello scrutinio, l'esito relativo a tutte le discipline è comunicato alle famiglie.
A conclusione degli interventi didattici per il recupero delle carenze rilevate (cd. debito formativo), il Consiglio di classe, previo accertamento del recupero delle carenze da effettuarsi entro la fine del medesimo anno scolastico e non oltre la data di inizio delle lezioni dell'anno scolastico successivo, procede alla verifica dei risultati conseguiti dall'alunno e alla formulazione del giudizio finale che, in caso di esito positivo, comporta l'ammissione alla classe successiva e l'attribuzione del credito scolastico.

248 Risposta esatta: C

I voti sono espressi in **decimi** in base anche ai criteri valutativi indicati dal Collegio dei docenti. In sede di scrutinio, sia intermedio che finale, la decisione sulla valutazione si ascrive in capo al Consiglio e i voti si ritengono proposti, in quanto essa non appartiene al singolo docente, ma ogni voto è un **voto collegiale**.

249 Risposta esatta: B

Gli interventi *ad hoc* mirati al recupero delle carenze degli studenti delle scuole secondarie di secondo grado il cui profitto sia insufficiente si attuano nella forma di **corsi di sostegno o di recupero dei debiti formativi** (più propriamente detti «IDeI», ovvero interventi didattici-educativi integrativi) dei quali il D.M. 42/2007 e il D.M. 80/2007 indicano modalità, strumenti e risorse.

La normativa ministeriale, nello specifico prevede che:

- le scuole organizzino, subito dopo gli scrutini intermedi, interventi didattico-educativi di recupero per gli studenti che abbiano presentato insufficienze;
- è competenza dei Consigli di classe decidere come organizzare i corsi di recupero, che possono essere tenuti dagli insegnanti della scuola o con la collaborazione di soggetti esterni;
- dopo i corsi di recupero, che si svolgono nel corso dell'anno scolastico, gli studenti debbano affrontare delle verifiche intermedie per dimostrare di aver superato il debito;
- alla fine dell'anno scolastico, il Consiglio di classe comunichi alle famiglie le carenze scolastiche degli studenti che abbiano riportato voti insufficienti in una o più materie, rimandando la decisione di promuoverli a dopo il 31 agosto, in occasione della verifica finale del superamento dei debiti;
- dopo lo scrutinio finale, la scuola organizzi ulteriori corsi di recupero, che si svolgono durante l'estate, per gli studenti che non hanno ottenuto la sufficienza in una o più discipline;
- entro il 31 agosto di ogni anno si concludano le iniziative di recupero e subito dopo, ma **non oltre la data di inizio delle lezioni dell'anno successivo, si effettuano le verifiche finali** sulla base delle quali si conclude lo scrutinio con il giudizio definitivo: promozione o bocciatura.

All'avvio dell'anno scolastico tutti gli alunni sono a parità di condizioni, in modo tale che i docenti possano sviluppare il programma dell'anno regolarmente.

250 **Risposta esatta:** B

I livelli degli indicatori esplicativi delle competenze raggiunte, nella relativa attività di certificazione delle competenze, rilasciata al termine della scuola primaria e del primo ciclo di istruzione (art. 9, comma 2, D.Lgs. 62/2017), sono quattro: **avanzato, intermedio, base, iniziale**. Essi presentano in maniera discorsivo-espositiva le competenze che si collocano quindi su uno di quattro livelli possibili di padronanza.

251 **Risposta esatta:** C

La compilazione del modello di certificazione delle competenze viene eseguita **dagli insegnanti a conclusione dello scrutinio finale della classe quinta e dal Consiglio di classe in sede di scrutinio finale solo per gli studenti ammessi all'esame di Stato.** Il documento viene poi consegnato alla famiglia e, in copia, alla scuola o all'istituzione di formazione del ciclo successivo (Linee guida per la certificazione delle competenze per il primo ciclo, allegate alla Nota 312/2018).

252 **Risposta esatta:** D

Le prove Invalsi consistono in test standardizzati diretti a tracciare un quadro di riferimento statistico sui livelli di apprendimento in Italia, nelle aree disciplinari dell'*italiano*, della *matematica* e anche della lingua *inglese*.
Essi vengono somministrati nelle classi II e V della scuola primaria, nella **classe III della secondaria di primo grado** e nella classe II e V della scuola secondaria di secondo grado.
In base a quanto previsto dal D.P.R. 80/2013, dalla L. 107/2015 e dal D.Lgs. 62/2017, le caratteristiche innovative delle prove Invalsi per la classe terza, secondaria di primo grado, sono le seguenti: sono prove somministrate tramite computer (CBT – *computer based testing*) di italiano, matematica e inglese (art. 7, comma 1); nello specifico, per la III secondaria di primo grado, lo svolgimento delle prove avviene durante il mese di aprile, nell'arco temporale indicato da Invalsi (variabile in ragione della dimensione della scuola e del numero di computer collegati alla rete internet in ciascuna istituzione scolastica); le prove si svolgono interamente *on line*; la prova d'inglese riguarda le competenze ricettive (comprensione della lettura e dell'ascolto) ed è sviluppata in coerenza con le Indicazioni nazionali (art. 7, comma 1) e si riferisce principalmente ai livelli A1 e A2 del QCER.

253 **Risposta esatta:** D

L'organizzazione del **Sistema nazionale di valutazione (SNV)** è articolata in **tre** soggetti istituzionali:

- **INVALSI**;
- **INDIRE**;
- **Contingente ispettivo**.

Il Ministero dell'istruzione emana con periodicità almeno triennale le priorità strategiche della valutazione del sistema educativo di istruzione, con linee guida adottate d'Intesa con la Conferenza unificata, previo **concerto con il Ministro del lavoro** e delle politiche sociali.

254 Risposta esatta: D

Attraverso la rilettura e integrazione delle Indicazioni nazionali del 2012, le Indicazioni nazionali e nuovi scenari del 2018 precisano, relativamente alle *competenze digitali, metacognitive, metodologiche e sociali,* che «i curricoli dovrebbero prevedere precisi riferimenti ad esse, in termini di risultati di apprendimento, evidenze, percorsi didattici, criteri di valutazione, poiché alimentano quattro competenze chiave irrinunciabili: **competenze sociali e civiche, competenze digitali, imparare ad imparare, spirito di iniziativa e imprenditorialità**. Senza queste competenze non sono possibili né una corretta e proficua convivenza né un accesso consapevole e critico alle informazioni né si possiedono gli strumenti per affrontare e risolvere problemi, prendere decisioni, pianificare e progettare, intervenire sulla realtà e modificarla».

255 Risposta esatta: A

L'ambiente di apprendimento e la sua funzionalità rispetto alla didattica sono oggetto delle Indicazioni nazionali «nuovi scenari». Infatti, nel documento si legge di come l'acquisizione dei saperi richieda *un uso flessibile degli spazi, a partire dalla stessa aula scolastica, ma anche la disponibilità di luoghi attrezzati che facilitino approcci operativi alla conoscenza* per le scienze, la tecnologia, le lingue comunitarie, la produzione musicale, il teatro, le attività pittoriche, la motricità. Oltre alla necessaria presenza e utilizzo fruibile delle biblioteche, risulta fondamentale **realizzare attività didattiche in forma di laboratorio**, per favorire l'operatività e allo stesso tempo il dialogo e la riflessione su quello che si fa. Il laboratorio, se ben organizzato, è *la modalità di lavoro che meglio incoraggia la ricerca e la progettualità, coinvolge gli alunni nel pensare*, realizzare, valutare attività vissute in modo condiviso e partecipato con altri, e può essere attivata sia nei diversi spazi e occasioni interni alla scuola sia valorizzando il territorio come risorsa per l'apprendimento.

PARTE III

Competenze digitali del docente e Informatica

QUESTIONARIO

1 Un disco fisso è:

A) Un disco, interno al computer, usato per memorizzare grandi quantità di dati
B) Un disco di un computer che non può essere trasportato per non perdere i dati memorizzati su di esso
C) Il disco più grande di un gruppo di computer collegati in rete tra loro
D) Un disco floppy di grosse dimensioni

2 In ambito informatico, l'acronimo «RAM» rappresenta:

A) Il Rapido Avanzamento del Mouse
B) Il disco fisso di un calcolatore
C) Lo stato di standby del PC
D) La memoria elettronica ad accesso casuale che permette di conservare i dati solo fino a quando il calcolatore è acceso

3 In «Calc di Open Office» o in «Excel di Microsoft», che cosa indica il riferimento D4?

A) La cella situata all'intersezione della colonna D con la riga 4
B) Le prime quattro colonne della riga 4
C) La cella situata all'intersezione della riga D con la colonna 4
D) Le prime quattro righe della colonna D

4 In un foglio di calcolo, è possibile selezionare celle non adiacenti tra loro?

A) No, in un foglio di calcolo non è possibile selezionare celle non adiacenti tra loro
B) Sì, selezionando la prima cella e quindi, tenendo premuto il tasto Ctrl, selezionando le altre
C) Sì, selezionando la prima cella e quindi, tenendo premuto il tasto Shift, selezionando le altre
D) Sì, selezionando la prima cella e quindi, tenendo premuto il tasto Alt, selezionando le altre

5 In un foglio elettronico, è possibile inserire delle formule per effettuare calcoli. In che modo si può prelevare il contenuto di una cella per inserirlo nella formula?

A) Con la procedura di «copia e incolla»
B) È necessario inserire direttamente il contenuto della cella
C) Specificando le coordinate della cella
D) Specificando le coordinate della cella, ma avendo abilitato la cella ad essere inserita nella formula con l'opzione di «formattazione cella»

6 **In «Excel di Microsoft» o in «Calc di Open Office», qual è l'effetto dell'istruzione: =G1-30?**

A) Nessuno, essa riporta il valore dell'istruzione
B) Causa un messaggio di errore
C) Ripete il carattere «-» per trenta volte
D) Sottrae 30 al valore della cella G1

7 **In Excel o in Calc, quale delle seguenti formule dà come risultato 30?**

A) '=(10+2)+6-8
B) '=(10+2)+(6+8)
C) '=10+2+(6+8)
D) '=10+2*6+8

8 **In «Calc di Open Office» o in «Excel di Microsoft», quale delle seguenti formule dà come risultato 9?**

A) '=2*5+10/5-3
B) '=2*5+10/(5-3)
C) '=2*(5+10/5-3)
D) '=2*(5+10)/(5-3)

9 **In «Calc di Open Office» o in «Excel di Microsoft», quale tra i seguenti non è un operatore aritmetico?**

A) *
B) %
C) &
D) /

10 **In Calc o in Excel, l'istruzione: =F3*5% cosa fa?**

A) Calcola il 3% del valore inserito nella cella F5
B) Causa un messaggio d'errore
C) Calcola il 5% del valore inserito nella cella F3
D) Moltiplica per 5 il valore contenuto nella cella F3

11 **Cos'è una linea ADSL (Asymmetric Digital Subscriber Line)?**

A) Una tecnica di connessione a larga banda che utilizza il doppino telefonico
B) Il collegamento dei telefoni domestici per via satellitare
C) Una linea di collegamento seriale a livelli elettrici sbilanciati tipo RS 232
D) La connessione ad Internet che utilizza la porta parallela del computer

12 **Quale tra i seguenti indirizzi Internet è formalmente corretto?**

A) http://ftp.akel.cal.mips.connecticut
B) http://www.fbi.gov

C) http://http.www.centro.communication
D) htwp://www,kataweb.it

13 **Cos'è un «Internet caffè»?**

A) È la denominazione di un'attività in franchising per la vendita tramite Internet
B) È il sito Internet ufficiale dell'Associazione Produttori del Caffè (www.internet.caffè.apc.it)
C) È la denominazione di un'associazione di attività commerciali, nel cui sito (www.internet_caffè.it) è possibile effettuare ordinazioni
D) È una struttura all'interno di un'attività commerciale in cui vi sono varie postazioni informatiche che, a noleggio, permettono di navigare su Internet

14 **Uno dei seguenti indirizzi Internet contiene un errore di forma. Quale?**

A) http://www.turismo.pratonevoso.it
B) http://www.hotels;troisetoils.fr/index.html
C) http://www.saintmoritz.ch.eu
D) ftp://ftp.corvara.taa

15 **Quali funzioni hanno i programmi che utilizzano Internet?**

A) Controllare il modem, garantire il corretto flusso di dati in ingresso e in uscita, e rendere possibile le operazioni che desideriamo compiere in rete
B) Nessuna delle risposte proposte è corretta
C) Garantire il corretto flusso dei dati in ingresso attraverso il modem
D) Permettere di stabilire un controllo seriale

16 **Il termine «directory» sta ad indicare:**

A) Un nome atto a raggruppare un insieme di file
B) La direzione da seguire per raggiungere un'informazione specifica
C) Un insieme di record di database
D) La raccolta dei file documento di Word o di Writer

17 **Con il termine «telelavoro» si indica:**

A) Il lavoro realizzato senza la necessità di recarsi in «ufficio» mediante l'utilizzo di sistemi informatici (computer e sistemi di comunicazione)
B) L'insieme dei posti di lavoro generati dai programmi TV offerti dalla televisione digitale
C) Il lavoro di sorveglianza delle trasmissioni televisive realizzato da impiegati di enti quali l'Authority per le telecomunicazioni
D) Il lavoro degli operatori televisivi (cameramen, elettricisti specializzati, addetti alle luci etc.)

18 **Cosa s'intende per «tabulazione»?**

A) L'impostazione di un riferimento in una determinata posizione orizzontale, immediatamente raggiungibile con la pressione del tasto TAB
B) L'operazione di allineamento delle finestre presenti a video
C) L'operazione di allineamento del testo alle figure e ai disegni presenti nel documento
D) L'impostazione di tabelle di dati omogenei

19 **Quale delle seguenti procedure non è utile a mantenere la sicurezza dei dati archiviati in un computer?**

A) Usare un firewall nel collegarsi ad internet
B) Formattare periodicamente il disco fisso
C) Effettuare regolarmente il backup
D) Usare dei software antivirus

20 **Su una tastiera estesa per PC, i tasti contrassegnati come F1 - F12 sono denominati:**

A) Tasti funzione
B) Tasti invio
C) Tasti per applicazioni
D) Tasti di Windows

21 **Un lettore DVD serve a:**

A) Riorganizzare la memoria del disco
B) Verificare l'integrità del sistema
C) Leggere dati su un supporto digitale
D) Gestire le periferiche

22 **Il modem:**

A) Costituisce l'unità centrale di elaborazione di dati e programmi
B) Serve a mandare e ricevere dati connettendosi a una rete telematica tramite una comune linea telefonica
C) Si limita esclusivamente a ricevere dati
D) Serve a parcheggiare temporaneamente dati e programmi

23 **La cartuccia d'inchiostro va cambiata, quando esaurita, su una stampante di tipo:**

A) Laser
B) Ad aghi
C) A getto d'inchiostro
D) Termica

24 **L'hardware fondamentale per eseguire una stampa è:**

A) La stampante
B) Il lettore CD
C) La tastiera
D) Il mouse

25 **Quale dei seguenti NON è un dispositivo di archiviazione dati?**

A) Stampante
B) CD-ROM
C) Hard disk
D) Pen drive

26 **La dimensione della memoria centrale si misura in:**

A) Pixel
B) Gigabyte
C) Driver
D) Centrimetri

27 **Quale tra le seguenti unità NON è contenuta nell'unità base di un computer?**

A) Hard disk
B) Tastiera
C) RAM
D) Scheda madre

28 **Una pen drive può essere utilizzata:**

A) Finché è piena. Una volta riempita, essa ha terminato per sempre l'operatività
B) Una sola volta
C) Per non più di un anno
D) Un numero illimitato di volte

29 **Il modem:**

A) Trasforma i testi in immagini
B) È una scheda virtuale creata da Windows solo nella versione XP
C) Permette il collegamento di un computer ad una linea telefonica
D) È anche detto Internet Point

30 **Quale dei seguenti termini, in un computer, è riferibile alla memoria?**

A) DOS
B) RAM
C) DOC
D) INKEJ

31 Le dimensioni di uno schermo video si misurano in:

A) Hertz
B) Pixel
C) Pollici
D) Kilobyte

32 In uno schermo, i pixel misurano:

A) Il numero di colori
B) La dimensione
C) La luminosità
D) La risoluzione

33 In una tabella di un database, che cos'è un record?

A) Una particolare vista di una tabella
B) Un insieme di campi che contengono informazioni relative a un elemento di una tabella
C) Un generico oggetto del database
D) La stampa del logfile di una sessione di accesso al database

34 Un database è utilizzato per:

A) Connessioni in ambiente Internet
B) Creare e gestire una banca dati
C) Elaborare testi
D) Elaborare fogli elettronici

35 In un database, lo scopo degli indici è quello di:

A) Riassumere le informazioni contenute nell'archivio
B) Trovare oppure ordinare più rapidamente i record dell'archivio
C) Misurare la ridondanza dei dati registrati nell'archivio
D) Controllare l'accesso condiviso ai record dell'archivio

36 Quale delle seguenti affermazioni meglio definisce una *query*?

A) Seleziona e presenta i dati che soddisfano le condizioni specificate
B) Serve esclusivamente per introdurre i dati in un database
C) Stampa i dati
D) Verifica la consistenza dei dati nel database

37 In un database, l'insieme che raggruppa i campi (*fields*) si definisce:

A) Chiave
B) File
C) Query
D) Record

38 **In «Base di Open Office» o in «Access di Microsoft», quale strumento costituisce un efficace mezzo per presentare i dati in un formato adatto ad essere stampato, in cui le informazioni possano essere organizzate in modo chiaro ed efficace?**

A) Query
B) Maschera
C) Report
D) Campo

39 **In un database, quale operatore logico va utilizzato per recuperare i record che contengano almeno uno dei termini richiesti?**

A) AND
B) XOR
C) OR
D) NOT

40 **La query ad un insieme di record viene utilizzata:**

A) Solamente in Word di Microsoft
B) Solamente in Lotus Domino della IBM
C) Solamente in Calc di Open Office
D) In un database

41 **Il sito Internet «www.google.it» è un potente:**

A) Gestore di siti per comunicare con altri utenti
B) Gestore di posta elettronica
C) Motore di ricerca
D) Browser di collegamento ad Internet

42 **Dei seguenti indirizzi di posta elettronica, uno solo potrebbe essere potenzialmente corretto poiché non contiene errori formali. Quale?**

A) fabbrica.internazionale.tappi@tin.com
B) http:fabbrica\internazionale\tappi@tin.com
C) fabbrica@internazionale@tappi@tin.com
D) www:fabbrica\internazionale\tappi@tin.com

43 **Quali file è conveniente NON copiare da INTERNET per evitare di scaricare file contenenti virus?**

A) Esclusivamente i file documento con estensione «.txt» e «.doc»
B) Non vi è possibilità di scaricare file infetti via INTERNET
C) I file eseguibili con estensione «.exe» e «.com»
D) I file di immagini con estensione «.pcx» e «.bmp»

44 **Quale, tra i seguenti, NON è un indirizzo di posta elettronica formalmente valido?**

A) bella.italia@server.gov
B) bella@italia.uni.gov
C) italia@tin.gov
D) www.bella.\italia@tin.gov

45 **Per gestire la posta elettronica occorre un opportuno programma. Quale tra i seguenti è adatto allo scopo?**

A) Access
B) Excel
C) Writer
D) Exchange

46 **Per installare un'applicazione su un PC è consigliabile:**

A) Rimuovere tutti i file documento dall'hard disk
B) Lanciare il relativo programma di installazione
C) Avviare il programma SETUP di Windows
D) Copiare i file «.EXE» sull'hard disk

47 **Su una tastiera estesa per PC, il tasto denominato «Caps Lock» ha la funzione di:**

A) Bloccare la tastiera in modo che non possa essere utilizzata da estranei
B) Simulare la presenza di una tastiera di una nazionalità diversa
C) Far sì che le lettere siano riprodotte in maiuscolo
D) Simulare la continua pressione del tasto «Shift» (Maiuscolo) per tutti i tasti

48 **Quale delle seguenti affermazioni è falsa?**

A) Windows non è un sistema operativo
B) Esistono stampanti ad aghi a colori
C) Per poter utilizzare un PC non è indispensabile disporre di una stampante
D) Esistono monitor più grandi di 17 pollici

49 **Cosa s'intende per «formattazione di un disco»?**

A) La procedura che prepara un disco affinché possa essere utilizzato
B) La procedura che prepara il disco affinché possa essere utilizzato per la sola lettura di file
C) La procedura che copia su disco alcune informazioni di sistema
D) La procedura che assegna a ciascun file presente un proprio spazio

50 In ambiente Windows, dovendo cancellare un carattere da un file di testo, qual è la differenza di comportamento tra il tasto BackSpace e il tasto Canc?

A) Il tasto BackSpace cancella il carattere su cui è posizionato il cursore, mentre il tasto Canc cancella un carattere sulla sinistra del cursore
B) Il tasto BackSpace non cancella nessun carattere ma sposta solo il cursore di uno spazio a sinistra, mentre il tasto Canc cancella il carattere su cui è, in quel momento, posizionato il cursore
C) Il tasto Backspace muove solamente il cursore di uno spazio verso sinistra, mentre il tasto Canc cancella un carattere alla sinistra del cursore
D) Il tasto BackSpace cancella un carattere sulla sinistra del cursore, mentre il tasto Canc cancella il carattere su cui è posizionato il cursore

51 Quale tra le seguenti non è un'unità periferica?

A) Stampante
B) Scanner
C) ROM
D) Mouse

52 Una periferica che riporta su carta i dati di un applicativo è definita:

A) Stampante
B) Mouse
C) Monitor
D) Modem

53 Una periferica che visualizza i dati di un applicativo è definita:

A) Mouse
B) Monitor
C) Stampante
D) Modem

54 Quale delle seguenti affermazioni è vera?

A) Per avere una risoluzione a 1024 × 768 punti è necessario un monitor a 17"
B) La risoluzione di un monitor è dipendente dalla sua dimensione
C) La risoluzione di un monitor dipende dal tipo di hard disk presente
D) La risoluzione di un monitor è indipendente dalla sua dimensione

55 Cosa significa che la risoluzione di uno schermo è 640 × 480?

A) Che l'area dello schermo è suddivisa in 640 × 480 punti
B) Che si possono visualizzare 480 sfumature di 640 colori base
C) Che l'area dello schermo è di 640 × 480 mm
D) Che si può visualizzare un'immagine di 640 × 480 punti

56 Avendo un file salvato su pen drive, è possibile accedervi direttamente e modificarlo?

A) Sì
B) No, possiamo accedervi ma non modificarlo
C) No, bisogna prima salvarlo sul proprio disco fisso
D) Sì, ma sarà possibile salvare le modifiche solo sul disco fisso

57 Cosa si deve conoscere, del destinatario, per inviare un messaggio di posta elettronica?

A) L'indirizzo Internet
B) L'indirizzo E-Mail
C) L'indirizzo del suo Provider
D) L'indirizzo E-Mail e l'indirizzo Internet

58 Quale tra i seguenti indirizzi Internet è formalmente errato?

A) htwp://www,kataweb.it
B) http://www.concorso.it/index.html
C) http://www.concorso.it
D) 255.25.192.154

59 Quale, tra i seguenti, non è un indirizzo di posta elettronica formalmente valido?

A) ciao.maria@server.com
B) maria@tin.com
C) www.ciao./maria@libero.com
D) ciao@maria.uni.com

60 In informatica, a cosa ci si riferisce parlando di «URL»?

A) Ad una tecnologia audio/video
B) Ad un tipo di virus
C) Ad uno dei parametri tecnici per collegarsi ad Internet
D) All'indirizzo di una pagina Web

61 Quale delle seguenti affermazioni è vera?

A) Un file con estensione «.TXT» è un file di sistema
B) Un file con estensione «.EXE» è un file eseguibile
C) Un file con estensione «.EXE» è un file di testo
D) Un file con estensione «.TXT» è un file eseguibile

62 Il software completamente gratuito e a disposizione degli utenti è chiamato:

A) Beta release
B) Premium edition

C) Freeware
D) Alfa version

63 La memoria interna (RAM):

A) Costituisce l'unità centrale di elaborazione di dati e programmi (CPU)
B) Non è presente nei PC di ultima generazione
C) Serve a parcheggiare temporaneamente dati e programmi in attesa di elaborazione da parte dell'unità centrale (CPU)
D) Serve a inviare e ricevere dati

64 Cos'è un «gruppo di continuità»?

A) Un programma per l'elaborazione continua di file multimediali
B) Un sistema a batterie tampone per sopperire ad eventuali black-out della rete elettrica
C) Una periferica per la connessione continua in rete
D) Una stampante laser per modulo continuo

65 L'Universal Serial Bus (USB):

A) È uno standard di comunicazione seriale basato su cablaggi in fibra ottica
B) È uno standard di comunicazione seriale che consente di collegare diverse periferiche ad un computer
C) È uno standard di comunicazione seriale utilizzato esclusivamente in campo industriale medio-alto, in quanto i prezzi dei supporti per questo standard risultano essere ancora troppo elevati
D) È uno standard di comunicazione analogica che consente di collegare più dispositivi video (monitor, videoproiettori etc.) ad un computer

66 Cosa s'intende per «laptop»?

A) Un sinonimo del desktop
B) Un programma musicale
C) Un computer portatile
D) Un cartella contenente i file più estesi

67 Quale dei seguenti nomi identifica un sistema operativo?

A) Open Office
B) Avast!
C) Windows 7
D) Google Chrome

68 Che cos'è una «Guida in linea» (accezione informatica)?

A) Un aiuto sul programma utilizzato, fornito da personale specializzato contattato telefonicamente
B) Una simulazione del programma che ne spiega le caratteristiche principali con esempi
C) Un aiuto presente all'interno di quasi tutti i programmi per Windows, consultabile durante l'esecuzione del programma stesso
D) Un manuale fornito con il programma

69 Cos'è «Google Chrome»?

A) Un sistema operativo
B) Un programma per la videoscrittura
C) Un browser, cioè un programma per navigare in Internet
D) Un programma che genera pagine Web

70 A quale paese appartiene il sito «http://www.londra.fl»?

A) Inghilterra
B) Finlandia
C) Spagna
D) Italia

71 È definito «home banking»:

A) L'accesso, da casa, dei dipendenti di una banca all'archivio della banca stessa
B) L'accesso via Internet ai servizi della banca
C) L'insieme dei programmi applicativi utilizzati da una banca
D) L'insieme dei servizi forniti da una banca alle famiglie

72 Cos'è un Trojan?

A) Una scheda video che permette di visualizzare contemporaneamente due applicazioni
B) Una scheda madre che esegue innumerevoli applicazioni in simultanea
C) Un programma in grado di eseguire calcoli molto complessi
D) Un particolare programma che nasconde (come il cavallo di Troia) un altro programma, in grado di far penetrare altre persone nel nostro PC

73 Cosa s'intende con il termine «download»?

A) «Scaricare» un file dall'hard disk ad un supporto di memoria mobile (es. USB key)
B) Inviare un file via e-mail
C) «Scaricare» un file da Internet sul proprio computer
D) Leggere un documento utilizzando uno scanner

74 Quale tra i seguenti indirizzi Internet appartiene a un sito del Portogallo?

A) http://www.parigi.fr
B) htwp://www.berlino.de
C) http://www.lisbona.pt
D) http://www.roma.it

75 Quale delle seguenti affermazioni relative ai documenti letti con uno scanner è corretta?

A) Possono sempre essere elaborati in forma grafica
B) Sono generati esclusivamente in formato XLS
C) Sono generati esclusivamente in formato DOC
D) Sono esclusivamente elaborati in tabelle MDB

76 Quale delle seguenti tecnologie viene utilizzata per la memorizzazione dei dati sugli hard disk?

A) Chimica
B) Laser
C) Ottica
D) Magnetica

77 Cosa s'intende per memoria virtuale?

A) L'uso del disco fisso quando la quantità di dati supera la capacità della RAM
B) Una parte della cache di secondo livello
C) Un tipo di memoria estremamente veloce
D) Una parte della cache di primo livello

78 La memoria permanente e non modificabile del computer è la:

A) CPU
B) ROM
C) Cache
D) Flash

79 Quale delle seguenti tipologie di memoria conserva il proprio contenuto anche in assenza di alimentazione?

A) ROM
B) RAM
C) DIMM
D) DRAM

80 **La pagina iniziale di un sito Internet si chiama:**

A) Name page
B) Home page
C) Init page
D) House page

81 **Quale, tra i seguenti, è un programma per la gestione della posta elettronica?**

A) Word
B) PowerPoint
C) Post it
D) Outlook Express

82 **Di seguito sono indicati due indirizzi di posta elettronica e due indirizzi di siti Internet. Indicare quale tra essi non è formalmente corretto.**

A) ministroperlafamiglia@governo.it
B) http://www.lavoro.gov.it/lavoro
C) http://www.infrastrutturetrasporti.it
D) www.urpdfp@funzione;pubblica.gov@alice.it

83 **Indicare quale tra le seguenti affermazioni relative a Internet e al suo utilizzo è corretta:**

A) Per collegarsi ad Internet è indispensabile utilizzare un computer multimediale
B) Word e Writer sono software per la navigazione in Internet
C) Internet è un insieme di reti di computer dislocati in tutto il mondo che condividono informazioni mediante lo stesso protocollo di comunicazione
D) Un sito Internet può contenere un numero qualsiasi di pagine, ma non più di 50 fotografie o disegni

84 **Quale tra i seguenti file in allegato a messaggi di posta elettronica è consigliabile non aprire?**

A) «Pippo.pdf»
B) «Pippo.exe»
C) «Pippo.rtf»
D) «Pippo.asc»

85 **Come si chiama il server della posta in uscita?**

A) POP3 - post office protocol 3
B) POP - point of presence

C) FTP - file transfer protocol
D) SMTP - simple mail transport protocol

86 Quale, tra i seguenti, è un linguaggio usato per la realizzazione delle pagine Web?

A) HTML
B) RpgII
C) Basic
D) Pascal

87 Che cosa rappresenta il formato MP3?

A) Uno standard per la compressione di immagini
B) Uno standard per la compressione di suoni
C) Uno standard per la compressione di messaggi SMS
D) Uno standard per la compressione di testi

88 Un bit può assumere:

A) Infiniti valori
B) 2 valori
C) 3 valori
D) Dipende dal sistema operativo

89 Da quanti bit è composto un byte?

A) 2
B) 4
C) 6
D) 8

90 Il codice ASCII è utilizzato per:

A) La rappresentazione convenzionale dei caratteri
B) La costruzione di circuiti integrati, in funzione delle operazioni fondamentali dell'algebra della logica
C) La definizione dei parametri delle diverse architetture dei microprocessori
D) Indicare i comandi di sistema

91 Un gigabyte corrisponde a:

A) 1024 Byte
B) 1024 Kilobyte
C) 1024 Megabyte
D) 1024 Bit

92 Il software è costituito da:

A) Un insieme di circuiti
B) Un insieme di istruzioni
C) Un insieme di linguaggi
D) Un insieme di numeri

93 La frequenza dei cicli viene misurata in:

A) GigaWatt (GW)
B) MegaByte (Mb)
C) KiloByte (Kb)
D) GigaHertz (GHz)

94 Quando si spegne il computer, cosa rimane in memoria RAM?

A) Soltanto il sistema operativo
B) Nulla
C) L'ultimo programma oggetto di elaborazione
D) Tutti i programmi oggetto di elaborazione

95 Relativamente alla formattazione di un disco, quale di queste affermazioni è falsa?

A) Rende il disco inutilizzabile
B) Cancella tutti i dati presenti su disco
C) Prepara il disco a ricevere dati
D) Divide il disco in tracce e settori

96 Un tablet è:

A) Una postazione computerizzata fissa
B) Un elaboratore molto potente per velocità di calcolo e capacità di memorizzazione
C) Un computer spesso utilizzato come server
D) Un computer di dimensioni ridotte

97 RSS è l'acronimo di:

A) Really Simple Software
B) Really Simple Syndication
C) Ready Storage System
D) Ready Simple Syndication

98 Un podcast è assimilabile a:

A) Una trasmissione televisiva
B) Un volantino pubblicitario
C) Una trasmissione radiofonica
D) Un invio di una cartolina

99 Http è:

A) Un nome di dominio
B) Una tipologia di rete
C) Un link
D) Un protocollo

100 Un indirizzo IP è formato da:

A) Una sequenza di 4 numeri, compresi tra 0 e 255
B) Una sequenza di numeri e lettere
C) Una sequenza di 4 lettere, comprese tra A e Z
D) Una sequenza di numeri, compresi tra 0 e 1

Risposte commentate

1 Risposta esatta: A

Il disco fisso, o disco rigido, o hard disk è costituito fondamentalmente **da uno o più piatti** in rapida rotazione, realizzati **in alluminio** o vetro, rivestiti di materiale ferromagnetico e da due testine per ogni disco (una per lato), le quali, durante il funzionamento «volano» alla distanza di poche decine di nanometri dalla superficie del disco leggendo e scrivendo i dati.

2 Risposta esatta: D

RAM è l'acronimo di **Random Access Memory**, o memoria ad accesso casuale. Il contenuto della RAM viene perso quando il computer si spegne.

3 Risposta esatta: A

L'**intersezione** di una riga e di una colonna è detta **cella**, ed è identificata dalla lettera della colonna seguita dal numero della riga. Ad esempio la cella D4 è data dall'intersezione della colonna D con la riga 4.

4 Risposta esatta: B

In generale, nei software che girano sotto Windows, il tasto **CTRL** si utilizza, in combinazione con il mouse, per la **selezione di elementi NON adiacenti**, mentre il tasto **MAIUSC** per la **selezione di elementi adiacenti**.

5 Risposta esatta: C

Quando si realizza una formula con un programma di foglio elettronico, è possibile, invece di digitare i valori, **far riferimento alle celle che li contengono**. Ad esempio: la cella A1 contiene il valore 1 e la cella A3 contiene il valore 2. Vogliamo calcolare la somma di questi valori nella cella A3. Invece di digitare i valori, possiamo utilizzare i riferimenti di cella e digitare, nella cella A3, la formula = A1 + A2.

6 Risposta esatta: D

Quando si realizza una formula con un programma di foglio elettronico, è possibile, invece di digitare i valori, **far riferimento alle celle che li contengono**. Nel caso in esame si è utilizzato un metodo «misto», cioè si è utilizzato sia un riferimento di cella, sia un valore.

7 Risposta esatta: D

Excel e Calc, così come avviene normalmente in aritmetica, seguono questo ordine delle operazioni: **prima le moltiplicazioni e le divisioni**, e **poi le addizioni e le sottrazioni**. Quindi la formula relativa alla risposta esatta si può anche scrivere: = 10 + 12 + 8 che dà come risultato 30.

8 Risposta esatta: A

Excel e Calc, così come avviene normalmente in aritmetica, seguono questo ordine delle operazioni: **prima le moltiplicazioni e le divisioni**, e **poi le addizioni e le sottrazioni**. Quindi la formula relativa alla risposta esatta si può anche scrivere: = 10 + 2 – 3 che dà come risultato 9.

9 Risposta esatta: C

Il simbolo **%** calcola la **percentuale**; il simbolo ***** indica la **moltiplicazione**; il simbolo **/** indica la **divisione**.

10 Risposta esatta: C

La sintassi utilizzata indica che si tratta di una formula (=), che coinvolge un riferimento di cella (F3), del cui contenuto si vuole **calcolare il 5%** (*5%).

11 Risposta esatta: A

In telecomunicazioni, il termine ADSL indica una classe di tecnologie di trasmissione utilizzate per l'accesso digitale a Internet ad **alta velocità di trasmissione su doppino telefonico**.

12 Risposta esatta: B

Una delle risposte errate contiene una virgola nell'URL, mentre nelle altre due errate il dominio di primo livello non è corretto (connecticut, communication).

13 Risposta esatta: D

Il concetto di «Internet caffè» o «café» è ormai entrato nel gergo comune, e nelle città è sempre più facile trovare strutture commerciali che dispongano di **postazioni per la navigazione in Internet**.

14 Risposta esatta: B

L'indirizzo è errato perché contiene al suo interno un punto e virgola (;), **simbolo non consentito** per gli URL.

15 Risposta esatta: A

La risposta esatta, per quanto generica, è l'unica che soddisfa il requisito.

16 Risposta esatta: A

Il **termine directory era utilizzato con il sistema operativo MS-DOS** e con le prime versioni di Windows. Oggi si parla più propriamente di «cartella», tuttavia il significato è il medesimo: un «raccoglitore» nel quale possono prendere posto file o altre cartelle.

17 Risposta esatta: A

Il telelavoro può essere inteso come un modo di lavorare **indipendente dalla localizzazione geografica** dell'ufficio o dell'azienda, facilitato dall'uso di strumenti informatici e telematici e caratterizzato da una flessibilità sia nell'organizzazione, sia nelle modalità di svolgimento.

18 **Risposta esatta: A**

In caso di difficoltà, si può facilmente risalire alla risposta esatta per esclusione, in quanto **allineamento e tabulazioni sono concetti completamente differenti**, e la risposta «L'impostazione di tabelle di dati omogenei» è completamente fuori contesto.

19 **Risposta esatta: B**

Formattando un disco fisso i dati presenti su di esso vengono cancellati. Un firewall previene l'accesso non autorizzato ad una rete; il backup consiste nella copia di sicurezza dei dati su un supporto esterno; un antivirus individua file potenzialmente infetti che potrebbero danneggiare i dati.

20 **Risposta esatta: A**

Nella parte alta della tastiera sono presenti **12 tasti identificati dalla lettera F** (funzione) e da un numero da 1 a 12. Questi tasti funzione svolgono determinate attività, a seconda dell'ambiente in cui ci si trova. Ad esempio, solitamente nei programmi Windows la pressione del tasto **F1** corrisponde all'apertura della Guida in linea del programma.

21 **Risposta esatta: C**

Un lettore DVD serve, come dice il nome stesso, a **«leggere» DVD**, che sono supporti digitali scritti con tecnologia laser.

22 **Risposta esatta: B**

Con il termine modem si indica un **dispositivo di ricetrasmissione** che ha funzionalità di modulazione/demodulazione in trasmissioni analogiche e digitali.

23 **Risposta esatta: C**

La **stampante ad aghi utilizza un nastro inchiostrato**; la stampante **laser** utilizza il **toner**; la stampante **termica** utilizza **testine termiche**.

24 **Risposta esatta: A**

La **stampante** è la periferica di output deputata a trasferire su carta i risultati di un'elaborazione.

25 **Risposta esatta: A**

Tra le opzioni proposte nel quesito, la **stampante** è l'unica a non rappresentare un dispositivo di archiviazione dati. Infatti, in un elaboratore elettronico, essa costituisce un'unità periferica che «stampa», appunto, i risultati dei vari processi su fogli di carta o su tabulati a striscia continua.

26 **Risposta esatta: B**

Il pixel è l'**unità minima mostrata su schermo**; un driver è un file (o un insieme di file) che permette al sistema operativo di comunicare con una periferica; il centimetro non è un'unità di misura utilizzata in informatica.

27 Risposta esatta: B

Hard disk, RAM e scheda madre sono **componenti interni di un computer** (anche se in realtà esistono hard disk esterni); la tastiera, invece, è esterna al computer.

28 Risposta esatta: D

Una Pen drive, così come qualsiasi altro supporto di memorizzazione di massa scrivibile, **può essere utilizzato tutte le volte che si vuole**. Ovviamente, una volta raggiunta la massima capienza, alcuni dati dovranno essere cancellati per far posto a quelli nuovi che si intende memorizzare.

29 Risposta esatta: C

Con il termine modem si indica un **dispositivo di ricetrasmissione che ha funzionalità di modulazione/demodulazione** in trasmissioni analogiche e digitali.

30 Risposta esatta: B

RAM è l'acronimo di **Random Access Memory**, o memoria ad accesso casuale. Il contenuto della RAM viene perso quando il computer si spegne.

31 Risposta esatta: C

Il pollice è l'**unità di misura della diagonale degli schermi**. Maggiore è il numero, maggiore sarà la diagonale e, di conseguenza, la dimensione del monitor.

32 Risposta esatta: D

Il pixel è l'unità minima visualizzata sullo schermo. Maggiore è la risoluzione, maggiore è il numero di pixel visualizzato sul monitor.

33 Risposta esatta: B

Una tabella di un database è composta da record e campi. Ciascun campo contiene un attributo unico (ad esempio, in una tabella di dati anagrafici, un campo potrebbe contenere il nome, un altro il cognome, un altro ancora la data di nascita e così via). L'insieme dei campi relativi ad un unico elemento del database, costituisce un record.

34 Risposta esatta: B

In informatica, il termine **database**, banca dati o **base di dati**, indica un **archivio dati**, o un insieme di archivi, in cui le **informazioni** in esso contenute sono **strutturate e collegate tra loro**.

35 Risposta esatta: B

Si pensi all'indice di un database con l'indice analitico di un libro: il suo utilizzo **semplifica e velocizza il reperimento dell'informazione cercata**.

36 Risposta esatta: A

Si pensi a una query come all'**interrogazione di un database**: nel database di una biblioteca, ad esempio, possiamo chiedere di visualizzare tutti i libri dati in prestito, o tutti quelli pubblicati da un certo autore, o quelli pubblicati in un determinato anno.

37 Risposta esatta: D

Una **tabella** di un database è **composta da record e campi**. Ciascun campo contiene un attributo unico (ad esempio, in una tabella di dati anagrafici, un campo potrebbe contenere il nome, un altro il cognome, un altro ancora la data di nascita e così via). L'**insieme dei campi** relativi ad un unico elemento del database, **costituisce un record**.

38 Risposta esatta: C

Una maschera è un'**interfaccia di rappresentazione dei dati**; una query è un'interrogazione del database; un campo contiene un attributo all'interno della tabella.

39 Risposta esatta: C

And restituisce Vero se Espr1 ed Espr2 sono vere;
Or restituisce Vero se Espr1 o Espr2 è vera;
Not Restituisce Vero se Espr non è vera;
Xor Restituisce Vero se Espr1 è vera o se Espr2 è vera, ma non entrambe.

40 Risposta esatta: D

Si pensi a una query come all'**interrogazione di un database**: nel database di una biblioteca, ad esempio, possiamo chiedere di visualizzare tutti i libri dati in prestito, o tutti quelli pubblicati da un certo autore, o quelli pubblicati in un determinato anno.

41 Risposta esatta: C

La domanda non necessita di particolare commento in quanto Google è ormai universalmente conosciuto ed è il **motore di ricerca più usato in Internet**.

42 Risposta esatta: A

Un indirizzo di posta elettronica **non può contenere più volte il simbolo @**. Inoltre, la maggior parte dei *provider* non consente l'utilizzo del simbolo \.

43 Risposta esatta: C

I file eseguibili (quindi con estensione exe o com) possono essere **potenziali fonti di contagio virale**. È quindi sconsigliabile di scaricare questo tipo di file a meno che non si sia assolutamente certi della loro provenienza.

44 Risposta esatta: D

Un indirizzo di posta elettronica non può contenere il **simbolo **.

45 Risposta esatta: D

Qualora non si conosca il programma Exchange, si può risolvere il quesito per esclusione: **Excel** è il f**oglio elettronico di Office; Access** è il programma di **gestione dei database** di Office; **Writer** è il **word processor** di OpenOffice.

46 Risposta esatta: B

Un programma, per essere utilizzato, deve essere prima **installato**. L'installer provvederà a copiare i file nelle directory e nel registro di sistema, e a creare i collegamenti per permettere all'utente di accedere al programma stesso.

47 Risposta esatta: C

Il CAPS LOCK è un tasto (di solito contrassegnato da un lucchetto) che permette di **scrivere i caratteri maiuscoli**. Va premuto una volta e resta attivo finché non viene premuto di nuovo. L'attivazione del CAPS LOCK viene normalmente segnalata da una spia luminosa presente sulla tastiera.

48 Risposta esatta: A

La domanda non abbisogna di particolari commenti: **Windows è il sistema operativo Microsoft** ed è tra i più usati dagli utenti di personal computer.

49 Risposta esatta: A

In informatica, il termine «formattazione» può assumere **due significati**. Può essere la **preparazione di un supporto per la successiva scrittura** dei dati (ad esempio formattazione di un disco) o può intendersi con l'accezione «dare forma» implicando ad esempio la **modifica della grandezza**, del tipo e del **colore del font**, o degli attributi di un dato numerico (che può essere formattato come valuta, come percentuale ecc.).

50 Risposta esatta: D

I tasti **CANC** e **BACKSPACE** consentono di cancellare caratteri o blocchi di testo all'interno di un documento.

51 Risposta esatta: C

Anche se non si sa cosa sia la ROM, è facile risalire alla risposta esatta per esclusione, in quanto le altre risposte le riguardano le periferiche. In ogni caso, **ROM è l'acronimo di Read Only Memory**, o memoria di sola lettura.

52 Risposta esatta: A

La stampante è la periferica di output deputata a **trasferire su carta** i risultati di un'elaborazione.

53 Risposta esatta: B

Il monitor, o schermo, è la periferica di output mediante la quale **vengono mostrati i risultati dell'elaborazione**.

54 Risposta esatta: D

Non esiste una correlazione diretta tra la dimensione di un monitor e la risoluzione che può supportare.

55 Risposta esatta: A

La risoluzione dello schermo è il **numero dei pixel orizzontali e verticali** presenti in uno schermo.

56 Risposta esatta: A

Un file su una pen drive è come un file presente su un disco o qualsiasi supporto su cui sia possibile scrivere: è **possibile accedervi e modificarlo**, a meno che non vi siano particolari restrizioni.

57 Risposta esatta: B

Per inviare un messaggio di posta elettronica, è sufficiente **conoscere l'indirizzo e-mail del destinatario**.

58 Risposta esatta: A

Nella risposta esatta, è **sbagliato sia il protocollo** (che deve essere http) **che l'indirizzo** (c'è la virgola dopo www invece del punto). Il candidato non si lasci ingannare dalla risposta 255.25.192.154: questo è un indirizzo IP che, seppur normalmente non usato, è a tutti gli effetti un indirizzo corretto che può essere collegato ad un sito Internet.

59 Risposta esatta: C

Il **carattere** / non può essere presente in un indirizzo di posta elettronica.

60 Risposta esatta: D

URL è l'acronimo di **Uniform Resource Locator**, una sequenza di caratteri che identifica univocamente l'indirizzo di una risorsa in Internet.

61 Risposta esatta: B

Un file EXE è un **file eseguibile**; un file TXT è un file di testo.

62 Risposta esatta: C

Beta release e Alfa version **sono versioni incomplete del software** e vengono usate in fase di testing per verificare la presenza di bug. Una premium edition è una **versione del software che contiene funzionalità maggiori** rispetto alla sua versione «normale». Il termine freeware indica un software che viene distribuito in modo gratuito.

63 Risposta esatta: C

Nella RAM (Random Access Memory) **vengono mandati in esecuzione i programmi e vengono elaborati i dati**. La RAM, quando si spegne il computer, perde tutto il suo contenuto.

64 Risposta esatta: B

Un gruppo statico di continuità (detto anche UPS, dall'Inglese Uninterruptible Power Supply) è un'apparecchiatura utilizzata per **mantenere costantemente**

alimentati elettricamente in corrente alternata apparecchi elettrici. Si rivela necessario laddove le apparecchiature elettriche non possono in nessun caso rimanere senza corrente (ad esempio in luoghi pubblici come ospedali, centrali ecc.) evitando di creare un disservizio più o meno grave. È utilissimo soprattutto nei paesi dove si producono frequenti e sistematici black-out.

65 Risposta esatta: B

L'Universal Serial Bus (USB) è uno standard di comunicazione seriale che consente di **collegare diverse periferiche a un computer**. È stato progettato per consentire a più periferiche di essere connesse usando una sola interfaccia standardizzata e un solo tipo di connettore e per migliorare la funzionalità plug-and-play consentendo di collegare o scollegare i dispositivi senza dover riavviare il computer.

66 Risposta esatta: C

«Laptop» è uno dei modi con cui viene indicato il **computer portatile**. La parola deriva da «lap» che, in inglese, indica il grembo.

67 Risposta esatta: C

Windows 7 è una delle più recenti versioni del popolare sistema operativo Windows, prodotto da Microsoft.

68 Risposta esatta: C

Oltre al sistema operativo, tutti gli applicativi hanno una **guida in linea** che offre la possibilità di avere un aiuto sulle funzioni del programma o del sistema operativo. Di solito per attivare la guida in linea è sufficiente **utilizzare il tasto F1**.

69 Risposta esatta: C

«Chrome» è il **browser web prodotto da Google**, distribuito nell'autunno del 2008. Per diffusione è il primo browser web seguito da Firefox e Microsoft Internet Explorer.

70 Risposta esatta: B

.fi è il dominio di primo livello che identifica tutti i siti che sono stati registrati tramite una **Registration Authority** finlandese. Alcuni domini di primo livello fanno riferimento a paesi, nazioni o aree geografiche. Questi domini sono detti anche «codice paese».

71 Risposta esatta: B

Attraverso un servizio di Home Banking è ormai possibile **compiere quasi tutte le operazioni che una volta si facevano allo sportello bancario**. La connessione con i servizi di home banking è protetta da protocolli di trasmissione che fanno uso di crittografia in modo da garantire l'assoluta sicurezza.

72 Risposta esatta: D

La risposta esatta non usa una forma particolarmente felice. Il trojan è un programma che **si nasconde in un altro programma** di solito innocuo. Una volta eseguito il programma innocuo viene eseguito anche il trojan che permette, ad esempio, ad altre persone, di entrare tramite Internet nel computer o fargli compiere azioni non desiderate.

73 Risposta esatta: C

Il download è la procedura con cui **scaricano file da un server rete verso il nostro computer**. L'operazione contraria, cioè scaricare file dal nostro computer verso un server della rete, si chiama upload.

74 Risposta esatta: C

.pt è il dominio di primo livello che identifica tutti i siti che sono stati registrati tramite la **Registration Authotity portoghese**. Alcuni domini di primo livello fanno riferimento a paesi, nazioni o aree geografiche. Questi domini sono detti anche «codice paese».

75 Risposta esatta: A

Un documento letto con uno scanner può essere elaborato, e quindi salvato, in forma grafica (cioè come immagine). Se il PC dispone di **software OCR** è possibile anche far sì che questo «legga» il contenuto del documento, trasformandolo in un file che può essere **salvato in un formato testuale**, così da essere anche editabile con i normali programmi di videoscrittura.

76 Risposta esatta: D

Il disco rigido, o hard disk, è costituito da uno o più piatti in rapida rotazione, in alluminio o vetro, rivestiti di **materiale ferromagnetico** e da due **testine magnetiche** che leggono e scrivono i dati.
La tecnologia ottica, è invece, utilizzata per i CD-ROM e i DVD.

77 Risposta esatta: A

Se durante le elaborazioni la **quantità di dati supera la capacità della RAM**, allora il sistema operativo può prevedere che si utilizzi anche una parte del disco fisso per gestire quei dati. L'elaborazione sarà più lenta in quanto l'accesso al disco rigido è sempre più lento di quello alla RAM.

78 Risposta esatta: B

Per definizione la **ROM è una memoria di sola lettura** (Read Only Memory) ed è una memoria che contiene alcuni dati o programmi utilizzati dal computer al momento dell'accensione fino a quando il sistema operativo non è eseguito.

79 Risposta esatta: A

La **memoria ROM conserva sempre il suo contenuto** anche quando il computer è spento. È una memoria di sistema fondamentale perché contiene tutti i dati necessari per il funzionamento del PC e per l'accesso all'hardware del computer e delle periferiche integrate.

80 Risposta esatta: B

La home page di un sito è la **pagina iniziale**, quella che appare quando si digita l'indirizzo web del dominio senza indicare una pagina in particolare.

81 Risposta esatta: D

Outlook express è il **programma di gestione della posta elettronica** sviluppato da Microsoft e incluso nei suoi sistemi operativi fino a Windows 7. Da Windows 7 in poi è stato sostituito da Windows Mail.

82 Risposta esatta: D

Non è possibile che nell'indirizzo di un sito Internet sia presente il **simbolo @**.

83 Risposta esatta: C

Pur essendo la risposta corretta formulata in maniera molto «tecnica», si può tuttavia facilmente procedere per esclusione: **Word e Writer sono due Word processor**; la multimedialità di un computer non è requisito necessario affinché esso possa essere connesso a Internet; non esistono limiti al numero di immagini che un sito Internet può contenere.

84 Risposta esatta: B

I file eseguibili (**con estensione EXE**) possono essere fonte di contagio virale, in quanto il codice eseguibile può contenere al suo interno un virus. È quindi sconsigliabile scaricare ed eseguire sul proprio PC file di questo tipo, a meno che la fonte non sia assolutamente sicura.

85 Risposta esatta: D

STMP indica sia il protocollo che il server utilizzato per **inviare la posta elettronica**. Il protocollo per utilizzato per ricevere la posta elettronica è, invece, POP3.

86 Risposta esatta: A

HTML è l'acronimo di **HyperText Markup Language** e indica il linguaggio utilizzato **per creare i documenti ipertestuali** come le pagine WEB.

87 Risposta esatta: B

Il formato MP3 è un formato di **compressione dei file audio** che permette di ridurre le originali dimensioni anche del 90%. È un formato **molto diffuso** e utilizzato e, di fatto, è uno standard.

88 Risposta esatta: B

Il **sistema numerico binario** conosce solo **due cifre, 0 e 1**. A queste due cifre corrispondono l'assenza (0) e la presenza (1) di segnale elettrico in un circuito. Tutte le informazioni elaborate in un computer vengono «tradotte» in bit mediante un processo chiamato «codifica».

89 Risposta esatta: D

L'informazione minima che può essere trattata dal computer è il **bit**, che può assumere i valori 0 e 1. Una sequenza di 8 bit è chiamata **byte**.

90 Risposta esatta: A

Il codice ASCII (American Standard Computer Information Exchange) è la tabella utilizzata convenzionalmente per la codifica dei codici alfanumerici.

91 Risposta esatta: C

Un gigabyte è pari a **1024 Mb**, cioè a 1.048.576 Kb, oltre un miliardo di byte.

92 Risposta esatta: B

Il software è la **parte immateriale** del sistema informatico, mentre i vari tipi di linguaggio sono soltanto gli strumenti per la creazione del software stesso.

93 Risposta esatta: D

Ogni **GigaHertz** è pari ad un miliardo di cicli al secondo.

94 Risposta esatta: B

La memoria RAM è una memoria «volatile»; **ciò che contiene viene cancellato allo spegnimento**, voluto o indesiderato, del computer.

95 Risposta esatta: A

La formattazione è il **processo di preparazione iniziale** che le memorie di massa subiscono per poter essere correttamente interpretate da hardware e sistema operativo.

96 Risposta esatta: D

Un tablet è un computer di dimensioni ridotte il cui nome deriva dalla sua forma (tablet = tavoletta). Le dimensioni, pari a quelle di un piccolo libro, consentono l'utilizzo del computer in qualsiasi luogo. La modalità di dialogo tra macchina e utente è fondata sull'uso esclusivo delle dita attraverso il video **touch-screen**.

97 Risposta esatta: B

RSS (acronimo di *Really Simple Syndication)* può essere definito come un **formato per la distribuzione di contenuti Web** che è stato uno standard di comunicazione e diffusione di contenuti. Per essere gestito e utilizzato era necessario un programma chiamato *feed reader*.

98 Risposta esatta: C

Il *podcast* è **un file in formato audio** (di solito Mp3) che, una volta scaricato, può essere ascoltato dall'utente direttamente dal computer o trasferito in lettore multimediale. Attraverso il podcast chiunque può creare qualcosa di assimilabile ad una trasmissione radiofonica autoprodotta e diffusa in Internet. La parola *podcast* deriva dalla fusione di una parola inglese: «broadcast», che significa «trasmissione» e «Ipod», il lettore multimediale della *Apple* che era già molto popolare all'epoca in cui si diffusero i primi *podcast*. Malgrado questa associazione evidente al dispositivo della *Apple*, il *podcast* può essere ascoltato con qualsiasi lettore multimediale o direttamente con il proprio personal computer.

99 **Risposta esatta:** D

Http è l'acronimo di **hyper text transfer protocol** (protocollo per il trasferimento degli ipertesti) ed è il protocollo utilizzato per far viaggiare gli ipertesti in rete.

100 **Risposta esatta:** A

Gli indirizzi dei siti presenti nel Web si chiamano indirizzi IP e sono formati da **una sequenza di 4 numeri** (ciascuno compreso tra 0 e 255) **divisi da un punto** (ad esempio: 213.92.14.34).

PARTE **IV**

Lingua inglese: capacità di lettura e comprensione del testo

QUESTIONARIO

Read the following passages carefully and answer the questions or complete the sentences given below them

Text 1

The office photocopiers may be operated by authorised personnel only. If an employee requires copies for office use, he/she must fill in the appropriate Photocopy Request Form and deliver it promptly to the Department Secretary. The form must specify for which project the copies are required, and it must be signed and dated. If the copies are required urgently, the employee must tick the appropriate box. In all other cases, the Secretary will deliver the copies within four hours from receipt of the form. It is absolutely forbidden to make photocopies for personal use. A token-operated photocopier is situated in Reception for this purpose. Tokens may be purchased directly from the Receptionists.

1 **If an employee requires photocopies at 4 p.m., when should he/she deliver the Photocopy Request Form to the Department Secretary?**

A) no later than noon
B) at exactly 1 p.m.
C) the next morning
D) at any time of the day, as long as the form is signed and dated

2 **Which details must the Photocopy Request Form contain in non-urgent cases?**

A) surname in block capitals, date and project name
B) project name, date and signature
C) name and surname in block capitals and time of delivery
D) department and project name

3 **What do employees need to purchase in order to use the photocopier in Reception?**

A) a special badge which operates the photocopier
B) a type of coin
C) a plastic identification card
D) a Photocopy Request Form for personal use

4 **What must an employee do if he/she needs a photocopy urgently?**

A) deliver the form to the Receptionists
B) ask the Secretary for a specific form
C) tick the appropriate box on the Photocopy Request Form
D) use the token-operated photocopier in Reception

5 Which members of staff are allowed to use the office photocopiers?

A) employees with special permission from the Personnel Department
B) secretaries only
C) in urgent cases, any employee with access to the photocopiers
D) personnel authorised to do so

Text 2

Stolen Property

Burglaries took place in five separate houses on Westwood Avenue last night, between midnight and four thirty in the morning. The following are accurate descriptions of articles taken during the burglaries. If you think you have seen any of these items in shops or markets, or if you have any useful information to give, please contact Fairburn Road Police Station immediately.

18k gold Rolex watch with "To Peter" engraved on the back; jade bead necklace with silver clasp and safety chain; antique gold carriage clock (c. 1820) with floral engravings on the sides and top; smoke grey Saba 12inch screen portable television; pearl and diamond studded lady's ring bearing the words "Sarah - George 14th June 1974" on the band; small silver and ivory jewellery case with a green velvet lining and one hinge missing.

6 Who does the Rolex belong to?

A) a man named Peter
B) somebody wealthy
C) Sarah and George
D) the burglar

7 What further details can you give about the carriage clock?

A) that it was made exactly in 1820
B) that it has engravings of birds on the sides and top
C) that it has flowers engraved on the sides and top
D) that it is shaped like a carriage

8 Sarah Lewis got engaged in June 1974. Could any of the articles listed be hers?

A) no, none of them
B) yes, the portable television
C) yes, the pearl and diamond ring
D) no, because she is divorced

9 What happened on Westwood Avenue last night?

A) five houses were damaged and stolen
B) five properties were stolen
C) a burglary took place
D) several houses were broken into and burgled

10 Who would the police like to hear from?

A) the burglar
B) people with helpful information to give
C) people who know which houses were burgled
D) the residents of Westwood Avenue

Text 3

The passenger must affix a label with his name and surname on his cabin and/ or checked baggage. Baggage presented by the passenger without a name label will not be accepted by the carrier. Identification labels are available at any sales office and airport.
Fragile or perishable articles, money, jewellery, precious metals, silverware, negotiable papers, securities or other valuables, business documents, passports, and other identification documents or samples shall not be accepted as checked baggage.

11 In which circumstance will the carrier refuse to accept luggage?

A) if it has not been labelled by the passenger
B) if it has not been labelled with the flight number
C) if the identification label was not purchased in a sales office or airport
D) if the luggage bears more than one identification label

12 How must cheques and bonds be carried?

A) safely hidden inside your suitcase
B) in your hand luggage
C) in separate clearly identified checked baggage
D) inside the safety deposit box on the aircraft

13 Who is the "carrier"?

A) the company which deals with passenger luggage
B) the airline with which you are flying
C) the travel agency where you booked your ticket
D) a passenger travelling with sample products

14 Are you allowed to put fruit and vegetables in checked baggage?

A) yes, but only certain types
B) yes, but only if travelling in EU countries
C) no, never
D) no, because of security precautions

15 If you are carrying 20 bottles of perfume, in which circumstance must you put them in your hand luggage?

A) if they are for personal use only
B) if you do not own a rigid-type suitcase
C) if they are samples of products destined to be sold
D) if they are products which you have purchased with foreign currency

Text 4

British TELECOM Notice to the Public

1. Ensure that the red light on the telephone display is not flashing. A flashing light indicates that the equipment is out of order and cannot be used.
2. Lift the receiver. You will hear three short beeps. A telephone card or valid credit card may now be inserted in the slot marked "IN".
3. Wait for the display to state "line ready" and then dial the required number.
4. If you hear a high pitch tone during your call, it means that the telephone card you are using is about to run out. Insert a new card within thirty seconds and continue your call.

16 Can you use a credit card with this equipment?

A) no
B) it cannot say
C) yes, if it is valid
D) yes, if it has run out

17 When can you dial?

A) right after the high pitch tone
B) right after inserting the telephone card
C) right after hearing three short beeps
D) after seeing "line ready" on the display

18 What does a high pitch tone indicate?

A) that you must finish your call
B) that your telephone card has nearly run out
C) that your telephone card is valid
D) that your telephone card is about to run away

19 **What indicates that the telephone cannot be used?**

A) a flashing red light
B) the telephone display
C) three short beeps
D) a flashing white light

20 **Where should the telephone card be inserted?**

A) in the display
B) in the "IN" slot
C) in the dial
D) in the slot marked "line ready"

Text 5

Adequate ventilation is essential to prevent failure in the electrical components. Avoid direct sunlight on the cabinet and on the face of the picture tube. Adjust lamps or the position of the set to avoid undesirable reflections of light and place the set on a completely horizontal surface. Ensure that there are no external magnetic materials: e.g. loudspeakers near the TV.
The cabinet can be kept in good condition simply by wiping with a clean, damp and soft cloth. Do not use solutions containing benzol, petroleum or any chemical cleaning cloths. The screen face may be cleaned with a damp, soft cloth and mild soap.

21 **What is essential to prevent failure of the electrical components?**

A) the position of the TV
B) adequate ventilation
C) direct sunlight
D) chemical solutions

22 **Can soap be used for cleaning the screen?**

A) yes, as long as it is mild
B) yes, unless it is mild
C) absolutely not
D) no, you must use alcohol

23 **What type of surface must the set be placed on?**

A) a soft surface
B) a rigid surface
C) a horizontal surface
D) a clean surface

24 Is it wise to place this TV next to your stereo speakers?

A) yes, it is
B) not really
C) no, absolutely not
D) it is perfectly alright to do so

25 Can direct sunlight damage the face of the picture tube?

A) it cannot say
B) yes, it should be avoided
C) no
D) no, it is good for it

Text 6

Bus Service during the Christmas and New Year Period

- December 24th: Normal service until 9 p.m. From 9 p.m. to 6 a.m. (December 25th), buses will be available every half hour.
- December 25th: From 6 a.m. to noon, SERVICE SUSPENDED. From noon to midnight, buses will be available every hour.
- December 26th: Normal service.
- December 31st: Normal service until noon. From noon to 6 a.m. (January 1st), SERVICE SUSPENDED.
- January 1st: From 6 a.m. onwards, normal service.

26 Is it possible to take a bus at 11 a.m. on Christmas Day?

A) yes, but you must wait 30 minutes
B) no, it takes too long
C) yes, but the buses run every hour
D) no, it's impossible

27 How often do the buses run on Christmas Eve?

A) every 30 minutes until 9 p.m.
B) every 30 minutes after 9 p.m.
C) every hour
D) every hour after 9 p.m.

28 When will buses only be available every hour?

A) from noon to midnight on Christmas Eve
B) from midday to midnight on Christmas Day
C) on December 26th
D) from 9 p.m. onwards on Christmas Eve

29 What time do the buses start running on New Year's Day?

A) 6 a.m.
B) they don't, as the service is suspended
C) at the normal time
D) noon

30 When is the service suspended from 6 a.m. to midday?

A) on Christmas Day
B) on Christmas Eve
C) on New Year's Day
D) on December 26th

Text 7

This telephone can only be used for internal calls. When making a call, follow the instructions below:

1. lift the receiver and wait for the high pitch tone;
2. press "R" and then dial the required number;
3. when the telephone is answered, press "S" and speak;
4. when finishing the call, replace the receiver and press "F".

When answering a call, follow the instructions below:

1. lift the receiver and press "A";
2. when finishing the call, replace the receiver and press "F".

31 When finishing a call, what button do you press?

A) R
B) F
C) S
D) A

32 What type of calls can be made with this telephone?

A) all calls
B) external calls only
C) internal calls only
D) long distance calls only

33 How do you answer a call?

A) by lifting the receiver and pressing "R"
B) just by lifting the receiver
C) by replacing the receiver
D) by lifting the receiver and pressing "A"

34 If you are making a call, when will you be able to speak?

A) after pressing "F"
B) after pressing "S"
C) just after lifting the receiver
D) after pressing "A"

35 When making a call, before dialling the required number, what do you need to do?

A) lift the receiver, wait for the high pitch tone, and press "R"
B) lift the receiver only
C) lift the receiver and press "S"
D) you do not need to do anything before dialling the number

Text 8

How to Safeguard Your Film

- Never leave rolls of film in a car during the summer or near sources of heat.
- Do not store your film in excessively dusty or damp places.
- On no account must the film become wet.
- In hot months, it can be useful to keep unused rolls of film in the refrigerator.
- If your luggage contains film to be developed, check with the airport staff that the X-ray equipment is the modern type and therefore harmless to film.
- Once a roll of film has been used, get it developed as promptly as possible.
- Always check the expiry date on rolls of film before you buy them!

36 How should a film be developed?

A) as well as possible
B) as easily as possible
C) as quickly as possible
D) as carefully as possible

37 Is it wise to keep your film in a bathroom cabinet?

A) not if the cabinet is dusty
B) yes, as bathrooms are steamy and damp
C) yes, as bathrooms are dusty
D) you can keep it anywhere that's cool

38 Should you still use the film if it happens to fall in a puddle?

A) no
B) at times
C) yes, but only in certain conditions
D) yes

39 What do you need to do when buying a film?

A) check the brand
B) check the date within which it should be used
C) check the production date
D) check the type

40 Which of the following is a bad place to leave rolls of film?

A) next to a radiator
B) in a drawer
C) on a shelf in the refrigerator
D) in a cupboard

Text 9

Please note that you should read the kit instructions carefully before making any attempt to mount these bookshelves without the help of a trained carpenter. Use two-inch nails made of steel only, as iron nails will splinter the wood surface. Ensure that the wall chosen for the bookshelves has a solid plaster finish, as a cracked or damaged wall cannot bear the weight of the vertical support rods. Mount the lower shelves first, as stated in the kit instructions. Sandpaper each surface before applying paint.

41 What should be mounted first?

A) the vertical support rods
B) the upper shelves
C) the lower shelves
D) the wood surface

42 Who is a carpenter?

A) somebody who makes things using wood
B) somebody who mounts bookshelves only
C) somebody who builds things in steel
D) somebody who is trained

43 Can the shelves be mounted anywhere?

A) yes, if the space is adequate
B) no, they will get damaged
C) no, they cannot be mounted on a damaged wall
D) yes, unless the wall has a solid plaster finish

44 Before painting the shelves, what must be done?

A) they must be mounted only
B) they must be sandpapered
C) they must not be sandpapered
D) they must be papered

45 What could damage the surface of the wood?

A) sandpaper
B) iron nails
C) cracked plaster
D) steel nails

Text 10

Always ensure that the appliance is switched off and disconnected from the mains supply before cleaning, maintenance, emptying, changing the filter, etc., as well as after use. Extension leads may only be used if they are in perfect condition. At all times, keep nozzles and tube ends well away from eyes and ears. Always switch the appliance off immediately after use. To clean the appliance, simply wipe it with a damp or dry cloth. This appliance is suitable for vacuuming dry surfaces only.

46 How can you clean the appliance?

A) by wiping it with a wet cloth
B) by washing it with a dry cloth
C) by wiping it with a damp cloth
D) by washing it with a wet cloth

47 Which of the following substances can be vacuumed with the appliance?

A) dust
B) grease
C) water
D) oil

48 Which of the following instructions is wrong?

A) always switch the appliance off after use
B) always switch the mains supply off after use
C) never use damaged extension leads
D) never vacuum wet surfaces

49 When should the ends of the tubes touch your ears?

A) only when necessary
B) only when you need to hear if the appliance is working properly

C) never
D) at all times

50 What must you do before changing the filter?

A) make sure you have new filters
B) switch the appliance off and disconnect it from the mains supply
C) switch off the mains supply
D) switch it off and disconnect it from the mains supply

Text 11

If for some reason the match is called off, you need to put a notice in the local paper explaining this, and saying the date and time of the match. If the match was meant to be on a Saturday or Sunday, you should also put a notice on the front gates. Whenever a match is cancelled, the pitch should be cut and watered.

51 If a match on a Saturday has been called off, what do you need to do?

A) put an advertisement in the local paper only
B) put an advertisement in the local paper and a notice on the gates
C) put a notice on the gate only
D) none of these

52 If a match on a Thursday is called off, what do you need to do?

A) put a notice on the gates only
B) put an advertisement in the local paper and a notice on the gates
C) put an advertisement in the local paper only
D) none of these

53 Which of the following advertisements is correct if a match has been called off?

A) the 2.00 p.m. match on Wensday 18 July is cancelled
B) the 2.00 p.m. matche on Wednesday 18 July is cancelled
C) the 2.00 p.m. match on Wednesday 18 July is cancelled
D) the 2.00 p.m. match on Wednesday 18 Jully is cancelled

54 What should happen to the pitch when a match is cancelled?

A) it should be cut and watered
B) it should be cut only
C) it should be watered only
D) nothing should be done to it

55 When do you need to put both a notice in the local paper and one on the gates?

A) when the match was meant to be on a Monday
B) when the match was meant to be on a Sunday
C) never
D) when the match was meant to be on a Wednesday

Text 12

The large red main power switch must be turned on before loading the machine. As soon as the main power is on the loading hatch will open automatically. Place the laundry inside basket "A" and be certain to distribute it evenly. Failure to do so may cause system blockage.
Note: only basket "B" must be used for synthetic materials and laundry with metal buttons or zips.
System failure will result if this instruction is ignored.
Close the hatch and be certain to insert the locking mechanism by pushing the small red button on the right of the hatch. If the centrifuge is not required, you should press the button marked "C".

56 How do you lock the hatch?

A) by pushing the small red button on the right
B) by pushing the large red switch
C) by closing it
D) by pushing the small red button marked "Lock"

57 In which part of the machine should you place a nylon skirt?

A) anywhere, as long as it doesn't have metal buttons or zips
B) only basket "A"
C) only basket "B"
D) in basket "A", because the skirt is made of synthetic material

58 Before loading the machine, what must you do?

A) you must distribute the laundry evenly
B) you must press the button marked "C"
C) you must turn on the main power
D) you must switch off the locking mechanism

59 In which circumstance could the system get blocked?

A) if the locking mechanism is not inserted
B) if the laundry is not distributed evenly
C) if the red switch is not turned on
D) if basket "B" is used for synthetic materials

60 What will happen if you put a jacket with metal buttons in basket "A"?

A) the loading hatch will open automatically
B) the system will break down
C) the jacket will be damaged
D) the system will break out

Text 13

Before cleaning this appliance, always pull the plug out of the outlet first. Brush out the tweezer discs and the feed-in combs with the cleaning brush after every use. To clean the tweezer discs and the feed-in combs thoroughly, use a few drops of alcohol.
Remove the tweezer head once in a while by pressing the side marked with an arrow with your thumb, and then pushing the tweezer head away.

61 What can be used for thorough cleaning of the feed-in combs?

A) a small quantity of oil
B) a few drops of water
C) the cleaning brush
D) a few drops of alcohol

62 When should the tweezer discs and the feed-in combs be brushed out?

A) while the appliance is switched on
B) if the appliance seems faulty
C) once in a while
D) after every use

63 How can the tweezer head be removed?

A) by pulling the side marked with an arrow
B) by pushing the side marked with an arrow
C) by pulling the tweezer head away
D) by pulling the side marked with your thumb

64 What must be done before the appliance is cleaned?

A) the outlet must be switched off
B) the tweezer head must be removed
C) the plug must be pulled out of the outlet
D) it must be switched off only

65 When should the tweezer head be removed?

A) absolutely never
B) every now and then
C) each time the appliance is used
D) before switching the appliance on

Text 14

Croydon Technical Institute to Teaching Staff

Tuesday 4th October. The staff meeting scheduled for tomorrow at 6.30 p.m. has been called off until further notice. Teachers who have urgent matters to discuss with the Headmaster should contact Mrs Grimes in Administration. Appointments with the Headmaster cannot be arranged for Tuesdays or Thursdays.

66 When was the staff meeting due to be held?

A) Wednesday 5/10 at 6.30 p.m.
B) Wednesday 4/10 at 6.30 a.m.
C) Tuesday 4th October
D) Wednesday 15/10 at 6.30 p.m.

67 Who should contact Mrs Grimes?

A) teachers who need an appointment on Thursday
B) anybody
C) teachers with urgent matters to be discussed
D) anybody who wants a staff meeting

68 What kind of subjects are taught at this institute?

A) all subjects
B) art subjects
C) technical subjects
D) teaching subjects

69 When is the next staff meeting scheduled for?

A) it is scheduled for Tuesday 11th October
B) it cannot say
C) it is scheduled for urgent matters
D) tomorrow at 6.30 p.m.

70 On which of these days is it possible for teachers to have an appointment with the Headmaster?

A) 11th October
B) 13th October
C) 6th October
D) 7th October

Text 15

Notes on Connection

- Turn off the power of each unit before making connections.
- Connect the AC power cord last. For the model supplied with the plug adaptor, use it if the plug of the power cord does not match your wall outlet.
- Insert the AC power cord firmly into the AC IN jack, on the rear panel of the unit, before you connect it to an AC outlet.
- Be sure to insert the plugs firmly into the jacks. Loose connection may cause hum and noise.
- Leave a little slack in the connecting cord to allow for inadvertent shock or vibration.
- Cord plugs and jacks arc colour coded. Red plugs and jacks are for the right channel, and white ones for the left channel.

71 What colour are the right channel jacks?

A) white
B) it is impossible to say
C) red
D) any colour

72 Should the connecting cord be taut?

A) yes, to prevent damaging it
B) yes, it is best
C) no, it should be tight
D) no

73 What should be done before making connections?

A) the AC power cord should be connected
B) the plugs should be inserted into the jacks
C) the adaptor should be checked
D) the power of each unit should be turned off

74 Where can the AC IN jack be found?

A) near the AC outlet
B) on the back panel of the unit
C) inside the unit
D) next to the left channel jack

75 What could be a possible cause of noise?

A) a slack connecting cord
B) loose connection of plugs in the jacks
C) loose connection of jacks in the plugs
D) a wall outlet which does not match

Text 16

This equipment is supplied with two different types of cutting blades. When needed, blade A must be installed in the lower section, and this can be used to chop or mince vegetables and meat. Place a maximum of 150 g of food in the lower section each time you operate blade A. The second blade supplied (blade B) is suitable for chopping soft fruit only. Do not remove this blade from the upper section of the equipment.

76 **What should never be done?**

A) you must never chop fruit
B) you must never remove blade A
C) you must never install blade B
D) you must never remove blade B

77 **Where is blade B located?**

A) in the central section
B) in the upper section
C) in neither section
D) in the lower section

78 **Is blade B suitable for preparing the meat destined to become hamburgers?**

A) yes
B) that depends on the quantity
C) no, it is suitable for vegetables
D) absolutely not

79 **Which section can be used for cutting up strawberries?**

A) it cannot say
B) the upper section
C) the lower section only
D) neither section

80 **Can you use the lower section to chop four hundred and fifty grams of carrots?**

A) no
B) yes, because this section is for vegetables
C) yes, but you will have to do three separate chopping operations
D) never

Text 17

Any accumulation of litter in work areas must be reported to the Shift Foreman and the Fire Inspector. Employees must never let litter accumulate at the bottom of lift shafts, as this can be a serious fire risk. Litter must not be stored in cardboard boxes or paper sacks, but in the storage bins provided. These storage bins must not be left uncovered at any time.

81 **What can be a serious fire risk?**

A) storage bins
B) litter at the bottom of lift shafts
C) work areas
D) lift shafts

82 **When can litter be allowed to accumulate in lift shafts?**

A) never
B) when there is no serious fire risk
C) when there is an accumulation of litter
D) always

83 **Bins for storing litter must be:**

A) a serious fire risk
B) reported to the Shift Foreman and Fire Inspector
C) covered at all times
D) kept well away from lift shafts

84 **What should you do if you find an accumulation of litter in a work area?**

A) ensure that there are covered storage bins available
B) tell your supervisor
C) ensure that it is not a fire risk
D) report it to the Shift Foreman and Fire Inspector

85 **Can you store litter in cardboard boxes?**

A) no, only in paper sacks
B) yes, if there is an accumulation
C) no, only in storage bins
D) yes, if the boxes are kept away from lift shafts

Text 18

Instructions for Use

- Rinse off any food left on the articles to be washed.
- Place large articles and those which are very dirty in the lower basket.
- Place lightweight, fragile and small articles in the upper basket.
- All containers, such as cups, glasses, pans, etc., must be loaded with the open side facing downwards.
- Tall articles must be placed in the centre of the baskets.

86 **Which part of the machine should be used for crystal glasses?**

A) any part, as long as they are loaded facing downwards
B) the centre of the lower basket
C) the upper basket
D) the machine cannot wash crystal glasses

87 **What is the central part of the baskets designed for?**

A) small and lightweight articles
B) tall articles
C) saucepans
D) very dirty articles

88 **Should you put a heavy frying pan in the upper basket?**

A) yes, in the central part of the basket
B) no, the machine cannot wash frying pans
C) no, in the lower basket
D) yes, of course

89 **When should any article be rinsed?**

A) when it has food particles on it
B) after it has been washed
C) after placing it in the basket
D) when it is dirty

90 **How must open-ended containers be loaded?**

A) carefully
B) open side down
C) closed side facing downwards
D) without their lids

Text 19

In addition to the free baggage allowance, the following articles may be carried free of charge:

- one piece of hand baggage not exceeding the weight of 5 Kg and the total dimensions of 115 cm (sum of length + height + width);
- a handbag, pocketbook, or purse;
- an overcoat or blanket;
- an umbrella or walking stick;
- a camera or a pair of binoculars;
- reading matter for the flight;
- an infant carrying basket and baby food;
- fully collapsible wheelchair, crutches, or other prosthetic devices provided the passenger is dependent upon them.

91 Are you allowed to use a suitcase for hand luggage?

A) no, because it would cause identification problems
B) yes, provided it weighs less than 8 Kg
C) no, unless its width does not exceed 115 cm
D) yes, provided it weighs less than 5 Kg and has a total dimension of 115 cm or less

92 What are mothers with small children allowed to take on board?

A) an infant carrying a basket and baby food
B) a pram
C) only baby food
D) an infant carrying basket and baby food

93 Are handicapped people allowed on aircraft?

A) yes, provided they are confined to a wheelchair
B) yes, of course
C) no, as they are part of a special requirements category
D) yes, provided they are accompanied by a qualified nurse

94 What are passengers afflicted by mobility problems allowed to carry on board?

A) a walking stick only
B) any device which they require for mobility
C) the medications which they may need during the flight
D) reading matter and special food

95 **If the passengers think they will feel cold during the flight, what can they carry on board with them?**

A) an overcoat, blanket, and sleeping bag
B) several blankets
C) an overcoat or blanket
D) both an overcoat and a blanket

Text 20

Notice

Due to a shortage of staff, deliveries this week will only be made once a day, from Monday to Friday. These will probably be made after 2.00 p.m. If you need an earlier delivery, you must telephone the Delivery Department at least 24 hours before the delivery time you want. As usual, there will be one delivery on Saturday morning.

96 **Why is there only one delivery a day this week?**

A) due to a staff shortage
B) because all deliveries must be made before 2.00 p.m.
C) because there is an extra delivery on Saturday morning
D) because a 24 hours' notice is required for extra deliveries

97 **What should you do if you need a delivery at 11.00 a.m. on Friday?**

A) telephone the Delivery Department before 2.00 p.m. on Thursday
B) telephone the Delivery Department before 11.00 a.m. on Friday
C) telephone the Delivery Department before 11.00 a.m. on Thursday
D) nothing; deliveries cannot be made before 2.00 p.m.

98 **On which day of the week will the deliveries follow the normal procedure?**

A) Thursday
B) Sunday
C) Saturday
D) Friday

99 **When must you telephone the Delivery Department?**

A) if you want a delivery on Monday
B) if you want a later delivery
C) if you want a delivery on Thursday
D) if you want an earlier delivery

100 When will deliveries be made from Monday to Friday this week?

A) there is only one delivery this week
B) all deliveries will be made at least 24 hours before the delivery time you want
C) due to a staff shortage, there is only one delivery on Saturday
D) probably after 2.00 p.m. each day

Text 21

Marathon Puzzle

The rules of the competition and the official entry forms can be found in Saturday's copy of this newspaper. All answers must be written on the official entry form and sent to the address shown on the form to arrive no later than the last day of June.

101 Where can the competition rules be found?

A) on the official entry form
B) in the newspaper on Saturday
C) in the newspaper on the last day of June
D) in the newspaper on Wednesday

102 When will the winners be notified?

A) on Saturday
B) on the last day of June
C) on Monday
D) it cannot say

103 Answers to the questions in the competition must be:

A) written on a post-card
B) phoned into the newspaper's offices
C) written on the official entry form
D) written out on a piece of plain paper

104 Entries must arrive at the newspaper's offices before the last day of:

A) August
B) July
C) June
D) September

105 When will the entry forms be in the newspaper?

A) on Saturday
B) on Wednesday
C) on Monday
D) on Tuesday

Text 22

You must make sure that your own work place is clean and tidy. Avoid accidents by keeping all passageways clear. Never leave tools or equipment on the floor, and always turn powered tools off when you are not using them. Always walk rather than run, even when you are in a hurry. Before moving machinery, you must check that all obstructions have been removed.

106 **How must your work place be?**

A) clean and tidy
B) busy
C) messy
D) dirty and untidy

107 **What must never be left on the floor?**

A) machinery
B) tools or equipment
C) moving machinery
D) passageways

108 **When should you run?**

A) when the passageway is clear
B) when you are in a hurry
C) when all obstructions have been removed
D) never

109 **What must you do before moving machinery?**

A) turn powered tools off
B) check that all obstructions have been removed
C) make sure that your work place is clean and tidy
D) walk rather than run

110 **How should you avoid accidents?**

A) by moving machinery
B) by running in an emergency
C) by keeping passageways clear
D) by turning powered tools on before you use them

Text 23

The can labelled "1" contains oil. The can labelled "2" contains water. You must only put oil into the can labelled "1". You must only put water into the can labelled "2". If you put oil or water into the wrong can, then you must tell your supervisor.

111 Do both the cans contain the same thing?

A) no, they contain two different liquids
B) yes
C) yes, they contain both water and oil
D) no, they contain three different liquids

112 When must you inform your supervisor?

A) always
B) never
C) when you put water into the can marked "2"
D) when you put water into the wrong can

113 Which can contains oil?

A) the can labelled "1"
B) the can labelled "2"
C) the can you must only put water into
D) both cans

114 What must you do if you put oil into the wrong can?

A) put water into the can
B) change the label on the can
C) put oil into the can marked "2"
D) tell your supervisor

115 What is in the can labelled "2"?

A) oil
B) water
C) oil and water
D) two liquids

Text 24

Have You Seen This Man?

Scotland Yard requests the public's help in identifying and capturing an extremely dangerous international terrorist. The following are details of the last sighting of Frederick Brookes, alias Fergus Blaire.
Last seen boarding an Intercity train bound for Dover on August 11th 1993. Final destination unknown, but south-west France is probable.
The suspect is approximately six feet tall. When last sighted, he was fair-haired and wore a moustache and darkrimmed glasses. He seemed plump, and was walking with a slight limp. Brookes was wearing a dark wool coat and black trousers, and carried a brown leather briefcase.

This man is wanted by police all over Europe. He supplies weapons to terrorist organizations. If you think you have seen him, please contact your nearest police station immediately. Do not approach him – he is armed and highly dangerous.

116 What should you do if you encounter Frederick Brookes?

A) tell him that you know who he really is
B) get as close to him as possible, so that you can be sure of his identity
C) call the nearest police authorities
D) contact exclusively Scotland Yard at once

117 Why is this man wanted by police all over Europe?

A) because he robs banks
B) because he sells guns, missiles and explosives to terrorists
C) because he is a drug dealer
D) because he is the head of a terrorist network

118 What else can be said about the way the suspect last looked?

A) he was tall, thin, and wore a moustache
B) he was walking quickly
C) he was blonde with a moustache, and was wearing dark clothing
D) he was thin, and was wearing a moustache and glasses

119 Scotland Yard:

A) thinks Brookes could be captured thanks to the public's help
B) knows exactly where Brookes is
C) captured Brookes in 1993 for the first time
D) considers the public's help useless

120 What is the suspect's real name?

A) nobody knows
B) Fergus Blaire
C) it is classified information, so only Scotland Yard knows
D) Frederick Brookes

Text n. 25

A hardball game on price may leave Russia empty-handed after 15 years of talks on a deal to supply China with gas, with Beijing able to shop around thanks to a wider choice of suppliers.
As China's new President Xi Jinping meets Russian President Vladimir Putin, prospects are dim for substantial progress on a deal between the world's largest conventional gas producer and its fastest growing energy consumer.

The failure stands in sharp contrast to the Russian-Chinese trade in crude oil, which helped finance Moscow's push to supply Asia from new East Siberian fields, and is likely to be expanded with new supply deal during Xi's visit.
The gas deal has been held up by Russian gas export monopoly *Gazprom*'s determination to match the returns it makes on high-priced European deliveries and cover the $38 billion cost of bringing its untapped East Siberian gas resources to market.
China, for its part, says it cannot afford to pay *Gazprom*'s asking price, which analysts and sources in the gas industry peg at $300 per thousand cubic meters. Instead, sources say *China National Petroleum Corp*. has dug in at $250 as the price it can pay without forcing its energy firms into losses or eroding the cost advantage which makes Chinese producers competitive in the world.
Gazprom has said it is aiming to sign a gas deal by the end of the year, and analysts say that is realistic if Russia moves quickly and shows a newfound willingness to compromise. "With competitors from Africa and Australia lined up to meet China's additional demand, Russia needs to send a clear signal to Asian markets if it wants to gain market share in China before 2030", Tatiana Mitrova, head of the oil and gas department of the Russian Academy of Sciences Energy Research Institute, said. Mitrova estimates that a supply gap begins to emerge in China in 2020 and rises to 66 billion cubic meters (bcm) of gas per year by 2030. But that market niche could be filled as China moves quickly to top up existing arrangements with suppliers, such as Myanmar and the former Soviet Republics of Central Asia, and moves to secure new contracts for increased supplies.
Gazprom, which puts up about a tenth of Russian budget revenues and subsidizes the domestic economy with regulated gas prices, is under orders from Putin to look east as a defense against weak demand and rising competition in Europe. But he has shown no inclination to force *Gazprom*'s hand in the talks, which have been a history of often-embarrassing false starts. A Chinese deal would secure demand for reserves of gas in the ground in East Siberia, enabling the Russian export monopoly to push ahead with its plans for field development, pipeline construction, and a liquefied natural gas (LNG) plant at Vladivostok.
Mitrova and Keun-Wook Paik, a senior research fellow at Oxford Institute for Energy Studies, argue that China could be a gateway for pipeline deliveries across Bohai Bay to Korea and even on to Japan, for a total of 45 bcm in annual pipeline deliveries. For China, a deal could open up a large new source of future supply, which could be delivered overland at less risk than supplies of LNG delivered by tanker from as far away as Australia and Africa.

121 **Which of the following statements is 'correct'?**

A) *Gazprom* accounts for over a tenth of Russian budget revenues
B) The Russian economy is subsidized with regulated gas prices
C) European gas has become extremely competitive on the Chinese market
D) Experts calculated that China's need for gas will double by the year 2030

122 What has been Vladimir Putin's role in *Gazprom*'s strategy?

A) Vladimir Putin ordered *Gazprom* to act very cautiously in this matter, in order to avoid one more false start

B) The Russian President is merely helping the Russian gas company expand its business in the Far East through diplomatic talks

C) Putin is directing *Gazprom*'s strategy aimed at opening a new market for Russian gas as a defense against declining demand and increasing competition in Europe

D) Putin has been trying to persuade *Gazprom* to lower its expectations, in order to reach a compromise at any cost

123 *China National Petroleum Corp.* is determined not to pay more than $250 per thousand cubic meters of gas because:

A) this would result in a loss of competitiveness for both Chinese energy firms and producers worldwide

B) this would make Chinese producers less competitive on world markets and cause losses to Chinese energy firms

C) this would cause losses to other suppliers, such as Myanmar and the former Soviet Republics of Central Asia

D) this is the price they pay for gas from Myanmar and the former Soviet Republics of Central Asia

124 Which of the following elements is NOT one of the purposes behind *Gazprom*'s attempted expansion into the Chinese market?

A) The market share of Russian gas in Europe is decreasing, so *Gazprom* needs to open a new market in China

B) *Gazprom* is planning field development and the construction of a liquefied natural gas plant at Vladivostok

C) Russian gas could eventually reach Korea and even Japan via a new pipeline passing through China

D) *Gazprom* needs to secure a deal with China, in order to keep domestic gas prices low and help Russian economic growth

125 Which of the following alternatives is NOT a synonym of the adverb phrase "*far away*" (last line)?

A) remotely

B) afar

C) at or to a long way away

D) dreamy

Text 26

The following extract is taken from the third Chapter of REGULATION (EU) 2015/478 OF THE EUROPEAN PARLIAMENT AND OF THE COUNCIL, specifically from the section "Union Investigation Procedure". Please read it carefully.

UNION INVESTIGATION PROCEDURE

Article 4

1. Without prejudice to *Article 7*, the Union investigation procedure shall be implemented before any safeguard measure is applied.
2. Using as a basis the factors referred to in *Article 9*, the investigation shall seek to determine whether imports of the product in question are causing or threatening to cause serious injury to the Union producers concerned.
3. The following definitions shall apply:
(a) 'serious injury' means a significant overall impairment in the position of Union producers;
(b) 'threat of serious injury' means serious injury that is clearly imminent;
(c) 'Union producers' means the producers as a whole of like or directly competing products operating within the territory of the Union, or those whose collective output of like or directly competing products constitutes a major proportion of the total Union production of those products.

Article 5

1. Where it is apparent to the Commission that there is sufficient evidence to justify the initiation of an investigation, the Commission shall initiate an investigation within 1 month of the date of receipt of information from a Member State and publish a notice in the *Official Journal* of the European Union. That notice shall:
(a) give a summary of the information received and require that all relevant information is to be communicated to the Commission;
(b) state the period within which interested parties may make known their views in writing and submit information, if such views and information are to be taken into account during the investigation;
(c) state the period within which interested parties may apply to be heard orally by the Commission, in accordance with *Paragraph 4*. The Commission shall commence the investigation, acting in cooperation with the Member States.
The Commission shall provide information to the Member States concerning its analysis of the information normally within 21 days of the date on which the information is provided to the Commission.
2. The Commission shall seek all information it deems necessary and, where it considers it appropriate, after having informed the Member States, endeavour to check that information with importers, traders, agents, producers, trade associations, and organisations.

The Commission shall be assisted in this task by staff of that the Member State on whose territory those checks are being carried out, provided that the Member State so wishes.
3. The Member States shall supply the Commission, at its request and following procedures laid down by it, with the information at their disposal on developments in the market of the product being investigated.
4. Interested parties which have come forward pursuant to the first *subparagraph* of *Paragraph 1* and representatives of the exporting country may, upon written request, inspect all information made available to the Commission in connection with the investigation other than internal documents prepared by the authorities of the Union or its Member States, provided that the information is relevant to the presentation of their case and not confidential within the meaning of *Article 8*, and that it is used by the Commission in the investigation. Interested parties which have come forward may communicate their views on the information in question to the Commission. Those views may be taken into consideration where they are backed by sufficient evidence.
5. The Commission may hear the interested parties. Such parties must be heard where they have made a written application within the period laid down in the notice published in the *Official Journal* of the European Union, showing that they are actually likely to be affected by the outcome of the investigation and that there are special reasons for them to be heard orally.
6. When information is not supplied within the time limits set by this Regulation or by the Commission pursuant to this Regulation, or the investigation is significantly impeded, findings may be made on the basis of the facts available. Where the Commission finds that any interested party or third party has supplied it with false or misleading information, it shall disregard that information and may make use of facts available.
7. Where it appears to the Commission that there is insufficient evidence to justify an investigation, it shall inform the Member States of its decision within 1 month of the date of receipt of the information from the Member States.

126 **Identify the correct sentence.**

A) The investigation is an exclusive deal of the Commission and the Member States can be informed only when it has been completed
B) The Commission should look for all information considered necessary and then, independently from the willing of the Member State, procede to check that information with importers, traders, agents, etc.
C) If the Member State agrees, the Commission should be supported in the checking of information on the territory by staff of the Member State

D) The Member States must be informed by the Commission about the investigation generally within two weeks from the date on which the Commission receives the information

127 **Complete the following sentence in order not to change the meaning of the original one.**

"Interested parties and representatives of the exporting country ... information made available to the Commission in connection with the investigation".

A) must be enabled to receive all
B) can, by a written request, change or rectify some
C) , after having written to the Commission, can add other
D) , after they have applied in writing form, can have access to all

128 **Which of the following points is not mentioned in the extract?**

A) the conditions under which the interested parties can be heard orally by the Commission
B) what the Commission does after the investigation has been completed
C) what a "serious injury to the Union producers" is
D) cooperation between the Commission and the Member State

129 **Which of the following *Paragraphs* doesn't refer to application, communication, or respect of fixed time limits?**

A) *Article 5, Paragraph 2*
B) *Article 5, Paragraph 7*
C) *Article 5, Paragraph 1*
D) *Article 5, Paragraph 5*

130 **When the Commission has to start an investigation, a notice must be published. This notice:**

A) sums up all the information received about the investigation and requires that all relevant information must be communicated to the Commission
B) has to be published on website of the European Union
C) establishes the period within which the interested parties should apply to be heard orally by the Council of the Member State, in accordance with *Article 4*
D) states the period within which the goods interested in the investigation must be delivered to the Commission

Text n. 27

The following extract is taken from the article "Refugee Crisis NATO launches sea mission against migrant traffickers" published on the Website eureporter.com *on 12 February 2016. Please read it carefully.*

Hours after NATO defence ministers agreed to use their maritime force in the eastern Mediterranean to help combat traffickers, Supreme Allied Commander Gen. Philip Breedlove said he was working quickly to design the mission.

"We are sailing the ships in the appropriate direction," Breedlove told a news conference, and the mission plan would be refined during the time they were en route. "That's about 24 hours," he said. The plan, which was first raised only on Monday by Germany and Turkey, took NATO by surprise and is aimed at helping the continent tackle its worst migration crisis since World War II. More than a million asylum-seekers arrived last year.

Unlike the EU's maritime mission off the Italian coast, which brings rescued migrants to Europe's shores, NATO will return migrants to Turkey even if they are picked up in Greek waters.

Britain's defence minister said that marked a significant change in policy. "They won't be taken to Greece and that's a crucial difference," Michael Fallon told reporters.

NATO will also monitor the Turkey-Syria land border for people-smugglers, said NATO Secretary-General Jens Stoltenberg.

Although the plan is still to be detailed by NATO generals, the allies are likely to use the ships to work with Turkish and Greek coastguards and the European Union border agency Frontex.

"There is now a criminal syndicate that is exploiting these poor people and this is an organized smuggling operation," U.S. Secretary of Defence Ash Carter told reporters.

"Targeting that is the way that the greatest effect can be had... That is the principal intent of this," Carter said.

The numbers of people fleeing war and failing states, mainly in the Middle East and North Africa, show little sign of falling, despite winter weather that makes sea crossings even more perilous. A 3€ billion deal between the EU and Turkey to stem the flows has yet to have a big impact. Germany said it would take part in the NATO mission along with Greece and Turkey, while the United States, NATO's most powerful member, said it fully supported the plan.

The alliance's so-called Standing NATO Maritime Group Two has five ships near Cyprus, led by Germany and with vessels from Canada, Italy, Greece and Turkey. Breedlove said NATO would need allies to contribute to sustain the mission over time.

Denmark is expected to offer a ship, according to a German government source. The Netherlands may also contribute.

"It is important that we now act quickly," German Defence Minister Ursula von der Leyen said. Intelligence gathered about people-smugglers will be handed to Turkish coastguards to allow them to combat the traffickers more effectively, rather than having NATO act directly against the criminals, diplomats said.
Greek and Turkish ships will remain in their respective territorial waters, given sensitivities between the two countries.
NATO and the EU are eager to avoid the impression that the 28-nation military alliance is now tasked to stop refugees or treat them as a threat.
"This is not about stopping or pushing back refugee boats," Stoltenberg said.

131 What does "people-smuggler" mean?

A) a "people-smuggler" is a person who takes illegal immigrants back to their origin country
B) a "people-smuggler" is a person who illegally transports other people across an international border
C) people-smugglers are people who monitor state borders in order to stop illegal migration
D) people-smugglers are the undocumented immigrants who try to enter a state illegally

132 What is the criminal syndicate doing?

A) it is now cooperating with the NATO with the aim to organise smuggling operations
B) it is now taking economical advantages at the expense of the poor people willing to enter Europe illegally
C) it is now trying to provide economical help to the migrants in order to let them cross the border in a legal way
D) it is now trying to organise operations to fight and stop the smuggling

133 What changes in the migration flow are being produced by the current winter season?

A) fortunately, the winter weather is making sea crossing more dangerous and so the process of migration has been interrupted
B) unfortunately, despite the complications due to winter, the flow of migration is increasing
C) unexpectedly, the winter weather has made sea crossing even more perilous, thus stopping the migration flow from Middle East and North Africa
D) unfortunately, the effects of winter season are not that relevant, the migration flow has lightly decreased but it still continues

134 What is the NATO's intervention about migrants collected in Greek waters?

A) they are brought to Greece
B) they are sent back to Turkey
C) they are taken to the country they have applied to for the asylum
D) they are taken either to Turkey or Greece, according to their preference

135 Identify the 'correct' sentence.

A) Thanks to the help coming from the NATO's intervention, Turkish coastguards will no more have to handle the problem of people-smuggling directly
B) NATO will directly act against the smugglers
C) Italy has set five ships near Cyprus to sustain the operations against people-trafficking
D) Denmark and the Netherlands are expected to take part in these anti-smuggling operations soon

Risposte commentate

1 Risposta esatta: A

Il dipendente dovrebbe presentare il modulo **non più tardi di mezzogiorno** perché il Segretario del Dipartimento impiega al massimo 4 ore per consegnare le fotocopie richieste (*... the Secretary will deliver the copies within four hours from receipt of the form*).

2 Risposta esatta: B

Il modulo, oltre ad essere **datato e firmato**, deve contenere anche il **nome del progetto** per il quale vengono richieste le fotocopie (*The form must specify for which project the copies are required, and it must be signed and dated*).

3 Risposta esatta: B

I dipendenti che hanno bisogno di fotocopie per uso personale possono acquistare dei **gettoni** (*tokens*) da inserire nella fotocopiatrice presente alla *Reception* (*It is absolutely forbidden to make photocopies for personal use. A token-operated photocopier is situated in Reception for this purpose. Tokens may be purchased directly from the Receptionists*).

4 Risposta esatta: C

Se le copie sono richieste con urgenza, il dipendente deve inserire un **segno di spunta nella casella appropriata del modulo di richiesta** (*If the copies are required urgently, the employee must tick the appropriate box*).

5 Risposta esatta: D

Le fotocopiatrici presenti in ufficio possono essere utilizzate solo dal **personale autorizzato** (*The office photocopiers may be operated by authorised personnel only*).

6 Risposta esatta: A

L'orologio *Rolex* in oro a 18 carati appartiene a **un uomo di nome Peter**: lo si deduce dalla scritta incisa sul retro (*18k gold Rolex watch with "To Peter" engraved on the back*).

7 Risposta esatta: C

L'antico orologio d'oro **riporta incisioni floreali sui lati e in alto** (*antique gold carriage clock – c. 1820 – with floral engravings on the sides and top*).

8 Risposta esatta: C

L'**anello da donna tempestato di perle e diamanti**, che riporta sul cinturino la scritta «Sarah - George 14 giugno 1974», potrebbe appartenere a Sarah Lewis (*pe-*

arl and diamond studded lady's ring bearing the words "Sarah - George 14th June 1974" on the band).

9 Risposta esatta: D

La scorsa notte, tra la mezzanotte e le 4 e 30 del mattino, nella strada denominata *Westwood Avenue*, **sono state svaligiate diverse case**: cinque per la precisione (*Burglaries took place in five separate houses on Westwood Avenue last night, between midnight and four thirty in the morning*).

10 Risposta esatta: B

La polizia vorrebbe ascoltare **coloro** che pensano di aver visto, in negozi o mercati, gli oggetti rubati, o che, comunque, **siano in grado di fornire qualsiasi tipo di informazione utile** circa tali furti (*If you think you have seen any of these items in shops or markets, or if you have any useful information to give, please contact Fairburn Road Police Station immediately*).

11 Risposta esatta: A

Il passeggero deve apporre un'etichetta con il proprio nome e cognome sul bagaglio; **quest'ultimo presentato senza etichetta non sarà accettato** (*Baggage presented by the passenger without a name label will not be accepted by the carrier*).

12 Risposta esatta: B

Assegni bancari e titoli – così come articoli fragili o deperibili, denaro, gioielli, metalli preziosi, argenteria, attestati di viaggio, passaporti e altri documenti d'identità – **non possono essere inseriti nel bagaglio da stiva, ma solo in quello a mano** (*Fragile or perishable articles, money, jewellery, precious metals, silverware, negotiable papers, securities or other valuables, business documents, passports, and other identification documents or samples shall not be accepted as checked baggage*).

13 Risposta esatta: B

The carrier, ovvero «il vettore», non è altro che **la compagnia aerea con la quale si viaggia** (*Baggage presented by the passenger without a name label will not be accepted by the carrier*).

14 Risposta esatta: C

Frutta e verdura, ossia i prodotti ortofrutticoli in genere, sono articoli deperibili e quindi **non possono in nessun caso essere trasportati nel bagaglio da stiva**, ma solamente nel bagaglio a mano (*Fragile or perishable articles, money, jewellery, precious metals, silverware, negotiable papers, securities or other valuables, business documents, passports, and other identification documents or samples shall not be accepted as checked baggage*).

15 Risposta esatta: C

Nel caso in cui si trasportassero 20 bottiglie di profumo, esse potrebbero essere inserite nel bagaglio a mano solamente **se si trattasse di campioni di prodotti**

destinati alla vendita (*Fragile or perishable articles, money, jewellery, precious metals, silverware, negotiable papers, securities or other valuables, business documents, passports, and other identification documents or samples shall not be accepted as checked baggage*).

16 Risposta esatta: C

Per effettuare telefonate con quest'apparecchiatura è necessario utilizzare una scheda telefonica oppure una **carta di credito valida**; esse vanno inserite nello *slot* contrassegnato dalla scritta «IN» (*A telephone card or valid credit card may now be inserted in the slot marked "IN"*).

17 Risposta esatta: D

Prima di comporre il numero richiesto bisogna attendere il momento in cui **il *display* del dispositivo indica che la linea è pronta** (*Wait for the display to state "line ready" and then dial the required number*).

18 Risposta esatta: B

Se si ascolta un tono acuto durante la chiamata, vuol dire che **la scheda telefonica in uso sta per esaurirsi** (*If you hear a high pitch tone during your call, it means that the telephone card you are using is about to run out*). È indispensabile, pertanto, inserire una nuova carta entro trenta secondi per continuare la chiamata.

19 Risposta esatta: A

Una **luce rossa lampeggiante** sul *display* del telefono indica che l'apparecchiatura è fuori servizio e non può essere utilizzata (*Ensure that the red light on the telephone display is not flashing. A flashing light indicates that the equipment is out of order and cannot be used*).

20 Risposta esatta: B

La scheda telefonica va inserita **nello *slot* contrassegnato dalla scritta «IN»** (*A telephone card or valid credit card may now be inserted in the slot marked "IN"*).

21 Risposta esatta: B

Per prevenire guasti nei componenti elettrici è essenziale un'**adeguata ventilazione** (*Adequate ventilation is essential to prevent failure in the electrical components*). È necessario, inoltre, evitare la luce solare diretta sull'apparecchio e sulla superficie del tubo catodico.

22 Risposta esatta: A

La superficie dello schermo può essere pulita con un panno umido e morbido, e con un **sapone delicato** (*The screen face may be cleaned with a damp, soft cloth and mild soap*).

23 Risposta esatta: C

La TV va posizionata su una **superficie completamente orizzontale** e in modo da evitare riflessi indesiderati di luce e/o lampade (*Adjust lamps or the position* *of the set to avoid undesirable reflections of light and place the set on a completely horizontal surface*).

24 Risposta esatta: C

Nelle vicinanze del televisore non è consigliabile collocare materiali magnetici come, ad esempio, gli **altoparlanti dello stereo** (*Ensure that there are no external magnetic materials: e.g. loudspeakers near the TV*).

25 Risposta esatta: B

La luce di lampade e quella **solare diretta** possono danneggiare l'apparecchio e creare fastidiosi riflessi: pertanto, **vanno assolutamente evitate** (*Avoid direct sunlight on the cabinet and on the face of the picture tube*).

26 Risposta esatta: D

Il 25 dicembre, dalle 6:00 alle 12:00, **non sarà possibile prendere alcun autobus** perché il servizio sarà sospeso (*December 25th: From 6 a.m. to noon, SERVICE SUSPENDED*).

27 Risposta esatta: B

La vigilia di Natale, **dalle 21 alle 6 del mattino seguente**, gli autobus saranno disponibili **ogni mezzora** (*December 24th: ... From 9 p.m. to 6 a.m. – December 25th – buses will be available every half hour*).

28 Risposta esatta: B

Gli autobus saranno disponibili ogni ora solamente **il giorno di Natale, da mezzogiorno a mezzanotte** (*December 25th: ... From noon to midnight, buses will be available every hour*).

29 Risposta esatta: A

Il 31 dicembre, da mezzogiorno alle 6 del mattino seguente, il servizio sarà sospeso; **dalle ore 6 del primo gennaio**, giorno di Capodanno, il servizio tornerà disponibile (*January 1st: From 6 a.m. onwards, normal service*).

30 Risposta esatta: A

Il **giorno di Natale** il servizio autobus sarà sospeso dalle 6 del mattino fino a mezzogiorno (*December 25th: From 6 a.m. to noon, SERVICE SUSPENDED*).

31 Risposta esatta: B

Al termine di una chiamata bisogna mettere giù il ricevitore e **premere il pulsante «F»** (*when finishing the call, replace the receiver and press "F"*).

32 Risposta esatta: C

Il telefono può essere utilizzato **solo per chiamate interne** (*This telephone can only be used for internal calls*). Quando si effettua o si riceve una chiamata è necessario seguire particolari istruzioni.

33 **Risposta esatta:** D

Per rispondere a una chiamata bisogna **sollevare il ricevitore e premere il pulsante «A»** (*When answering a call, follow the instructions below: 1. lift the receiver and press "A"*).

34 **Risposta esatta:** B

Per parlare, quando si effettua una chiamata, occorre **premere il pulsante «S»** (*When making a call, follow the instructions below: ... 3. when the telephone is answered, press "S" and speak*).

35 **Risposta esatta:** A

Quando si effettua una chiamata, prima di comporre il numero richiesto, è necessario effettuare le seguenti operazioni: **sollevare il ricevitore, attendere un suono acuto e premere il pulsante «R»** (*When making a call, follow the instructions below: 1. lift the receiver and wait for the high pitch tone. 2. press "R" and then dial the required number*).

36 **Risposta esatta:** C

Dopo aver utilizzato una pellicola fotografica, bisogna farla sviluppare **nel più breve tempo possibile** (*Once a roll of film has been used, get it developed as promptly as possible*).

37 **Risposta esatta:** A

La pellicola **non va riposta in luoghi eccessivamente polverosi** o umidi (*Do not store your film in excessively dusty or damp places*).

38 **Risposta esatta:** A

La pellicola non deve mai bagnarsi, quindi **non è possibile utilizzarla se cade in una pozzanghera** (*On no account must the film become wet*).

39 **Risposta esatta:** B

Prima di acquistare una pellicola bisogna sempre **controllare la data di scadenza**! (*Always check the expiry date on rolls of film before you buy them!*)

40 **Risposta esatta:** A

I rullini fotografici **non vanno mai lasciati** in auto durante l'estate o **vicino a fonti di calore**, come, ad esempio, un **radiatore** (*Never leave rolls of film in a car during the summer or near sources of heat*).

41 **Risposta esatta:** C

È opportuno montare prima **i ripiani inferiori**, come indicato nelle istruzioni del *kit* (*Mount the lower shelves first, as stated in the kit instructions*).

42 **Risposta esatta:** A

Un falegname/carpentiere è un **artigiano che lavora il legno** per la fabbricazione e riparazione di mobili, infissi (o serramenti) e altre suppellettili (*Please note* *that you should read the kit instructions carefully before making any attempt to mount these bookshelves without the help of a trained carpenter*).

43 Risposta esatta: C

Prima di montare gli scaffali bisogna assicurarsi che il muro scelto abbia un solido intonaco; **un muro spaccato o danneggiato non sopporterebbe il peso delle aste di sostegno** (*Ensure that the wall chosen for the bookshelves has a solid plaster finish, as a cracked or damaged wall cannot bear the weight of the vertical support rods*).

44 Risposta esatta: B

Prima di applicare la vernice sugli scaffali è necessario **carteggiare** (mediante l'uso, appunto, di carta vetrata/carta abrasiva) **la loro superficie** (*Sandpaper each surface before applying paint*).

45 Risposta esatta: B

Durante il montaggio è indispensabile utilizzare chiodi d'acciaio da due pollici; i **chiodi di ferro** scheggerebbero/danneggerebbero la superficie del legno (*Use two-inch nails made of steel only, as iron nails will splinter the wood surface*).

46 Risposta esatta: C

L'apparecchio/L'elettrodomestico va pulito **con un panno umido o asciutto** (*To clean the appliance, simply wipe it with a damp or dry cloth*).

47 Risposta esatta: A

Quest'elettrodomestico è adatto solo per aspirare **polvere** da superfici asciutte (*This appliance is suitable for vacuuming dry surfaces only*).

48 Risposta esatta: B

L'elettrodomestico non è adatto per aspirare polvere o altri materiali leggeri dalle superfici umide e deve essere spento, nonché scollegato dalla rete elettrica dopo l'utilizzo. Inoltre, possono essere adoperate prolunghe solo se in condizioni perfette (*Extension leads may only be used if they are in perfect condition... Always switch the appliance off immediately after use... This appliance is suitable for vacuuming dry surfaces only*). **Non è necessario**, invece, **disinserire l'alimentazione di rete dopo l'uso del dispositivo**.

49 Risposta esatta: C

Gli ugelli e le estremità dei tubi vanno **sempre tenuti lontano da occhi e orecchie** (*At all times, keep nozzles and tube ends well away from eyes and ears*).

50 Risposta esatta: B

Il dispositivo va **spento e scollegato dalla rete elettrica** prima di pulirlo, svuotarlo, sostituire il filtro ed effettuare qualsiasi forma di manutenzione (*Always ensure that the appliance is switched off and disconnected from the mains supply before cleaning, maintenance, emptying, changing the filter, etc., as well as after use*).

51 Risposta esatta: B

Se la partita, prevista per il sabato o la domenica, è annullata, bisogna **apporre un avviso sul giornale locale e sui cancelli frontali del campo da gioco** (*If for some reason the match is called off, you need to put a notice in the local paper explaining this, and saying the date and time of the match. If the match was meant to be on a Saturday or Sunday, you should also put a notice on the front gates*).

52 Risposta esatta: C

Se il *match*, previsto per il giovedì, viene cancellato, **va inserito un avviso solo sul giornale locale**, che spiega i motivi dell'annullamento e indica la data, nonché l'ora della partita (*If for some reason the match is called off, you need to put a notice in the local paper explaining this, and saying the date and time of the match. If the match was meant to be on a Saturday or Sunday, you should also put a notice on the front gates*).

53 Risposta esatta: C

L'avviso corretto, dal punto di vista grammaticale, è il seguente: ***The 2.00 p.m. match** (~~matche~~) **on Wednesday** (~~Wensday~~) **18 July** (~~Jully~~) **is cancelled*** (La partita delle 14.00, di mercoledì 18 luglio, è cancellata).

54 Risposta esatta: A

Quando viene annullata una partita, **il campo da gioco deve essere necessariamente tagliato e innaffiato** (*Whenever a match is cancelled, the pitch should be cut and watered*).

55 Risposta esatta: B

Bisogna mettere un avviso sia sul giornale locale che sui cancelli del campo da gioco **solamente nel caso in cui l'incontro era previsto per** il sabato o **la domenica** (*If for some reason the match is called off, you need to put a notice in the local paper explaining this, and saying the date and time of the match. If the match was meant to be on a Saturday or Sunday, you should also put a notice on the front gates*).

56 Risposta esatta: A

Per bloccare il portello è indispensabile **premere il piccolo pulsante rosso posto sulla destra** dello stesso (*Close the hatch and be certain to insert the locking mechanism by pushing the small red button on the right of the hatch*).

57 Risposta esatta: C

Per i materiali sintetici (tra cui il nylon) e per la biancheria dotata di bottoni metallici o cerniere è necessario utilizzare il **cestello «B»** (*Note: only basket "B" must be used for synthetic materials and laundry with metal buttons or zips*).

58 Risposta esatta: C

Prima di caricare l'elettrodomestico **bisogna accendere l'interruttore principale** rosso (*The large red main power switch must be turned on before loading the machine*).

59 Risposta esatta: B

Per evitare che il sistema si blocchi, **la biancheria va posizionata e distribuita uniformemente** nel cestello «A» (*Place the laundry inside basket "A" and be certain to distribute it evenly. Failure to do so may cause system blockage*).

60 Risposta esatta: B

Se una giacca con bottoni metallici venisse inserita nel cestello «A», si verificherebbe un **guasto del sistema** (*Note: only basket "B" must be used for synthetic materials and laundry with metal buttons or zips. System failure will result if this instruction is ignored*).

61 Risposta esatta: D

Per pulire a fondo/accuratamente le pinzette e i pettini d'immissione dell'apparecchio bisogna utilizzare **alcune gocce di alcol** (*To clean the tweezer discs and the feed-in combs thoroughly, use a few drops of alcohol*).

62 Risposta esatta: D

Le pinzette e i pettini d'immissione dell'apparecchio vanno puliti con la spazzola **dopo ogni utilizzo** (*Brush out the tweezer discs and the feed-in combs with the cleaning brush after every use*).

63 Risposta esatta: B

Per rimuovere la testina delle pinzette è necessario **premere il lato contrassegnato da una freccia** con il pollice e poi allontanarla (*Remove the tweezer head once in a while by pressing the side marked with an arrow with your thumb, and then pushing the tweezer head away*).

64 Risposta esatta: C

Prima di pulire l'apparecchio, **la spina deve essere sempre estratta dalla presa di corrente** (*Before cleaning this appliance, always pull the plug out of the outlet first*).

65 Risposta esatta: B

La testina delle pinzette va rimossa **di tanto in tanto** (*Remove the tweezer head once in a while...*).

66 Risposta esatta: A

L'avviso, affisso nella giornata di **martedì 4 ottobre**, recita che la riunione del personale, programmata per il giorno successivo, ovvero **mercoledì, alle 18.30**, è stata annullata fino a un nuovo avviso (*Tuesday 4th October. The staff meeting scheduled for tomorrow at 6.30 p.m. has been called off until further notice*).

67 Risposta esatta: C

Gli insegnanti che hanno questioni urgenti da discutere con il Preside dovrebbero contattare la signora Grimes in Amministrazione (*Teachers who have urgent matters to discuss with the Headmaster should contact Mrs Grimes in Administration*).

68 Risposta esatta: C

Trattandosi di un *Istituto Tecnico* (*Croydon Technical Institute to Teaching Staff*), in esso vengono insegnate, appunto, **materie tecnico-scientifiche**.

69 Risposta esatta: B

La riunione è stata rinviata a **data da definirsi** (*The staff meeting scheduled for tomorrow at 6.30 p.m. has been called off until further notice*).

70 Risposta esatta: D

Gli appuntamenti degli insegnanti con il Preside non possono essere organizzati il martedì o il giovedì: pertanto, l'unico giorno possibile, tra quelli proposti, è **venerdì 7 ottobre** (*Tuesday 4th October... Appointments with the Headmaster cannot be arranged for Tuesdays or Thursdays*).

71 Risposta esatta: C

I connettori e gli spinotti del cavo sono codificati tramite dei colori. I connettori e gli spinotti **rossi** sono per il canale destro; quelli bianchi, invece, per il sinistro (*Cord plugs and jacks are colour coded. Red plugs and jacks are for the right channel, and white ones for the left channel*).

72 Risposta esatta: D

Il cavo di collegamento non dovrebbe essere troppo teso per evitare scosse o vibrazioni involontarie (*Leave a little slack in the connecting cord to allow for inadvertent shock or vibration*).

73 Risposta esatta: D

Prima di effettuare i collegamenti è indispensabile **spegnere l'alimentazione di ogni unità** (*Turn off the power of each unit before making connections*).

74 Risposta esatta: B

La presa dello spinotto si trova **sul pannello posteriore dell'unità** (*Insert the AC power cord firmly into the AC IN jack, on the rear panel of the unit, before you connect it to an AC outlet*).

75 Risposta esatta: B

Bisogna assicurarsi d'**inserire saldamente i connettori negli spinotti**: una **connessione allentata**, infatti, potrebbe causare ronzio e rumore (*Be sure to insert the plugs firmly into the jacks. Loose connection may cause hum and noise*).

76 Risposta esatta: D

La lama B, adatta per tagliare frutta dalla polpa morbida, **non deve essere mai rimossa** dalla sezione superiore dell'apparecchiatura (*The second blade supplied – blade B – is suitable... Do not remove this blade from the upper section of the equipment*).

77 Risposta esatta: B

La lama B si trova nella **parte superiore** del dispositivo (*The second blade supplied – blade B – is suitable... Do not remove this blade from the upper section of the equipment*).

78 Risposta esatta: D

La lama B è adatta per tagliare frutta dalla polpa morbida: è **assolutamente inadeguata**, dunque, per preparare/tagliare la carne destinata a «diventare» *hamburger* (*The second blade supplied – blade B – is suitable for chopping soft fruit only*).

79 Risposta esatta: B

Per tagliare le fragole, un tipo di frutta dalla polpa morbida, bisogna adoperare la **sezione superiore** della macchina, dove è presente la lama B, idonea a questo genere d'impiego (*The second blade supplied – blade B – is suitable for chopping soft fruit only. Do not remove this blade from the upper section of the equipment*).

80 Risposta esatta: C

La parte inferiore del congegno, in cui va installata la lama A, può essere utilizzata per tagliare o tritare un massimo di 150 g di verdure e/o di carne. Pertanto, per sminuzzare 450 g di carote **occorre eseguire tre operazioni di taglio separate** (*When needed, blade A must be installed in the lower section, and this can be used to chop or mince vegetables and meat. Place a maximum of 150 g of food in the lower section each time you operate blade A*).

81 Risposta esatta: B

Un **accumulo di rifiuti sul pavimento del vano ascensori** può rappresentare un serio/grave rischio d'incendio (*Employees must never let litter accumulate at the bottom of lift shafts, as this can be a serious fire risk*).

82 Risposta esatta: A

I dipendenti non devono **mai** lasciare rifiuti sul pavimento del vano ascensori (*Employees must never let litter accumulate at the bottom of lift shafts...*).

83 Risposta esatta: C

I rifiuti vanno raccolti/stoccati in appositi contenitori, i quali **devono essere coperti sempre/tutte le volte** (*Litter must not be stored in cardboard boxes or paper sacks, but in the storage bins provided. These storage bins must not be left uncovered at any time*).

84 Risposta esatta: D

Eventuali accumuli di rifiuti nelle aree di lavoro **devono essere segnalati al Caposquadra/Caporeparto di turno e all'Ispettore del Servizio Incendi/ai Vigili del Fuoco** (*Any accumulation of litter in work areas must be reported to the Shift Foreman and the Fire Inspector*).

85 Risposta esatta: C

I rifiuti non devono essere raccolti in scatole o sacchi di cartone, ma **solamente in appositi contenitori di stoccaggio** (*Litter must not be stored in cardboard boxes or paper sacks, but in the storage bins provided*).

86 Risposta esatta: C

Gli articoli leggeri, fragili (come i bicchieri di cristallo) e piccoli vanno collocati nel **cestello superiore** (*Place lightweight, fragile and small articles in the upper basket*).

87 Risposta esatta: B

Al centro dei cestelli vanno posizionati gli **oggetti alti** (*Tall articles must be placed in the centre of the baskets*).

88 Risposta esatta: C

Gli articoli di grandi dimensioni, come le padelle, e quelli molto sporchi devono essere collocati **nel cestello inferiore** (*Place large articles and those which are very dirty in the lower basket*).

89 Risposta esatta: A

Gli **oggetti con residui di cibo** devono essere risciacquati prima di essere posti nei cestelli (*Rinse off any food left on the articles to be washed*).

90 Risposta esatta: B

Tutti i contenitori con un «**lato aperto**» (ad esempio, tazze, bicchieri, padelle etc.) devono essere caricati con quest'ultimo **rivolto verso il basso** (*All containers, such as cups, glasses, pans, etc., must be loaded with the open side facing downwards*).

91 Risposta esatta: D

È consentito l'utilizzo di una valigia come bagaglio a mano, purché essa non superi i 5 Kg di peso e le dimensioni totali/complessive di 115 cm, intese come somma di lunghezza, altezza e larghezza/ampiezza/spessore (*In addition to the free baggage allowance, the following articles may be carried free of charge: • one piece of hand baggage not exceeding the weight of 5 Kg and the total dimensions of 115 cm – sum of length + height + width*).

92 Risposta esatta: D

Le mamme con figli piccoli possono portare a bordo **un cesto porta *enfant* e le pappe per il proprio bimbo** (*In addition to the free baggage allowance, the following articles may be carried free of charge: ... • an infant carrying basket and baby food...*).

93 Risposta esatta: B

Le persone disabili **possono ovviamente salire a bordo** (*In addition to the free baggage allowance, the following articles may be carried free of charge: ... • ful-*

ly collapsible wheelchair, crutches, or other prosthetic devices provided the passenger is dependent upon them).

94 Risposta esatta: B

Le persone disabili possono portare a bordo dell'aereo, gratuitamente, **qualsiasi oggetto/strumento/congegno per loro indispensabile**: sedia a rotelle pieghevole, stampelle o altri dispositivi per protesi (*In addition to the free baggage allowance, the following articles may be carried free of charge: ... • fully collapsible wheelchair, crutches, or other prosthetic devices provided the passenger is dependent upon them*).

95 Risposta esatta: C

I passeggeri che pensano di sentir freddo durante il volo possono portare con sé, a bordo, **un soprabito o una coperta** (*In addition to the free baggage allowance, the following articles may be carried free of charge: ... • an overcoat or blanket...*).

96 Risposta esatta: A

Le consegne di questa settimana saranno effettuate solo una volta al giorno, dal lunedì al venerdì, **a causa della scarsità di personale** (*Due to a shortage of staff, deliveries this week will only be made once a day, from Monday to Friday*).

97 Risposta esatta: C

Per richiedere una consegna alle 11 di venerdì, è necessario **effettuare una telefonata al Reparto Spedizioni** almeno 24 ore prima dell'orario di recapito desiderato, ossia **prima delle 11 di giovedì** (*... deliveries this week will only be made once a day, from Monday to Friday. These will probably be made after 2.00 p.m. If you need an earlier delivery, you must telephone the Delivery Department at least 24 hours before the delivery time you want*).

98 Risposta esatta: C

Il **sabato** mattina, secondo la normale procedura, verrà effettuata una consegna (*As usual, there will be one delivery on Saturday morning*).

99 Risposta esatta: D

Il Reparto Spedizioni/Servizio Recapiti va contattato **nel caso in cui si voglia ricevere una consegna anticipata** (*If you need an earlier delivery, you must telephone the Delivery Department...*).

100 Risposta esatta: D

Le consegne di questa settimana saranno effettuate **una sola volta al giorno, dal lunedì al venerdì, probabilmente dopo le 14.00** (*... deliveries this week will only be made once a day, from Monday to Friday. These will probably be made after 2.00 p.m.*).

101 Risposta esatta: B

Le regole del concorso e i moduli d'iscrizione ufficiali saranno disponibili **nella copia del giornale di sabato** (*The rules of the competition and the official entry forms can be found in Saturday's copy of this newspaper*).

102 Risposta esatta: D

Dal brano **non si può dedurre** (*it cannot say*) quando saranno resi noti/avvisati i vincitori del concorso (*when will the winners be notified*).

103 Risposta esatta: C

Tutte le risposte ai quesiti del concorso devono essere **scritte sul modulo d'iscrizione ufficiale** (*All answers must be written on the official entry form...*).

104 Risposta esatta: C

Le iscrizioni devono arrivare agli uffici del giornale – l'indirizzo è indicato sul modulo stesso – **entro l'ultimo giorno di giugno** (*All answers must be written on the official entry form and sent to the address shown on the form to arrive no later than the last day of June*).

105 Risposta esatta: A

I moduli d'iscrizione saranno presenti **nel giornale di sabato** (... *and the official entry forms can be found in Saturday's copy of this newspaper*).

106 Risposta esatta: A

Il posto di lavoro deve essere sempre **pulito e ordinato** (*You must make sure that your own work place is clean and tidy*).

107 Risposta esatta: B

Non bisogna mai lasciare **utensili e attrezzature** sul pavimento (*Never leave tools or equipment on the floor...*); inoltre, è necessario spegnere i dispositivi quando non vengono adoperati.

108 Risposta esatta: D

Non bisogna **mai** correre, anche quando si va di fretta (*Always walk rather than run, even when you are in a hurry*).

109 Risposta esatta: B

Prima di spostare i macchinari è necessario **controllare che tutti gli ostacoli siano stati rimossi** (*Before moving machinery, you must check that all obstructions have been removed*).

110 Risposta esatta: C

Gli incidenti vengono evitati **mantenendo tutti i corridoi liberi** (*Avoid accidents by keeping all passageways clear*).

111 Risposta esatta: A

Le lattine contengono due liquidi diversi: quella con l'etichetta «1» contiene olio; quella con l'etichetta «2» acqua (*The can labelled "1" contains oil. The can labelled "2" contains water*).

112 Risposta esatta: D

Il supervisore deve essere avvertito solamente **se vengono versati olio o acqua nel contenitore sbagliato** (*If you put oil or water into the wrong can, then you must tell your supervisor*).

113 Risposta esatta: A

L'olio è contenuto **nella lattina etichettata con il numero «1»** (*The can labelled "1" contains oil*).

114 Risposta esatta: D

Se viene versato olio nella lattina sbagliata, ossia in quella con l'etichetta «2», **bisogna immediatamente avvertire il supervisore** (*If you put oil or water into the wrong can, then you must tell your supervisor*).

115 Risposta esatta: B

La lattina con l'etichetta «2» contiene **acqua** (*The can labelled "2" contains water*).

116 Risposta esatta: C

Nel caso in cui si dovesse incontrare Frederick Brookes, bisognerebbe **contattare immediatamente la stazione di polizia più vicina** (*If you think you have seen him [Frederick Brookes], please contact your nearest police station immediately*). Non bisogna avvicinarsi a lui per nessuna ragione, perché è armato e particolarmente pericoloso.

117 Risposta esatta: B

Il sospetto **fornisce/vende armi – fucili, pistole, missili ed esplosivi – alle organizzazioni terroristiche** (*He supplies weapons to terrorist organizations*) ed è ricercato dalle polizie di tutta Europa.

118 Risposta esatta: C

Quando il sospetto (Brookes) è stato visto per l'ultima volta, era piuttosto paffuto e camminava con una leggera zoppia, **aveva i capelli biondi e i baffi**; inoltre, **indossava un cappotto di lana scuro, pantaloni neri, occhiali scuri** e aveva con sé una cartella di cuoio marrone (*When last sighted, he was fair-haired and wore a moustache and darkrimmed glasses. He seemed plump, and was walking with a slight limp. Brookes was wearing a dark wool coat and black trousers, and carried a brown leather briefcase*).

119 Risposta esatta: A

Scotland Yard **crede che il terrorista internazionale Frederick Brookes**, alias Fergus Blaire, **possa essere identificato e catturato grazie all'aiuto della gente comune** (*Scotland Yard requests the public's help in identifying and capturing an extremely dangerous international terrorist*).

120 Risposta esatta: D

Il nome del sospetto è **Frederick Brookes**, anche se si fa chiamare con lo pseudonimo di *Fergus Blaire* (*The following are details of the last sighting of Frederick Brookes, alias Fergus Blaire*).

121 Risposta esatta: B

The focal point within the passage that makes us realize which is the correct statement is the following: Gazprom, *which puts up about a tenth of Russian budget revenues and* ***subsidizes the domestic economy with regulated gas prices****, is under orders from Putin to look east as a defense against weak demand and rising competition in Europe.*

122 Risposta esatta: C

The focal points in the passage that allow us to understand which is the correct answer are the following:

- *With competitors from Africa and Australia lined up to meet China's additional demand,* ***Russia needs to send a clear signal to Asian markets if it wants to gain market share*** *in China before 2030, Tatiana Mitrova, [...], said;*
- **Gazprom**, *which puts up about a tenth of Russian budget revenues and subsidizes the domestic economy with regulated gas prices,* ***is under orders from Putin to look east as a defense against weak demand and rising competition in Europe***.

123 Risposta esatta: B

The focal point within the text that allows us to understand what is the alternative to complete correctly the sentence is the following: *[...] sources say* China National Petroleum Corp. *has dug in at $250* ***as the price it can pay without forcing its energy firms into losses or eroding the cost advantage which makes Chinese producers competitive in the world***.

124 Risposta esatta: D

The focal point within the passage that makes us realize which is the correct answer is the following: *The gas deal has been held up by Russian gas export monopoly* ***Gazprom's determination to match the returns it makes on high-priced European deliveries*** *and cover the $38 billion cost of bringing its untapped East Siberian gas resources to market.* ***China, for its part, says it cannot afford to pay Gazprom's asking price****, which analysts and sources in the gas industry peg at $300 per thousand cubic meters.*

125 Risposta esatta: D

"*Far away*" means "***remotely***", "*afar*", or "***at or to a long way away***". It is an ***adverb phrase*** that appears after the item that is being modified as "two words" (*Police from as far away as New York and Chicago were assisting in the search, along with State and Federal authorities*, Le forze di polizia, da località lontane come New York e Chicago, stavano fornendo il loro aiuto nella ricerca, assieme alle autorità statali e federali).

"*Faraway*", instead, made up of a "single word", means "*distant*" or "*remote*"; and it may also mean "*mentally absent*" or "***dreamy***". *Faraway* is an ***adjective*** and appears before the noun it modifies (*Faraway strangers help to pay medical costs for sick African girl*, Stranieri lontani aiutano a pagare le spese mediche per una ragazza africana malata). *Faraway* comes into the English language at the beginning of the nineteenth century as a compound word; occasionally, it is hyphenated as "*far-away*".

126 Risposta esatta: C

The focal point in the text that makes us identify the correct sentence as answer is the following: *The Commission shall seek all information it deems necessary and, where it considers it appropriate, after having informed the Member States, endeavour to check that information with importers, traders, agents, producers, trade associations, and organisations.*
The Commission shall be assisted in this task by staff of the Member State on whose territory those checks are being carried out, provided that the Member State so wishes.

127 Risposta esatta: D

The focal point within the text that allows us to understand what is the option that completes the sentence of the question in order not to change the meaning of the original one is the following: ***Interested parties*** *which have come forward pursuant to the first* subparagraph *of* Paragraph 1 ***and representatives of the exporting country may, upon written request, inspect all information made available to the Commission in connection with the investigation***...
The verb "***to apply***", in fact, within the option D, means "to request something, usually officially, especially in writing".

128 Risposta esatta: B

As can be seen from the text, ***"we are not informed" about Commission's actions after the investigation has been completed***.

129 Risposta esatta: A

The *paragraph* of ***Article 5*** which "doesn't refer to application, communication, or respect of fixed time limits" is ***Paragraph 2***. It states that: *The Commission shall seek all information it deems necessary and, where it considers it appropriate, after having informed the Member States, endeavour to check that information with importers, traders, agents, producers, trade associations, and organisations.*
The Commission shall be assisted in this task by staff of the Member State on whose territory those checks are being carried out, provided that the Member State so wishes.

130 Risposta esatta: A

The focal point within the text that allows us to understand which is the correct answer is the following: *That notice* ***shall give a summary of the information received and require that all relevant information is to be communicated to the Commission***.

131 **Risposta esatta:** B

The focal points within the text that allow us to understand which is the correct answer are the following:

- *NATO will also monitor the Turkey-Syria land border for people-smugglers, said NATO Secretary-General Jens Stoltenberg;*
- *Intelligence gathered about people-smugglers will be handed to Turkish coastguards to allow them to combat the traffickers more effectively, rather than having NATO act directly against the criminals, diplomats said.*

132 **Risposta esatta:** B

The focal point within the text that makes us realize which is the correct answer is the following: *"**There is now a criminal syndicate that is exploiting these poor people** and this is an organized smuggling operation", U.S. Secretary of Defence Ash Carter told reporters.*

133 **Risposta esatta:** D

The focal point within the text that allows us to understand which is the right answer is the following: *The numbers of people fleeing war and failing states, mainly in the Middle East and North Africa, **show little sign of falling, despite winter weather that makes sea crossings even more perilous**.*

134 **Risposta esatta:** B

The focal point in the text that makes us realize which is the correct answer is the following: *Unlike the EU's maritime mission off the Italian coast, which brings rescued migrants to Europe's shores, **NATO will return migrants to Turkey even if they are picked up in Greek waters**.*

135 **Risposta esatta:** D

The focal point within the text that allows us to identify the correct sentence as answer is the following: ***Denmark is expected to offer a ship**, according to a German government source. **The Netherlands may also contribute**.*

ACCEDI AI SERVIZI ONLINE

Utilizza il **codice identificativo** nel riquadro sotto per accedere alle espansioni riservate del libro.

CODICE IDENTIFICATIVO

7NPQTOMXGZI

Come accedere alle risorse online

Per attivare le espansioni, collegati al sito **www.simone.it** e segui le istruzioni per accedere all'**area riservata**

SE NON SEI REGISTRATO AL SITO

- clicca su **accedi/registrati**
- registrati al sito
- clicca su *espansioni online*
- inserisci il codice **ISBN** del libro (lo trovi sopra il codice a barre in quarta di copertina)
- inserisci il **codice identificativo** che trovi qui sopra per sbloccare i contenuti riservati del libro

SE SEI REGISTRATO AL SITO

- clicca su **accedi**
- inserisci *email* e *password*
- clicca su *espansioni online*
- inserisci il codice **ISBN** del libro (lo trovi sopra il codice a barre in quarta di copertina)
- inserisci il **codice identificativo** che trovi qui sopra per sbloccare i contenuti riservati del libro

Le espansioni online sono valide fino alla data di pubblicazione della nuova edizione

INDICE